關於

n e x t

這個系列，希望提醒兩點：

1. 當我們埋首一角，汲汲於清理過去的包袱之際，
   不要忽略世界正在如何變形，如何遠離我們而去。
2. 當我們自行其是，卻慌亂於前所未見的難題和變動
   之際，不要忘記別人已經發展出的規則與答案。

我們希望這個系列有助於面對未來。
我們也希望這個系列有助於整理過去。

父─酬─者

姓氏、階級與社會不流動

THE SON ALSO RISES

SURNAMES AND THE HISTORY OF SOCIAL MOBILITY

葛瑞里・克拉克 | 著　吳國卿 | 譯

GREGORY CLARK

CONTENTS

導讀

──劉士永
中央研究院臺史所研究員／副所長

　　經濟史學家葛瑞里・克拉克在其 2009 年的作品《告別施捨──世界經濟簡史》（*A Farewell to Alms*）中，提出了一個雙元歷史規律論的觀點：人類的經濟生活一直處於人口學上的「馬爾薩斯陷阱」中，這種人口膨脹因戰爭、疫病與飢荒等因素的自然限縮情況，一直持續到工業革命後才被打破，從而使得全球的人口與經濟結構出現了「具有現代性」的變化。延續這種歷史循環觀，並運用來自各式各樣家族史的資料，克拉克的新著《父酬者》（*The Son also Rises*）則給了一個恐怕要令當代人感到沮喪的說法：要從窮爸爸的陰影中翻身，得耗盡數個世代的努力甚至是好運才有可能；但那些生在富爸爸庇蔭下的子孫，卻能不費吹灰之力的保有經濟上的優勢。原本在《告別施捨》中一絲轉機的光點，在《父酬者》似乎變得更加黯淡。

　　在本書中，克拉克基本上還是以相當比較經濟史的方法，把人類的歷史以工業革命為界，區分為兩個循環結構，並把人口增長設定為貫穿其間的要素。只是在《父酬者》中，作者將焦點從經濟或產業結構與人口變化的互動關係上，轉移到了推動經濟成長的人口要素與內質本身，並以特定家族的變化為觀察點，提出儘管經濟結構、社會思潮與政治板塊在過去六、七百年都出現過劇烈變化，但經濟上「富者愈富、貧者難富」的說法依然未減，也因此造成社會階級流動與相關的不平等現象，並未因社會或政治變革而有所改善。這種財富世代因襲且不受外在社會、政治因素變動的現象，並非僅發生在工業革命發源地的西歐大陸，也對於那些後進國如中國、日本等地，有著一體適用的解釋力。這套「富者愈富、貧者難富」的說法，不僅僅適用於時間軸上的歷史比較、空間軸上的區域或國家對照，也同樣在個別社會內部中得到印證。不論是社會與人口同質性極高的中國與當代日本，抑或號稱民族大熔爐、高度異質化的美國社會，都同樣沒能跳脫出這個定律。只是對於這樣的看法，《父酬者》這本書似乎給台灣讀者——尤其是那些深受太陽花運動與巢運，這般呼籲社會平等的改革運動激動的讀者們——當頭潑了一桶冰水。

　　克拉克的說法和許多人的理解不同，過去社會學家認為人口流動是可以在兩、三個世代裡完成的，以北歐為例，過去三百年間的社會階級流動率就接近 25%。然而，克拉克卻認為這是採樣過少的結果，一旦時間軸拉長兩倍以上，就不難發現這些社會流動現象其實遠低於當前的估計，北歐的社會流動率可能遠低於 20%。而在追蹤歷史家族資料後，克拉克斷言，出身（birth）比起所得和教育程度，對於某個人或家族的社會階級流動性具有五成以上的影響力。立足於「出身為大」的認知上，作者倒也提出了一個擺脫貧困、向上移動的可能性——跨階級的通婚關係。只有那些受過良好教育與社經地位高尚家庭的出身者，才有可能因為婚姻的緣故，協助他們出身較低的配偶及其家族，緩慢地提升他們的社會階級與相應之經濟地位。

　　《父酬者》的英文原著出版後，自然也有一些反對的看法，其中最主要的反駁聲浪，認為克拉克把對於「富者愈富、貧者難富」的解釋，過度強調富人比窮人更聰明、也益發地努力所致。這些反對者認為，克拉克全然忽略了社會與政治制度始終掌握於富人之手的現實。換言之，這是人性自私自利的前提下，富人家族壟斷資源的結果；豈能單憑現象就斷言富者的成功可隨血源（blood）與基因（gene）被延續下來？從這樣反駁的聲調中，意外地讓人想起史丹佛大學神經科學教授羅伯·薩波斯基（Robert Sapolsky）反對基因決定論的說法。薩波斯基認為基因決定論之所以危險，正是因為該解釋過於簡單，卻也因此可輕易用來解釋一切人類事務。他認為從生物學的角度，我們其實還沒有能力去判斷哪種行為是由基因造成的，更不可能「科學地」（scientifically）排除後天環境對人類成就的影響。類似的反思，也出現在 1997 年的科幻電影《千鈞一髮》（Gattaca）中，劇情圍繞在一個天生基因低下的工人，如何以各式各樣的非法手段，換得另一個具有完美基因人員的身分，而終能一償移民火星的宿願。當火星象徵著社會階層的頂端，如何登上太空船遂成為階級流動的過程，於是那句對白「I give you the identity, you give me the dream.」，就成了反駁克拉克認為只有婚配才能解決社會流動的小註腳。

　　本書的英文書名「The Son Also Rises」，戲謔地借用了小說家海明威（Ernest Hemingway）的名著《妾似朝陽又照君》（The Sun Also Rises）。該原著以移居巴黎的美國人生活為本，表達了當代人目睹西方社會在一次世界大戰的摧殘下，對舊有的和平秩序完全被瓦解、不可復得的感受；並藉此傳達海明威對傳統價值觀破滅，快樂主義等新生活態度興起的詮釋。這樣劇烈的變動，若是從克拉克的角度來說，恐怕不過是黃粱一夢；當戰爭結束、社會秩序恢復後，海明威書中人物的感懷，都應該只是「強說愁」的文人詞彙而已。至於在中譯書名《父酬者》方面，雖嗅不到英文原名的戲謔味，卻也直接反映了克拉克寫作本書的重要發現與其宗旨。簡言之，葛瑞里‧克拉克的《父酬者》可以是一本挑戰既有經濟發展與社會流動性解釋的重要著作。作為一個具有歷史深度的經濟現象分析者，克拉克在選材與分析方法上都有相當的可信度，這是無庸置疑的。於是本書留下的觀點與結論，除了前述引發的學術爭辯外，或許還有讀者閱讀後的一點不安：「我怎麼沒有個富爸爸！」

序言

　　本書將引發一些爭議，因此本篇序言的第一項工作就是說明。雖然有許多人協助參與各個社會的社會流動率估算，但內文是由我寫作的。本書中研究證據的詮釋和提出的流動性理論，都只代表我個人的意見。此外，我在以下表達感謝協助的人，不應將此視為他們對本書結論的背書。

　　我的第二項工作是，指出本書的精神和風格與我的前一本著作《告別施捨——世界經濟簡史》一致，嘗試證明一些極其簡單的社會流動性模型，可以成功地預測各類社會和體制的結果。這是一個建基在不完整證據上的主張，有可能錯誤；但即使這個主張在一些面向是錯的，我仍希望它能指出一個更好和更完整的社會流動性理論及機制。即使在一個像社會流動性如此充滿理想和失望的領域，也應該還有探索和推測的空間。

　　本書所論及的研究，與數位學者共同合作進行，最繁重的合作工作是與康明斯（Neil Cummins）完成的，他共同負責第 4 章與第 5 章英格蘭的大部分材料。中國與台灣的章節，以加州大學戴維斯分校郝煜（Yu Hao）的畢業論文之研究為主要內容，他設計了處理小量中國漢人姓氏的方法。智利的章節取自同為加大戴維斯分校韋達爾（Daniel Diaz Vidal）持續進行的論文研究。有關日本的章節，則根據石井龍也（Tatsuya Ishii，音譯）在加大戴維斯分校的畢業論文研究。蘭德斯（Zack Landes）協助完成孟加拉部分的估算，包括想出如何下載 220 萬筆加爾各答選民登記的資料，並由艾肯森（Lincoln Atkinson）辛苦地執行這項工作。密西根大學的馬辛（Daniel Marcin）提醒我，美國 1824 年和 1825 年的報紙刊登的報稅名單，並提供我們數份這類名單資料。我歷史課的畢業班學生阿布－史奈（Firas Abu-Sneneh）、韋弗瑞德‧周（Wilfred Chow）、鍾克莫（Kuk Mo Jung，音譯）、馬瑞克（Ariel Marek）和威廉斯（Kevin Williams），以自 1850 年以來和更早期的常春藤盟校學生研究作為課程計畫。我對這些協助研究的人深為感激，如果不是他們的貢獻，本書不可能完成。

　　這不是一本能輕鬆完成的書，主要障礙之一，是主作者的能力有限。回想起來一些原本應該十分明顯的模式，卻在剛開始就被遺漏和忽視。這項計畫的初始目的，只是把今日世界的主流流動性估算，擴大到遙遠年代前的英國和印度等國家。因此，在研究的早期階段，我充滿信心地談論社會流動性的速度和完成。直到面對了長逾五百年的地位持續不墜之證據如此確鑿，迫使我放棄原本對資本主義的驕傲之一——對於普遍和快速社會流動的樂觀。過去多年屢次嘲諷我的社會學同僚偏執於階級等虛幻的概念，現在我已有證據相信，個人的人生機運不僅可從父母的地位預測，而且從太祖父母輩（祖父母的父母的父母的父母）就能預測。這確實看來像是一種無可逃脫的遺傳基質，有如社會階級般注定所有個人的結果。本書不是言簡意賅之睿智的產物，而是在紛雜敘述中，鋪陳出任何閱讀本書的人都能明顯看出的結論。

第二個障礙是，資料蒐集的範圍必須能擴大初始研究的涵蓋面，以至更多國家和更長的時期。我很感謝獲得國家科學基金會（NSF）的資助，對我們的研究極為重要。我也感謝用這些資金聘請的許多研究助手——加大戴維斯分校的康貝爾（Douglas Campbell）、郝煜、何溪（Xi He，音譯）、納塔莉‧何（Natalie Ho）、石井龍也、馬康（Max McComb）、克萊爾‧潘（Claire Phan）、史克里文（Richard Scriven）、史蒂芬‧孫（Stephen Sun）、韋達爾（Daniel Diaz Vidal），以及倫敦的柏克（Joseph Patrick Burke）和史瓦茲柏格（Raphaelle Schwarzberg）。全加州大學經濟史討論會（All-UC Group in Economic History）贊助郝煜和韋達爾，協助他們的論文研究；經濟史學會（Economic History Association）也提供獎學金給郝煜，都對研究工作大有助益。戴維斯分校社會科學資料服務中心的丹尼爾斯（John Daniels）和史查特弗德（Jean Stratford），慷慨地對許多資料蒐集的問題提供協助。Ancestry.com 大方地特准康明斯和我使用豐富的線上資料來源，供作研究用途。

這整個計畫實際上由《紐約時報》（New York Times）科學作家韋德（Nicholas Wade）的建議所激發，他建議姓氏可用來測試早期書中提出的假設，即工業化前英格蘭的上層階級有較高的生育率。我很高興地宣布，姓氏研究的確證實了這個假設。但在探討姓氏時，我意識到它們透露出更多有關社會本質的事。

一如往常，普林斯頓大學出版社幫了我大忙。叢書編輯莫基爾（Joel Mokyr）和兩位文稿審查人費里（Joe Ferrie）、葛拉達（Cormac

O. Grada），他們不畏憚煩貢獻了時間和專長。多爾帝（Peter Dougherty）在百忙中挪出時間勸誘手稿的完成，包括花一整天在洛杉磯陪我，嘗試把初始草稿拼湊成形。

史特拉普（Peter Strupp）和他在普林斯頓編輯協會的團隊，透過一套緊密壓縮的製作時間表，在策劃和催生本書以及鼓舞作者上居功厥偉。

我也一如以往地感激加大戴維斯分校經濟系的同事協助，他們不但提供了融洽和刺激學術研究的環境，而且在午餐時間無數次聽我談論艱澀的姓氏研究，以及對我們所處社會的許多不成熟的理論。卡麥隆（Colin Cameron）提供的見解促成了本書立論基礎的簡單模型。我的前同事倫達爾（Pontus Rendahl）也在力邀下提供了他對瑞典制度的知識。

我也蒙受包爾斯（Sam Bowles）和金提斯（Herb Gintis）的鼎力協助。透過與他們在聖菲研究所（Santa Fe Institute）的互動，我得以瞭解社會流動性的許多問題。對我來說，這兩位學者代表了探究學問的理想——鍥而不捨、勇於冒險、學術獨立、對新觀念和挑戰永遠開放，以及無怨無悔的精神。另一位社會流動性的專家索倫（Gary Solon）慷慨提供意見和建議。當然，這不表示他們為本書的結論背書。

本書最後的內容，從各學術機構的演講與講座中許多聽眾的意見及批評獲益良多，包括美國經濟學會年會（聖地牙哥）、馬德里自治大學（Autonoma University）、畢爾巴鄂大學（Bilbao University）、東灣加州州立大學、歷史計量學會的會議（科羅拉多州波德）、哥倫比亞經濟史大會（波哥大）、康乃爾大學、皇后區紐約市立大學、歐洲歷史經濟學會（劍橋）、愛丁堡大學、FRESH會議（比薩）、喬治梅森大學、格拉斯哥大學、哈佛大學、INET

社會流動性會議（芝加哥大學）、中世紀研究國際大會、卡拉馬祖（Kalamazoo）、倫敦經濟學院、杜蘭大學墨菲研究所、西北大學、多世代社會流動性 PSID 會議（安娜堡）、蘇格蘭經濟學學會、Sound Economic History Workshop（隆德）、紐約州立賓漢頓大學、計量史清華夏季研討會（清華大學）、加大柏克萊分校、加大戴維斯分校、加大洛杉磯分校安德森管理學院、加大河濱分校、芝加哥大學布斯學院、芝加哥大學經濟系、哥本哈根大學、密西根大學、華威大學（Warwick University）、耶魯大學。

研究社會流動性的優點之一是（不像許多枯燥、纏繞且艱澀得毫無必要的理論經濟學），它是每個人都可以從自己的歷史和經濟獲得資訊的主題。因此我也從與經濟學界以外的安東尼（Anthony Clark）、蓋瑞（Gerry McCann）、費莉絲蒂（Felicity McCann，本姓 Pakenham-Walsh）、派翠克（Patrick Kerr）、安娜與厄尼（Anna and Ernie Spencer）等人的討論中獲益。

我最後、也最想感謝的人是瑪麗（Mary McComb），原由無數，不勝枚舉。

加州戴維斯 Mishka's 咖啡屋

2013 年

導論

統治階層與下層階級 —— 社會流動性定律

　　圖 1.1 是戈凡區（Govan）的一個小男孩。戈凡區就在我的故鄉格拉斯哥（Glasgow），在我的青少年時期（1970 年代）是個慘淡、貧窮的地區。這名男孩長大後，他的兒女、孫兒女和曾孫兒女的生活情況會不會一樣？假設一個有同等能力的中產階級小孩，被安置在戈凡區同樣的家庭，他有多大可能性將來也會和父母一樣貧窮？對照之下，圖 1.2 顯示我成長的優渥郊區格拉斯哥街道，正確名稱是里奇蒙街（Richmond Drive）。在這條街長大的孩子，將來社會地位的可預測程度又有多高？如果他們在戈凡區長大，他們的命運又會改變到何種程度？

　　這些問題向來是社會學家和經濟學家努力探索的主題。[1] 大多數人相信高社會流動率是健全社會的基礎。除非任何力爭上游的公民都有機會出人頭地，否則我們如何能合理化資本主義經濟裡如此

1　上網搜尋包含「社會流動性」詞句的書籍和文章，得到 24.4 萬筆資料。

圖 1.1　2008 年蘇格蘭格拉斯哥市戈凡區的男孩在街區玩足球

圖 1.2　格拉斯哥市坎巴士蘭區（Cambuslang）里奇蒙街

典型的所得、財富、健康和壽命不平等？如果在民主體制下，位居所得分配下半部的人沒有機會透過市場機制獲得這些好處，他們為什麼不以激烈手段從上半部的人奪取資源？

對代際流動性（intergenerational mobility）我們可以採用一種方便的測量方法，就是探究父母和子女的所得、財富、教育、職業位階，甚至壽命的相關性。這種相關性介於 0 到 1，0 代表完全的代際社會流動性，世代之間沒有任何相關性——在這類情況下，我們完全無法從子女的出生情況預測他們的結果。相關性如果是 1，則代表完全沒有流動性，子女和父母的地位存在完全的相關性——我們可從任何一個子女的出生情況預測所有結果。[2]

這種代際的相關性與另一個重要概念緊密關聯，即回歸平均數速度率（rate of regression to the mean，計算的方法是 1 減去相關性）。這是每個偏離社會平均狀態的家庭或社會群體，在每一個世代向這個平均狀態移動的平均速率。因此我們把代際相關性視為特性的持續率（persistence rate）。代際相關性可解釋為「社會熵」（social entropy）的測量之一。相關性愈小，社會熵的程度就愈大，而社會中特定優勢和劣勢結構解體的速度就愈快。

代際的相關性也有一種方便的直覺式解釋。相關性的平方，就是由繼承決定的社會地位變異的部分，這個比率也介於 0 到 1 之間。舉例來說，如果相關性不到 0.3，平方即 0.09 或更小，意味目前世代的所有結果幾乎都無法從父母的情況來預測。在這種社會裡，每一個世代都重新誕生，過去對現在幾乎沒有影響。代際相關性因此意味者，我們出身（或者更精確地說，是「受胎」）的階級，決定了我們的命運。

大多數人根據自己、家人、朋友和認識者的經驗而相信，我們

2　附錄 1 會更詳細地解釋這些概念。

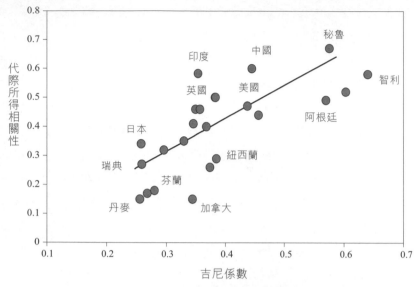

圖 1.3　代際所得相關性和不平等

生活在一個低社會流動的世界。富人生富人，窮人生窮人。在老伊頓人（Old Etonian）和貧民窟居民之間，在戈凡區和里奇蒙街之間，存在數個世代的鴻溝。但心理學家、社會學家和經濟學家一百年來的研究似乎顯示，這種想法是虛構的。主流的測量暗示，社會流動的速度既快且普遍。老伊頓人和貧民窟住民可能是近親。

　　許多標準測量顯示，現代的代際流動比率很高。例如圖 1.3 顯示許多國家的代際所得相關性，這些相關性從 0.15 到 0.65 不等。但這些比率暗示了，繼承只解釋了任何世代個人所得變化的 2% 到 40%。圖 1.4 顯示，受教育年數也有相同的模式，隱含代際相關性從 0.3 到 0.65，受教育年數的變化與遺傳的相關性只有 9% 到 40%。迴歸均數（regression to the mean）的力量似乎很強，而人類社會似乎呈現社會結構中具高程度的熵。

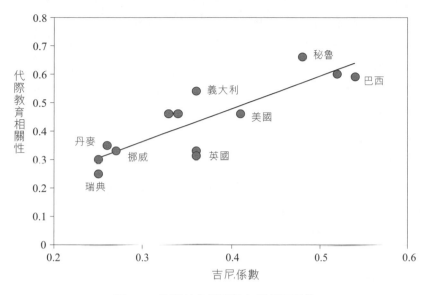

圖 1.4 代際教育相關性和所得不平等

　　如果決定人生機運的所有因素，都歸結為父母的地位，這些持續率卻暗示所有家庭擁有的初始優勢和劣勢應該會在三到五代間完全消失。在這個例子裡，相隔 n 世代之間的社會地位（例如所得）相關性測量，就是代際相關性的 n 次方。如果所得的代際相關性是 0.3，那麼祖父母輩和孫子女輩的代際相關性就是 0.3^2，即 0.09 。曾祖輩和曾孫輩之間的相關性則是 0.3^3，即 0.027。因此以代際交互關係介於 0.15 到 0.65 來看，後續世代的相關性很快會趨近 0。

　　圖 1.3 和 1.4 顯示的標準情況中，代際流動率在各個社會差異很大。在所得不平等較輕微的北歐國家較高。所得不平等以吉尼係數（Gini coefficient）來代表，0 表示完全平等，1 表示社會由一個人擁有一切，其他所有人身無分文。如果現代社會的不平等大部分是由缺乏資本、教育和社會關係所造成，那麼好社會的社會地位遺

傳比率將較低，且所得和財富的差異也將因此較小。

在主流的社會流動率測量圖中，英國或美國呈現的低流動率象徵著社會失能（social failure）；高地位或低地位祖先後代的人生機會，可透過低社會成本的手段來平等化。以北歐國家為例，那裡是世界最富裕的地區之一，令人稱道的不只是物質方面——它們有高預期壽命、低犯罪率、高度兩性平等，少有貪瀆，還有高度透明的政治。

在許多社會中，特定人口的社會流動率遠比其他人口低。例如在美國，黑人、拉丁裔、原住民、猶太裔，向上或向下往社會平均地位流動的速度，都比所得與教育代際相關性所預測的 0.5 來得緩慢。這個事實強化了一個觀念，即根據主流的估計，社會流動率是不夠理想的。例如貧窮的少數族群面對的流動障礙，似乎大於多數族群的個人面對的障礙。較富裕的種族群體能透過關係、網絡或生財管道來鞏固其社會優勢。

在圖 1.3 和 1.4 中，較高所得社會與較高社會流動率的關聯，也意味工業革命的收獲之一是提升社會流動率。世界正從一個高度不平等、命運由出身決定的工業化前社會，邁向一個血統和遺傳在決定個人命運時只扮演小角色的社會。

同樣的，根據主流的流動性計算，遺傳的才能傳遞在決定社會成功上肯定是不重要的。後天教養凌駕天生。假設基因遺傳很重要，也假設所有社會的擇偶都講求門當戶對——即高地位男性娶高地位女性——在這些條件下，運作良好的市場經濟體中卻可以觀察到代際相關性往下降的現象。在北歐國家所見極低的相關性，暗示了家庭和遺傳在決定社經成功的重要性上，勢必只是社會體制中的特性之一。

不過，這些來自主流學界測量社會流動率的結論，與一般人對社會流動性的通俗觀念格格不入。一般人回顧自己的祖父母輩、或往後看自己的孫兒女輩，通常看不到這些測量所暗示的低地位代際相關性。人們看自己的兄弟姊妹和堂表親戚時，所見的代際相關性往往比前述為大。

以英國的佩皮斯（Pepys）家族為例。這個家族以山繆爾・佩皮斯（Samuel Pepys，1633-1703）而聞名，他曾擔任海軍第一大臣、國會議員，也是著名的日誌作家（圖 1.5）。佩皮斯一直是罕見的姓氏，幾乎瀕臨絕跡。在 1881 年，英格蘭只有 37 位姓佩皮斯的人，到 2002 年僅剩 18 人。17 世紀的洗禮與結婚記錄顯示，當時在世的佩皮斯氏也僅有約 40 人。佩皮斯在 1496 年嶄露頭角，當時有一位佩皮斯氏進入劍橋大學就讀，此後就保持顯赫的名聲。從 1496 年後，至少有 58 名佩皮斯氏進入牛津或劍橋求學，最近的一位在 1995 年。對人口如此少的一般姓氏來說，預期能進入這兩所著名大學讀書的人數大約是兩、三人。2012 年在世的 58 名佩皮斯家族成員中，有 4 名是醫學博士。2000 年到 2012 年過世的 9 位佩皮斯氏成員，留下的遺產平均價值 41.6 萬英鎊，是英格蘭在這段期間平均遺產價值的逾五倍。如果標準的流動性估算是正確的，像這樣一個家族，歷經 17 個世代還能維持高社會地位的機率將極其渺茫。[3]

佩皮斯氏並非唯一持續不墜，在英格蘭社會高層保有一席之地的罕見姓氏。柏納斯－李爵士（Sir Timothy Berners-Lee）是全球資訊網（WWW）的創立者，他承襲的家族在 19 世紀的英格蘭是富裕的望族。不過再往前追溯，柏納斯（Berners）這個姓氏源自一位諾曼大公（Norman grandee），其財產登錄在 1986 年的《末日審判書》（*Domesday Book*）裡。知名電視劇《老大哥》（*Big Brother*）的製

3　最著名的佩皮斯氏是塞繆爾・佩皮斯（Samuel Pepys），但他因為沒有已知的後代，故未對這個知名世系的傳承有所貢獻。

圖 1.5　山繆爾‧佩皮斯（Samuel Pepys）畫像
1666 年由海爾斯（John Hayls）所繪。

作人兼英格蘭藝術協會會長彼得‧巴札爾蓋特爵士（Sir Peter Lytton Bazalgette），是 18 世紀移民尚－路易斯‧巴札爾蓋特（Jean-Louis Bazalgette）的後代。路易斯是攝政王的裁縫，相當於那個時代的雷夫‧羅蘭（Ralph Lauren）。1830 年過世時，他留下了十分可觀的財富。[4]

　　《衛報》（*Guardian*）的編輯魯斯布里吉（Alan Rusbridger）雖然抨擊階級特權和繼承優勢，但他本人卻來自維多利亞女王時代發大財並擁有高社會地位的家族。魯斯布里吉的高祖（**great-great-**

4　諷刺的是，考慮到《老大哥》此節目的名聲（編按：該節目曾爆發種族與階級爭議），
　　彼得‧巴札爾蓋特爵士同時也是約瑟夫‧巴札爾蓋特爵士（Sir Joseph Bazalgette）
　　的後裔——約瑟夫是 19 世紀倫敦下水道的設計師。

grandfather）是李奇蒙公爵（Duke of Richmond）的土地總管。他在1850 年去世時，個人財產價值 1.2 萬英鎊。以當時五分之四的人過世時的遺產價值不到 5 英鎊來看，這是很可觀的財富。

本書利用姓氏追蹤不同社會——英格蘭、美國、瑞典、印度、日本、韓國、中國、台灣和智利——的許多世代，並主張我們認為代際流動率很低的常識和直覺是正確的。姓氏確實是一種出乎意料強大的工具，可用來測量社會流動性。[5] 它們揭露出，有一個鮮明而前後一致代際流動率的社會物理學，且未曾反映在此主題的最新研究中。

問題不在於研究和測量本身，就測量的內容來說並沒有錯誤。但當我們嘗試用這些以個別特性估算流動率的測量，來預測家庭整體社會地位的長期演變時，問題就產生了。家庭似乎擁有一種整體的社會能力，是所得、教育和職業等局部地位測量面向的基礎。這些局部的測量面向與這種根本的、不直接外顯的社會能力，只在一些相當隨機的成分上發生關聯。根本地位製造出特定可觀察地位面向的隨機性，造成主流測量所得到的社會快速流動之假象。

根本或整體的社會流動率，遠低於社會學家和經濟學家的典型估計。我們以姓氏來測量，得出所有社會——中古世紀英格蘭、現代英格蘭、美國、印度、日本、韓國、中國、台灣、智利，甚至標榜平等主義的瑞典——的代際相關性都介於 0.7 到 0.9，遠高於主流的估計。社會地位依賴遺傳的程度，與身高等生物特性同樣強大。圖 1.6 比較主流的流動性測量（根據所得和受教育年數），與根據姓氏測量得出的流動性估計。

5　儘管本書提出的結果強而有力，但令人驚訝的是，有系統地使用姓氏來追蹤社會流動在過去很少被採用。唯一採用這種探究方法的作者是魏爾（Nathaniel Weyl），他的《美國成就地理學》（Geography of American Achievement，1989 年）使用姓氏來衡量不同族裔來源群體的社會地位。魏爾是種族主義者，企圖以這種方法來證明猶太和北歐族裔永久優越的假設。

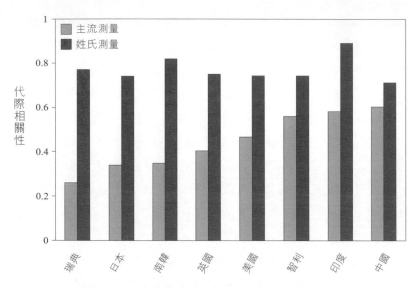

圖 1.6　主流測量相對於姓氏測量的代際相關性

　　雖然這些代際流動率很低，但已足以阻礙永久的統治和下層階級形成。流動性歷經許多世代，始終保持一致。雖然社會流動終究會抹除大多數初始優勢或貧窮的影響，但可能必須經歷 10 或 15 個世代之久。

　　與直覺不符的是，19 世紀末開始的公共教育，以及政府、教育機構和私人公司中減少任用親信的情況，並未提升社會流動性。現代經濟成長也未顯現出提高社會流動性的跡象。19 世紀和 20 世紀擴大授與選舉權給更多人口群體的做法，也未發揮效果。甚至 20世紀美國、英格蘭和瑞典等國家採行的重分配稅賦政策，似乎也無濟於事。特別是在測量概括的社會流動性時，我們看不見不平等與社會流動率有關聯的跡象，反而看到社會流動性似乎與不平等保持恆常、獨立的關係。

　　長期保持在低地位或高地位的群體，例如美國的黑人和猶太人，並非高代際流動率通則的特例。他們與其餘人口經歷同樣普遍的低代際流動率，其所凸顯的地位，加上對大多數人口有高社會流動性的錯誤印象，使得他們看來像是通則的例外。相反的，他們是低社會流動率通則的範本。

一些族群似乎違反迴歸均數的通則——印度的婆羅門、早期歷史大部分時候的猶太人，以及埃及的科普特人（Copts）都保持菁英階級的地位長達一千年或更久。對照之下，吉普賽人或英格蘭的旅人（Travellers，現在人數只剩 30 萬人），四百多年來一直位居經濟階層的最底端。但這只是違反迴歸均數通則的顯著例子——他們的社會地位可以用缺少異族通婚，以及揀選性的從群體移入和移出來解釋。

偏高的根本代際相關性測量，暗示了在任何世代的整體社會地位變異，有 50% 到 70% 在受孕時就可預測。如此斷言，會讓一些人感到不安。如果可預測性這麼高，個人不就被困在社會體制中了嗎？這種情況是否暗示，來自戈凡區的男孩不如放棄任何獲得教育、爭取財務安全，或尋找有挑戰性以及能令他滿足之職業的機會？

答案是，這些資料並未暗示發生在人們身上的結果完全由家庭背景來決定。那些想在社會中攀至高地位的人，是憑藉他們的能力、努力，和面對障礙與挫敗時的堅持不懈才達成的。但我們的發現確實暗示著，我們可以相當有把握地根據家庭背景來預測，誰比較可能有努力的衝勁和追求富裕生活的能力。

雖然在工業化前英格蘭的任何世代中，經濟階梯頂層的父母並沒有為他們的後代取得持久的優勢，但卻有一個奇特而持續很久的影響。姓氏出現的頻率顯示，富人在 1800 年以前占人口的比率呈上升之勢。因此，他們的基因在 19 世紀的英格蘭人口中散布也更廣。但到 1880 年以後，這個過程開始反轉。姓氏頻率顯示，1880 年的富裕家族繁衍的後代，意外地僅有少數存活至今。他們的基因直到最近已逐漸從現代人口消失。

這些影響在西歐可能很普遍。1800 年以前和 1880 年以後不同的社會地位與人口的關係，顯示出在現代世界中，社會流動性傾向於升高，而在工業化前的世界則傾向下降。

為什麼我們以姓氏測量的結果，與主流流動性研究的結果差異如此大？目前的單一世代研究受到一個重大的限制。我們假設在每個世代，社會地位的各面向——所得、財富、教育、職業——都與一些根本的社會能力或家庭地位有關，但附帶一些隨機誤差。社會地位各方面的隨機成分之所以存在，有兩個原因。第一，個人獲得的社會地位有運氣的成分。有人剛好選了一個成功的工作領域，或在某家公司工作。一些人剛好獲准就讀哈佛大學，相對於另一些人則被淘汰。有些人可能選擇當哲學教授，而不是金融業主管。例如蓋茲（Bill Gates）是大學中輟生，一般人會劃歸為低社會地位者；但他決定放棄哈佛大學教育的原因，是想增加他的財富——而他在達成這個目標上獲得了巨大的成功。

由於目前的研究都只測量社會地位的一個面向，因此高估了整體的流動性。此外，即使只就流動性的單一面向來看（例如所得），目前的研究也高估了以後世代的流動性。即使是對社會、族裔和宗教群體，如猶太人、穆斯林、美國黑人和拉丁裔，單一面向的流動性也被高估了。這些族群迴歸平均社會地位的速率，遠比主流測量所呈現的慢。因此，對幾乎所有我們關心的社會流動性問題來說，這些估測都沒有用處。此外，對於不只是低所得，同時也低教育、沒有資本、健康不佳和有失業歷史的家庭，所得的整體代際相關性大幅高估了下一世代可能的所得。姓氏測量是適合用來重估這些預測的工具。

這些差異也可利用生物學的基因型（genotype）和表型（phenotype）概念來解釋，它們通常被用來處理類似的代際生物特性迴歸均數的問題。基因型是單一有機體攜帶的基因組，其表型則由所有受基因型和環境影響的可觀察特性構成。主流的社會流動性研究只測量地位表型（status phenotype）特定面向的遺傳。但家庭也有一種根本的地位基因型（status genotype），其遺傳還更加可靠。姓氏流動性測量，能反映這種地位基因型。[6]

以姓氏測量的社會流動性呈現一種出乎意料簡單的結構。同樣的代際相關性適用於頂層和底層的地位分布。向上流動和向下流動的速率一樣。同樣的相關性適用於流動性的各面向，例如反映在所得、財富、教育和壽命上。這個過程的確是馬可夫（Markov）式的，意味所有可用來預測下一代地位的有用資訊，都包含在目前這一代中。[7]如果 b 是一個世代的持續率（persistence rate），那麼經過 n 世代的持續率即為 b^n。本書就是根據這些特性提出一個社會定律——有一個普遍恆常的代際相關性為 0.75，從它產生的變異情況十分罕見，且可以預測。

這些暗示了持續性，但低社會流動性的姓氏結果有何意義？又該如何解釋？這是一個更具爭議性且難以回答的問題。社會流動性的研究深受一個不假思索的假設所害——即流動性愈高愈好。本書最後將討論流動性的可能來源，以及提高代際流動率是否真能帶來一個更好的社會。

要瞭解代際相關性 0.75 究竟代表的是社會問題，或是可能的最理想世界，需要一套解釋這種持續率來源的理論。如果這種持續率

6　「地位基因型」這個詞並不表示基因真的能傳遞地位，只是說這個過程與基因傳遞看起來很像。

7　嚴格說，這個過程是一階馬可夫程序（first-order Markov）。

主要由人們童年的社會環境所造成，那麼任何社會都將產生個人才能與社會地位的不匹配。但若持續率主要是由一種無可改變的、家庭能力的遺傳所造成，則我們必須做此結論——不論社會的體制結構如何，它都會持續製造出天生能力與社會地位的匹配。

遺傳在決定人的教育、所得、職業、財富、健康和壽命時有多重要？本書提出的資料無法回答這個問題。但我們可以問，我們能否排除遺傳是代際社會地位持續性的主要來源。遺傳的解釋有幾個實證上的重要性，我們可用此處蒐集的資料來測試。

如果遺傳是支配的力量，那麼持續率在社會階層的頂層和底層應該相同。此外，同族結婚的社會群體——成員不與其他族群婚配的群體——他們的地位將可完全持續，不管高或低。平均社會階層高（或低）的群體，將不會因為他們接受任何特殊文化，而在社會中成功或失敗。相反的，他們的成功或失敗將純粹是他們在更廣大人口中做有利或不利之揀選的結果。他們目前的社會地位愈獨特，未來在母體（parent population）後代所占的比例就愈小。

如果遺傳之影響最為重大，那麼被收養孩子的結果，大體上將與養父母的地位不相關，而與親生父母的地位相關。且如果遺傳很重要，那麼決定社會地位的唯一因素是父母。祖父母、曾祖父母、叔舅、姑嬸和堂表兄弟姊妹，將不扮演任何角色。特別是，如果我們可以不偏頗地測量父母的根本社會能力，就能預測一個人的社會結果。如果某兩人分別有社會能力相等的父母，但其中一人的父母來自顯赫的家系，有富裕的背景和有用的社會關係；而另一人的父母是暴發戶，缺乏這種網絡——此種差異對子女的結果將沒有差別。

地位持續性的遺傳解釋另一個意義是，家庭的大小對決定子女的社會結果沒有影響力。家庭生活的質與量互為消長的概念，是新古典經濟學的神聖教條之一，企圖解釋現代經濟成長何以在經過長期延遲後終於降臨。但若遺傳決定了地位的傳遞，就其影響來說，這種互為消長就毫不重要，甚至不存在。

　　大體而言，社會流動性有一些特性不排除遺傳是世代間的主要關聯。把遺傳視為重要因素，有助於解釋社會流動性的謎團，也就是英格蘭、瑞典和美國這些社會統治階級，沒有能力永遠避免自己向下流動。如果經濟與社會成功的決定因素是財富、教育和關係，那麼我們觀察到富人以慢速率迴歸至社會均數的持續傾向，就無從解釋。例如我們看到在 1880-1990 年間，英格蘭富人養育的小孩人數一直比窮人少，這讓他們能投資更多時間和資源在孩子身上，並因為將財富分給較少子嗣而能保有較多財富。在此種情況下，為什麼他們未能保持在社會頂層的地位，甚至往上移動至離平均值更遠之處？對照之下，在 1500-1800 年間，富人養育的子女持續比窮人多，讓更多存活的子嗣瓜分其注意力與財富。然而，這些大不相同的人口統計狀況對英格蘭的社會流動率並未造成影響。社會流動率在工業革命之前與之後，並沒有不同。

　　只有在遺傳是決定經濟成功的主要因素、先天勝過後天培養的前提下，才有一種內建的機制能解釋觀察到的迴歸均數。這種機制就是富人和高教育世系的子女，與成功、向上流動的貧窮而未受教育世系之子女通婚。雖然有強力的揀選性婚配——因為根據的是一部分由運氣創造的社會表型，那些才能超過平均水準的人傾向於與較低能力者婚配，並迴歸至均數。同樣的，天分低於平均水準者，傾向於與高天分、運氣差的子嗣婚配。

　　如果先天確實勝過後天培養，這有幾種影響。第一，這代表世界是一個比我們直覺所認為的更公平許多的地方。天生的才能是決定經濟成功的主要來源，而非繼承的優勢。第二，這意味上層階級在照顧和教養子女方面的大手筆投資，對阻止長期向下流動並無用處——富裕的曼哈頓律師為年幼子女僱用教師，以確保進入菁英幼稚園，但無法阻止他們的後代終究要迴歸到平均。第三，透過政府干預以增加社會流動性不太可能有多大影響，除非它們影響社會階層和族裔群體間的聯姻比率。第四，強調人種、民族和宗教的差異會製造此種聯婚的障礙，因而導致持續的社會階層化。為了讓社會增進長期的社會流動性，就必須達成文化同質性，將不同社會群體間的聯姻率最大化。

對關心子女未來社會地位的父母來說，這些結果有何重要性？現實的重要性是，如果你想讓子女的機會最大化，你該注意的不是配偶的社會表型，而是注意他或她的地位基因型。這個基因型表現在你潛在伴侶所屬的社會群體，以及他們的兄弟姊妹、父母、祖父母、堂表親戚等等，溯及到 n 等親的社會基因型。一旦你選擇了你的配偶，要做的已經都做好了，你就可以放心地忽視你的子女，相信你為他們確保的天生才能無論如何都會發光發亮。這是指，如果此處所推想的地位持續性來源是正確的話。

我要強調，本書並不是一則悲慘故事。儘管研究呈現出低社會流動率，儘管世系在決定現在的結果時很重要，也儘管我們沒有能力顯著影響根本的社會流動率；但本書對社會流動性的完整性感到相當振奮，故將書名取為「父酬者」（The Son Also Rises）。因為本書的證據顯示，社會地位可能取決於先天的遺傳能力，社會環境比許多人預期的公平得多。證據也顯示，到最後，今日富人和窮人的後代將在他們預期的社會地位上達成完全的平等。這種平等可能需要三百年的時間來實現。然而在社會的大機制下，為什麼需要三百年來匯聚，而非三十年？

社會結果是世系彩券的產物，此發現導引至一個重要的推論，即我們不該建立會獎賞高社會地位的社會結構。我們所見的高度不平等理由往往是，獎賞是成就的必要刺激。但我們在本書中看到各種研究的背景（如圖 1.6）中，不平等與根本的社會流動率間並沒有相關性。如果社會地位大體上是盲目的才能遺傳的產物，加上一點純粹的機運，為什麼要加發獎賞給彩券的得主？北歐社會似乎提供了一個良好的模型，可以把來自繼承社會地位的生活結果不平等最小化，而不致付出重大經濟成本。

我們也應該強調，本書集中於討論父系的遺傳（如果我們的觀察跨越許多世代，父系只是許多傳承世系之一），純粹是因為直到晚近的社會研究，姓氏仍一面倒地繼承自父親。這並不代表女性不重要——這只代表直到最近數個世代以來，女性的地位大體上是丈夫的映照。但這不表示如果我們根據母系傳承來衡量地位的持續率，就能觀察到更高的流動性。例如在我們觀察的有限數量案例中，父親與女婿的相關性，和父親與兒子間一樣高。[8] 但值得注意的是，晚近世代的女性解放對社會流動率並沒有影響。解放後的女性仍和以往一樣揀選配偶，並傳遞她們的地位給子女，一如過去在父系社會的情況。

8　參考 Olivetti and Paserman 的研究，2013 年。

PART 1

不同時期與地方的社會流動性

瑞典──達成流動性了？

　　在以姓氏探討社會流動性時，我們先從瑞典開始有兩個原因。第一，根據主流的測量，現代瑞典的社會和經濟流動性比英國或美國快。而瑞典是一群北歐國家 ── 丹麥、芬蘭、冰島、挪威和瑞典 ──的代表，被認為已達成低度不平等、普及的教育，和快速的社會流動。近年來，這些社會被用以駁斥英國和美國的經濟模式，英美兩國都有較高的不平等，和明顯較低的社會流動率。此種對照在前面的圖 1.3 和圖 1.4 清楚可見。北歐國家觀察到的快速流動率，意味其國民目前的所得和教育程度，很難從父母的所得或教育來預測。北歐社會每個世代都更新，似乎對富人和窮人、高教育和低教育者的子女，都提供從根本上平等的人生機會。

　　晚近對馬爾默（Malmö）的數個家族 4 個世代的研究顯示，瑞典的代際所得和教育相關性，在至少 3 至 4 個世代一直維持現代的水準。馬爾默研究的初始世代，其出生年代介於 1865 年到 1912 年之間。[1]

1　Lindahl et al. 2012, table 5.

這種流動性意味著瑞典的體制性安排——例如公共教育的支援，以及對財富課徵累進稅——在決定社會流動性上，扮演決定性的角色。正如第 1 章討論的，其意義是在英格蘭和美國觀察到的較低社會流動性，代表一種社會失能。高或低地位祖先的後代人生機運，可以用低社會成本來平等化。畢竟，瑞典是世界上最富裕的經濟體之一。

但本章顯示，這些國家記錄的持續率若未經過審慎的詮釋，將導致對北歐社會真實情況的誤解。若以姓氏來測量，從職業或教育等地位面向得到的代際相關性將高得多。[2] 而現代的代際相關性，也和 18 世紀一般高。不管依所得或教育顯示的短期流動性如何，在瑞典有長達 10 個世代的地位——以所得、財富、教育和職業來測量——呈現相當高的持續性。

社會流動性遠比主流估測更低的發現，來自兩組歷史菁英姓氏在高地位群體的出現頻率、相較於在一般人口中出現頻率的研究。如果這個比率（即相對代表性）大於 1，該姓氏群體就屬於菁英。若比率小於 1，就屬於下層階層。任何群體的相對代表性接近 1 的速度，就代表該社會的社會流動率。[3] 第一組姓氏包含與瑞典貴族有關的罕見姓氏，第二組則是 17 世紀和 18 世紀受高等教育的菁英。兩組姓氏出現在現代瑞典菁英——醫師、律師、大學生和皇家學院成員——的頻率仍然偏高，顯示瑞典的社會流動率仍然很低。藉由檢驗它們在這些群體中偏高的出現頻率，在過去二或三個世代漸漸下滑，我們得以測量直到 2012 年的流動率。結果總結在表 2.1。它們顯示，瑞典目前的社會流動率很低——不比英國或美國的可比較測量高，也不比瑞典於 18 世紀君主統治下的社會流動更快。

2　當利用姓氏來估測代際流動性時，世代的長度必須註明。為了方便，本書中一概以三十年計算。

3　附錄 2 提供這個計算的技術細節。

表 2.1　瑞典 1700-2012 年間以職業估測的地位持續率

	1700–1900	1890–1979	1950–2012
律師	—	—	0.73
醫師	—	0.71	0.80
大學生	0.80	—	0.67
皇家學院成員	0.88	0.75	0.83

瑞典的姓氏

　　出人意料的是，儘管瑞典以民主社會的典範聞名，貴族階層仍然非常活躍且運作無礙。瑞典有一個正式的貴族公會（guild），稱作貴族院（Riddarhuset，圖 2.1）。雖然貴族自中世紀就已存在，現代的貴族院創立於 1626 年。從 1668 年到 1865 年，貴族院是王國

圖 2.1　位於斯德哥爾摩市區的瑞典貴族院

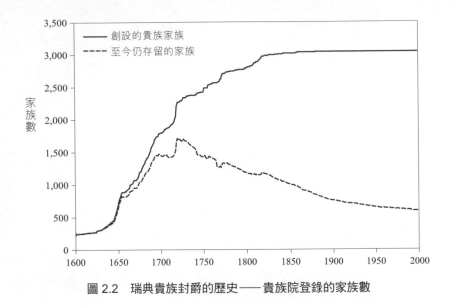

圖 2.2　瑞典貴族封爵的歷史──貴族院登錄的家族數

四個統治機構之一，相當於英格蘭的上議院。從 2003 年以來，貴族院已變成一個民間機構，負責保存瑞典貴族的紀錄，並代表貴族從事遊說。儘管瑞典在兩性平等上的進步，但貴族院裡只有男性有投票權，而且只有兒子能傳承貴族頭銜。

　　貴族院登記的家族分為三個階層：由上往下依序是伯爵、男爵，以及「無爵銜」貴族。登記的家族超過 2,000 個，雖然只有約 700 個仍有存活的代表。[4] 這些貴族受冊封的時間摘錄於圖 2.2。如圖所示，幾乎所有現存的貴族家族都始於 1658-1721 年間，當時的瑞典領土涵蓋芬蘭、愛沙尼亞，以及德國北部幾個邦。自 1680 年以後，貴族逐漸喪失特權；最先是 1680 年由皇室收回過去授予貴族的大部分土地。到了 1866 年，貴族在經濟上已無重大特權。

　　當瑞典的家族在貴族院登記時，他們往往採用一個象徵地位

4　Riddarhuset 2012.

成分的姓氏，如吉倫（gyllen，金）、席爾弗（silfver，銀）、艾德勒（adler，鷹）、里昂（leijon，獅）、史帝吉納（stjerna，星辰）、克魯斯（creutz，十字架）和埃倫（ehren，榮譽）等。因此我們會看到像是里昂哈夫伍德（Leijonhufvud）、吉倫史帝吉納（Gyllenstjerna）、埃倫史瓦德（Ehrensvard）和艾德勒克魯斯（Adlercreutz）等姓氏。莎士比亞《哈姆雷特》（*Hamlet*，寫於約1600 年）裡兩位不幸的丹麥貴族——羅森克蘭茲（Rosencrantz）和吉爾丹史登（Guildenstern），來自丹麥和瑞典貴族共有的兩個姓氏。1596 年出席丹麥加冕典禮的貴族中，應該有十分之一擁有這些姓氏之一。[5]

但許多瑞典貴族姓氏源自德國，反映出有許多德國軍事將領在17 世紀為瑞典皇室提供服務，而獲冊封為貴族。因而有范巴登布洛克（von Buddenbrock）和范柯寧史馬克（von Koningsmarck）、史考特希（Scottish）、英格利希（English）、法蘭屈（French）等姓氏。而其他名列其中的外國姓氏還有道格拉斯（Douglas）、麥克林恩（Maclean）、班奈特（Bennet）、狄拉賈迪（de la Gardie）。但部分貴族姓氏十分常見，且由許多一般人擁有，可能不是這些高貴家族的後代，例如畢揚柏格（Bjornberg）或漢彌爾頓（Hamilton）。因此以下分析僅限於現在擁有者為 400 個或更少人的貴族姓氏，這些姓氏的擁有者大部分可能源自當初被冊封的家族之一。

貴族獲得的特權之一是，1901 年的姓氏改變法案（Names Adoption Act）禁止任何人改用貴族的姓氏。[6] 因此，除了外國進口和 1901 年以前改名的以外，貴族院裡已登記為貴族的姓氏就是這些貴族家族世系的獨特辨識。這些姓氏構成一小群瑞典菁英。現在只有 16,000 人擁有伯爵和男爵家族的姓氏（依前述標準定義的家

5　　Boyce 2005, 154.
6　　有人擔心聲名狼藉者採用貴族的姓氏。

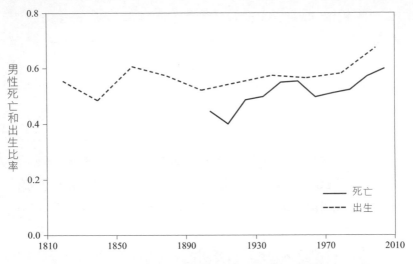

圖 2.3　生於 1810-2009 年間的男性死亡者擁有貴族姓氏之比率

族）。另有 40,000 人擁有與無爵衛貴族有關的罕見姓氏。

這些姓氏大多源自許多年前受冊封者的跡象之一，是擁有這些姓氏之人數占人口的比例。圖 2.3 顯示，1901-2009 年間死亡以及 1810-1989 年間出生的男性，出現的貴族姓氏樣本。從 1810 年至今，這些貴族姓氏的人數占所有姓氏之比例是一樣大的。

第二個值得探究的姓氏階層是拉丁化的姓氏。在工業化前的時代，大多數瑞典人使用不固定的父名為姓氏，教士、學者和一些商人採用有時源自瑞典名字的姓氏，但通常會以「-ius」或「-eus」結尾，因而成為受過教育階級的特徵。這些姓氏包括一些 17 世紀和 18 世紀著名的瑞典科學家的名字：卡洛盧斯・林納斯（Carolus Linnaeus, 1707-78）、安德斯・塞西爾斯（Anders Celsius, 1701-44），瓊斯・傑考布・柏茲利爾斯（Jons Jakob Berzelius, 1779-1848），以及歐勞斯・魯德貝齊爾斯（Olaus Rudbeckius, 1630-

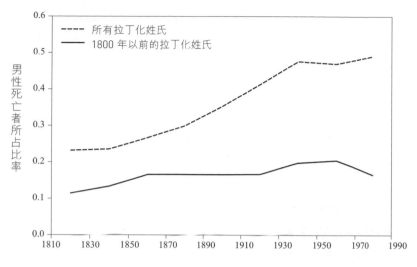

圖 2.4　生於 1810-1990 年間的男性死亡者擁有拉丁化姓氏之比率

1702）。這些姓氏現在的典型例子有阿濟洛尼爾斯（Aquilonius）、阿蘭尼爾斯（Arrhenius）、柏濟利爾斯（Berzelius）、波席爾斯（Boethius）和克南亭古爾斯（Cnattingius）。

　　現代人口中，只有一小部分人擁有這類拉丁化姓氏。舉例而言，在 2000-2009 年間死亡的人，只有 0.5% 擁有以「-ius」或「-eus」為字尾的姓氏。但在 19 世紀末和 20 世紀初，有相當多人採用新創的拉丁化姓氏。圖 2.4 顯示，1810-1990 年間出生的男性，擁有拉丁化姓氏的比率在這段期間增為兩倍。

　　為避免納入新改用的姓氏，此處使用的拉丁化姓氏僅限於 1800 年以前就存在的。快速辨識這類歷史悠久姓氏的方法之一是，只考慮在 2011 年有超過 40 人擁有的拉丁化姓氏。[7] 它們的擁有者絕大多數從父母傳承這些姓氏，而非改用而得。也許是因為 1901 年實

7　因為剛改用不久的新拉丁化姓氏擁有者，沒有足夠的時間在 2011 年時將人數擴增至 40 人。此條件讓我們得以限制於很早以前就存在的姓氏。

施的姓名法規（Name Regulation Law〔släktnamnsförordningen〕）對改名的限制，以及 1982 年的姓名法（Naming Law）要求更改姓氏需經過瑞典稅務局核准。這些姓氏占目前人口的 0.2%。[8] 舊拉丁化姓氏占人口的比率，從 1810-1989 年間幾近穩定。

最常見的瑞典姓氏是父名，即以父親的名加上「-son」組成的姓氏。這類姓氏是工業化之前瑞典的主要姓氏類型。例如 17 世紀教區結婚記錄的樣本顯示，93% 的結婚者擁有此種父名。[9] 在早期的瑞典，每個世代使用的的父名姓氏都不同。18 世紀和 19 世紀，父名姓氏的使用逐漸減少，家族改用較永久的姓氏。1901 年的姓名法規要求每個家族使用一個姓氏，延續各世代不變。

父名姓氏的減少持續至今。圖 2.5 顯示在各個二十年期間，瑞典出生和死亡之男性以父名作為姓氏的人數估計。在 2000 年以後，瑞典的死亡男性只有 40% 使用父名為姓氏。但在 10 歲以前死亡的男性中，這個比率更低，大約是 25%。[10]

如果檢視在 1950-1951 年出生、在 2009 年以前死亡的所有男性使用父名為姓氏的比率，我們可觀察這種減少的來源。在這個世代的人中，在 10 歲前死亡者，有半數採用父名；但在 50-59 歲間死亡的人，只有三分之一採用父名姓氏。這表示，有近三分之一在出生時使用父名姓氏的男性改變了姓氏，且大多數的改變發生在 30 歲以前。因此雖然瑞典的父名姓氏與低社會地位有關，但我們用它來衡量社會流動性時必須很小心，因為這類父名姓氏被現代人口保留只是選擇性的。

8　Watson 和 Galton 著名的證明顯示，跨越許多世代的罕見姓氏經常若不是消失，就是以相對較高的頻率出現（Watson & Galton, 1875）。

9　FamilySearch，日期不詳。

10　這個趨勢的部分原因是，這段期間移民生育的小孩大幅增加。2000 年出生、在 2009 年以前死亡的男性中，十分之一擁有穆斯林的姓氏；另外十分之一的姓氏顯示父母之一是移民。

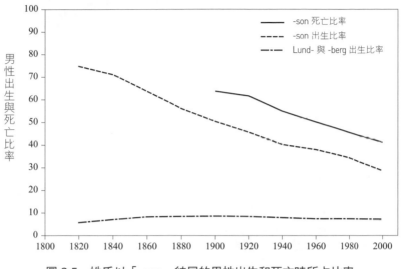

圖 2.5　姓氏以「-son」結尾的男性出生和死亡時所占比率

　　《瑞典廣播》（*Swedish Radio*）的記者妮娜‧班納（Nina Benner）以自己的家族為例,很貼切地說明此種姓氏改變如何發生。她的祖父以及祖父的四個兄弟,在 1916 年把姓氏從安德森（Andersson）改為班納。當時她的祖父 16 歲,他最大的兄長正在唸書,想成為物理學家,而教授表明安德森這姓氏不適合這個行業。班納這個姓氏源自一個叫班納波（Bennebo）的小村落,是她曾祖父的故鄉。

　　但其他瑞典姓氏在不同年齡層男性間的比率維持一致。正如圖 2.6 所示,1950-1951 年出生的男性,擁有以「-berg」（山）結尾的姓氏比率,在「10 歲前死亡」和「50 歲後死亡」這兩組是一樣多的。這些以地形結尾的姓氏,可作為測量社會流動率的標準。

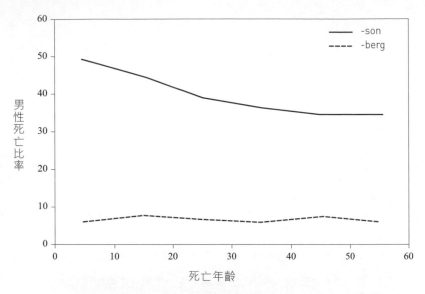

圖 2.6　1950-1951 年出生之男性，姓氏以「-berg」和「-son」結尾的比率

姓氏與目前的所得和財富

　　由於兩組菁英姓氏（貴族和拉丁化姓氏）是 1800 年以前就存在的，在研究報告顯示目前和過去世代瑞典人的社會流動率很高的情況下，我們可能預期這些姓氏會完全迴歸平均的社會地位，他們不會與瑞典的一般姓氏有任何差別，他們尊貴的地位將已完全喪失。

　　我們可以在現代瑞典測量不同姓氏之地位和地位分布的方法之一，是透過稅務資料。這份資料可由公眾取得，而且在「知道你的鄰居賺多少」的口號下，甚至被出售牟利。

　　圖 2.7 顯示取自斯德哥爾摩市政區（kommun），姓氏為里昂哈夫伍德（Leijonhufvud）者的部分資訊。從當局公告的資料可輕易取

Leijonhielm, Anna Örnbacken 26	320,400	10,131
Leijonhielm, Larsson, May Backvindeln 63	283,000	
Leijonhufvud, Cecilia Banérgatan 46 2 tr	481,700	467,543
Leijonhufvud, Madeleine Basaltgrand 10	340,100	
Leijonhufvud, Margareta Bergsmarksvagen 4 1 tr	1,576,800	100,317
Leijonhufvud, Louise Blackebergsbacken 5 tag 144	119,400	1,080,423
Leijonhufvud, Eld Blanchegatan 18 4 tr	336,700	
Leijonhufvud, Margareta E C A Halsingehöyden 11	247,000	2,082,476
Leijonhufvud, Christina Hogbergsgatan 11	279,200	
Leijonhufvud, Elisabeth Kommendorsgatan 28	573,500	
Leijonhufvud, Jenny Krukmakargatan 67 lag 0015	523,000	
Leijonhufvud, Alice Langelandsgatan 10	318,200	289
Leijonhufvud, Susanna Manhernsgatan 13 bv	283,000	
Leijonhufvud, Sven Märdvagen 34	362,100	54,519
Leijonhufvud, Elisabet Märdvagen 34	308,200	1,256
Leijonhufvud, Eric Mybrogatan 64	648,000	40,340
Leijonhufvud, Gustaf Mybrogatan 68 1 tr	239,500	152,518
Leijonhufvud, Titti Odengatan 23 5 tr	322,700	
Leijonhufvud, Ewa K S Ragvaldsgatan 21 4 tr	534,300	123,020
Leijonhufvud, Ruth Sigrid G Rindogatan 42	289,300	
Leijonhufvud, Fredrik Rälambsvägen 10 A	1,224,800	23,100
Leijonhufvud, Elizabeth Rälambsvägen 10 A 3 tr	667,800	

圖 2.7　2008 年斯德哥爾摩公告的報稅資料樣本

得每位納稅人的詳細地址。第一欄數字顯示以瑞典幣克朗（kroner）計算的所得，第二欄顯示資本利得。報稅資料清楚顯示，預期的社會熵在瑞典尚未發生。擁有貴族姓氏和拉丁化姓氏者有較高的可課稅收入，包括一般所得和資本利得，都超過擁有安德森此一常見姓氏者。差別不是很大，但相當明顯。因此在斯德哥爾摩的六個市政區，2008 年有貴族姓氏者的平均可課稅所得，比安德森氏多出44%；而有拉丁化姓氏者的平均所得，也比安德森氏多了 27%。[11]

　　稅務資料的分析顯示，有貴族姓氏和拉丁化姓氏者所得較高，

11　2008 年 Botkyrka、Huddinge、Haninge、Nacka、Stockholm 和 Taby 的報稅資料（Kalenderforlaget 2008a,b,c）。

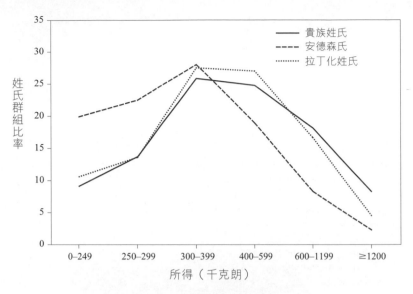

圖 2.8　2008 年姓氏群組可課稅所得分布

不僅因為他們有較多位於所得分布的高層，也因為他們較少位在所得分布的底層。正如圖 2.8 所示，這兩類姓氏者的所得範圍和安德森氏一樣寬，但範圍的平均值都比較高。

　　這六個市政區的可課稅所得頂層 1% 的所得水準，是 200 萬瑞典克朗以上。在擁有貴族姓氏者中，有 2.6% 的所得落在此 1% 的頂層。所以貴族姓氏在所得菁英中的相對代表性為 2.6──這些姓氏屬於頂層 1% 所得的可能性，是一般姓氏的 2.6 倍。像這樣對瑞典等國家之菁英群體的相對代表性測量，可用來當作測量姓氏社會地位的方便工具。

　　只要所得的代際相關性低於 1，就代表這些有貴族姓氏者的平均所得會漸漸趨近整體平均所得。在這種情況下，有貴族姓氏者在頂層所得分布的相對代表性將下降，且在底層所得分布的姓氏相對代表性則會增加。附錄 2 會詳細說明姓氏相對代表性，朝向地位分布上方移動的速度，如何給我們一種測量代際地位相關性的方法。以下顯示瑞典四個菁英群體的估算——律師、醫師、大學生和皇家學院成員。這些估算提供了一幅一致的圖像，顯示瑞典的里昂哈夫伍德家族（包括新和較舊的成員）有很低的社會流動性。

律師

瑞典律師協會保有一份 7,000 名律師成員的登錄名冊，其中記錄每一位律師的生日。比較這份名冊中姓氏種類出現的頻繁度，與它們在一般人口中的出現頻繁度，呈現出重大的不一致。圖 2.9 顯示，有爵銜貴族（伯爵和男爵）擁有的姓氏，出現於這份名冊的頻繁度是出現在一般人口的 6 倍。[12] 其他出現頻率過高的姓氏，包括與無爵銜貴族和拉丁化姓氏有關的姓氏，兩者都是預期比率（在人口所占的比率）的約 3 倍。以「Lund-」開頭的姓氏出現的頻率與預期相符。對照之下，以「-son」結尾的姓氏只有預期頻率的一半。

這些結果也暗示，即使在瑞典，遙遠的過去對現在仍有出人意料的影響。18 世紀時區隔社會的姓氏，即使過了 10 個世代仍呈現明顯的區隔。貴族姓氏在社會階層還是保留它們的高排名——伯爵和男爵的姓氏，仍保有比無爵銜貴族更高的地位。

律師業的成員可分成兩個世代，一是 1930-1959 年間出生的世代，另一個則是 1960 年以後出生的世代。圖 2.10 顯示這兩個世代各姓氏的相對代表性。第一，它透露出各種姓氏的出現頻率都持續迴歸向預期的平均代表性。第二，但它也顯示迴歸向平均數的速度

12　想瞭解這些資料處理的詳細情形，請參考 Clark 2013。

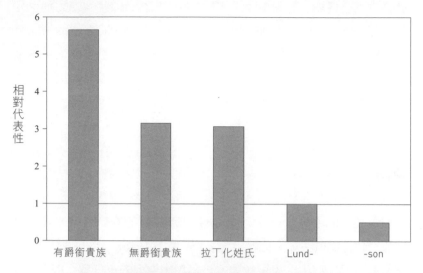

圖 2.9　姓氏群組在律師間的相對代表性，2012 年

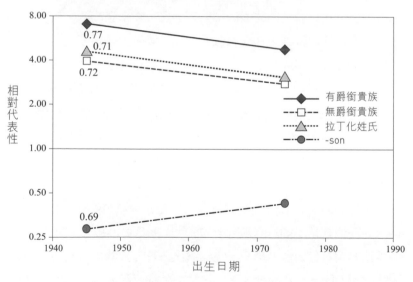

圖 2.10　依出生期間區隔的姓氏群組在律師間的相對代表性，2012 年

十分緩慢。即使是 1960 年以後出生的律師之間（即過去三十年間取得律師資格的人），姓氏的相對代表性也有很大的差異。

從律師資料的姓氏群體，得到的職業地位隱含代際相關性如下——有爵銜貴族 0.79、無爵銜貴族 0.72、拉丁化姓氏 0.71、父名姓氏 0.69。（但應該注意的是，代際相關性必須審慎處理，因為有數量龐大的人，將出生時擁有的父名姓氏改成其他姓氏了。如果改姓氏者主要是在社會上較成功的人，那麼估算的相關性可能遠高於真正的相關性。）表 2.1 裡三種菁英姓氏群組的律師平均代際相關性是 0.73。各姓氏群組測得的相關性確實有差異，但因為律師在各姓氏群組的人數通常不到 50 人，因此這些估測相關性的變異，很可能機運是唯一的原因。

醫師

測量社會流動率的第二個來源是，在瑞典登錄的醫師名單，從最早的 1890 年開始至 2011 年，跨越了四個世代。從目前登錄的醫師開始，我們看到圖 2.11 顯示各姓氏的相對代表性，呈現和律師一樣的差異。18 世紀三個菁英群體之姓氏出現的頻繁度，比他們所占人口比率還高。父名姓氏的出現頻繁度，則遠低於預期的比率。

分析瑞典醫師的姓氏種類，因為目前很多在瑞典登錄為醫師者是外國裔，所以特別複雜。來自任何其他歐盟國家、持有執照的醫師，都可以在瑞典登錄為醫師，無需額外的訓練。因此，在 2007 年，在瑞典登錄的所有醫師幾乎有五分之一是在外國接受訓練，包括到外國醫學院求學的瑞典人。但 2007 年初次於瑞典登錄為醫師的人中，不計入到國外醫學院求學的瑞典人，每 5 個就有 2 個是外

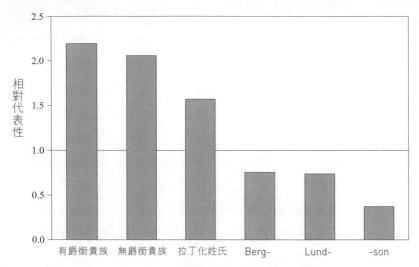

圖 2.11　各姓氏類別在瑞典登錄醫師間的相對代表性，2011 年

國人。[13] 這種情況的影響之一是，即使是像「Lund-」這類在律師間出現頻繁度符合平均數的姓氏，在醫師職業中的出現頻繁度卻低於平均。

　　為矯正這種情況，並計算在瑞典出生醫師的瑞典姓氏種類相對代表性，我們假設所有外國醫師都在 1980 年或以後登錄，而「Lund-」或「Berg-」姓氏的出現頻率在 1980-2011 年間平均為 1。這些假設意味在這個世代的人裡，所有醫師中只有 70% 是瑞典出生的──一個合理的估計。所有國內醫師人口在這段期間也依此加以計算。對 1980 年以前的時期，我們假設所有在瑞典登錄的醫師都是在瑞典出生的。

　　圖 2.12 顯示，在登錄始於 1890 年的每個三十年世代的醫師中，四類姓氏──有爵銜貴族、無爵銜貴族、拉丁化和父名──的相對

13　"Every Other Doctor in Sweden from Abroad" 2009.

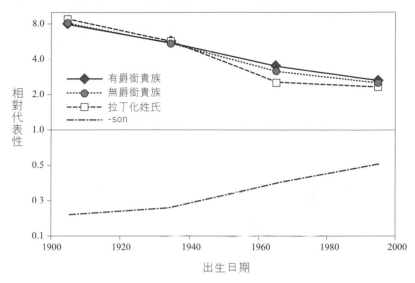

圖 2.12　1890-2011 年間各姓氏類別在瑞典醫師間的相對代表性

代表性。為釐清父名姓氏的情況，圖 2.12 中使用了一個對數尺度。所有三個群體都迴歸向平均數，但各世代迴歸的速度都很慢。圖 2.13 顯示所有三個保持高地位的群組跨越四個世代的最佳擬合相對代表性。在這個例子中估計的持續率是 0.74，而且可看出擬合情況良好。迴歸均數的速度並沒有比更早的三十年期快。大致上，與 1980 年以前的時期是相同的。

　　父名姓氏對應的持續率同樣也很高，達到 0.74。但我們也必須對父名姓氏的估計保持審慎，由於放棄父名在向上流動之中較常見，此處的代際相關性估計可能高估了父名姓氏地位的持續性。不過此群組的持續率估計，和三類菁英姓氏群組是一致的。

　　因此瑞典律師和醫師的姓氏出現頻率都凸顯了一個類似的模式——瑞典的社會流動性比主流估計的慢得多，即便是在很晚近的世代。從瑞典醫師姓氏分布得到的第二個令人意外地發現是，不僅

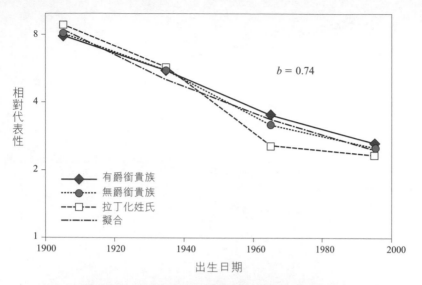

圖 2.13 菁英姓氏在瑞典醫師間估測的持續率

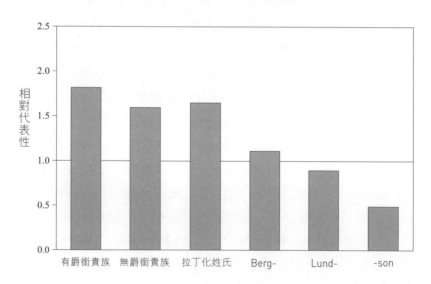

圖 2.14 2000-2012 年提出碩士論文的烏普薩拉大學生之姓氏

社會流動率低於主流的估計，且不比 20 世紀初時快。現代瑞典的政治選舉權擴大以及普及的福利國體制，包括免費大學教育和維持給學生的補貼，都對提高社會流動率沒有幫助。

1948-2012 年教育流動性

免費大學教育在增進社會流動性的效率不彰，已由大學畢業生的姓氏分布模式證實，甚至在晚近數十年也是如此。例如圖 2.14 顯示 2000-2012 年間從烏普薩拉大學（Uppsala University）完成碩士學位之姓氏群組相對代表性。以「Lund-」或「Berg-」開頭的姓氏之出現率符合平均水準，大體上源自 1800 年以前的貴族和拉丁化姓氏之代表性，仍超過 60-80%。最常見的父名姓氏，其出現率只有預期的一半。[14]

大學畢業生中菁英姓氏和父名姓氏的差異，不像律師和醫師間的差異那麼顯著。而碩士學位計畫，即使在烏普薩拉這類菁英大學，也較律師和醫師等職業不排外。的確，根據瑞士最優秀大學——哥德堡（Gothenburg）、隆德（Lund）、斯德哥爾摩和烏普薩拉——每年提出的碩士論文數量，我們可預測 1990 年於瑞典出生的人當中，有 8% 會完成這些大學之一的碩士論文。[15]

如果一個姓氏類別，如拉丁化姓氏，在頂層 8% 人口的相對代表性為 2，那麼它在頂層 1% 人口（接近法律和醫學職業的選擇性）的相對代表性將是 2.8。[16] 因此大學生的情況與醫師和律師在晚近世代發現的證據一致，且再度證明目前不管是菁英或低代表性的姓

14　計算的細節也參考 Clark 2013。
15　詳細的計算參考 Clark 2013。
16　Clark 2013.

氏，迴歸均數的速度都很慢。

這些資料暗示，如果瑞典現在所有 22 歲人口有 8% 從這四所菁英大學獲得碩士學位，擁有菁英姓氏者獲得的比率是 13-14%。這種由瑞典姓氏所呈現的地位差異，不會很快消失。

1954 年以前，瑞典只有兩家大學——烏普薩拉（1477 年創立）和隆德（1666 年創立）——註冊就讀兩所大學的記錄眾多。這些記錄包括烏普薩拉大學 1942-1966 年間三個「學生會」（student nations，食宿協會）超過 2,000 名成員的姓氏。這些記錄顯示約 1948 年到約 2008 年（兩個世代後），各姓氏種類在烏普薩拉的相對代表性。圖 2.15 同樣顯示全部四個群組在這兩個世代都朝向均數匯聚。

要計算圖 2.15 中的資料所暗示的教育代際相關性，我們必須將一項因素納入考量，即烏普薩拉和隆德在 1940 年代是更菁英的學術機構，較 2000-2012 年還更菁英。少數在 1940 年代進入烏普薩拉和隆德就讀的瑞典人，粗略估計僅占人口的 1%；對照之下，今日提出碩士論文者，約占人口的 8%。在這種人口上層比率轉變的情況下，三個菁英群組中，有爵衛貴族姓氏測量的持續率為 0.72，無爵衛貴族為 0.75，拉丁化姓氏則為 0.57。

但由於 1942-1966 年就讀烏普薩拉的姓氏樣本規模很小，這些估算有重大的取樣誤差。把這些群組結合成一組菁英，得到的歷經兩個世代的整體隱含代際相關性為 0.66。然而 1977 年實施重大改革，使接下來兩個世代的學生進入大學的人數大增。現在入學已經免費，且學生可獲得支付生活費用的補貼和貸款。

對父名姓氏組來說，以安德森（Andersson）、強森（Johansson）、卡爾森（Karlson）和尼爾森（Nilsson）等姓氏為本的估測隱含代際相關性為 0.87，甚至還更低。前面對這類估測必須

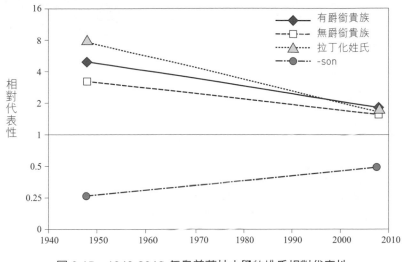

圖 2.15　1948-2012 年烏普薩拉大學的姓氏相對代表性

審慎的提醒，也適用此處。

1700-1908 年教育流動性

　　1666-1908 年間就讀隆德大學的學生姓氏資料十分完備：包括 1732-1830 年所有學生的名冊，以及所有學生都必須加入的數個學生會所提供的詳細自傳。至於烏普薩拉大學，在 1477-1817 年間有完整的註冊資料；但在 1817-1902 年間，只有來自一個學生會的資料。

　　圖 2.16 顯示拉丁化姓氏在始於 1700 年的各三十年期間，在隆德的相對代表性。在第一個觀察的世代裡，14% 的隆德學生擁有拉丁化姓氏，相較於所有人口估測的 0.13%。這些姓氏因此在隆德

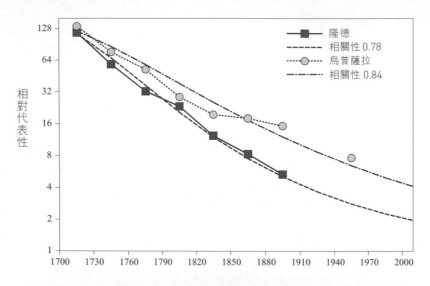

圖 2.16　1700-2012 年拉丁化姓氏在隆德和烏普薩拉大學的相對代表性

比在所有人口中更常見 122 倍。拉丁化姓氏學生的比率，在 1880-1909 年期間下降到 1.1%，因此它們在隆德學生常見的程度是一般人口的 5.3 倍。這種代表性下降的速度，意味此群組的高持續性。1700-1909 年的持續率估測為 0.78，這是假設大學生代表頂層 0.5% 的地位分布。

　　計算持續性的難處之一是姓氏改變。如果出生時姓氏為安德森的學生，在加入大學菁英時改名為韋戈尼爾斯（Wigonius），持續性就會被誇大。來自部分隆德和烏普薩拉學生會的自傳，登錄了大部分學生父母的姓氏，讓我們得以估測每個世代拉丁化姓氏改名的比率。圖 2.17 顯示，每個世代學生繼承而未改變拉丁化姓氏的比率。[17]1730 年到 1819 年，有 96% 擁有拉丁化姓氏的學生是繼承而得的。但是在 1820-1909 年期間，這個比率降至 88%（雖然根據定

17　在第一個三十年期的 1700-1729 年，學生改用拉丁化姓氏的比率較高，但這個趨勢並未影響計算的代際相關性，只有後來改變姓氏的學生比率才有影響。

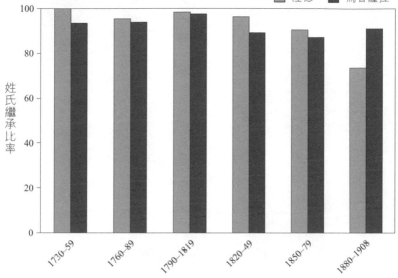

圖 2.17　1730-1908 年拉丁化姓氏繼承比率

義，這些姓氏都是 1800 年前的姓氏）。[18] 在 19 世代的瑞典，大學菁英的新成員傾向改用拉丁化姓氏，這意味這些期間的持續率估測會升高，真正的持續率可能低些。因此從工業化前到現代的瑞典，沒有地位持續率下降的明確證據，儘管在這段期間發生了大幅度的體制變革。

　　一個比隆德和烏普薩拉學生更菁英的學術群組，是瑞典皇家學院（Royal Academies of Sweden）成員。這類學院共有 9 個，其中 1739 年創立的瑞典皇家科學院（Swedish Academy of Sciences）、1771 年創立的瑞典音樂學院（Swedish Academy of Music）以及 1786 年創立的皇家學院（Royal Academy），都有完整的成員名單可得。這三個學院共有約 3,000 名國內成員。

18　有些人改用母親的拉丁化姓氏。

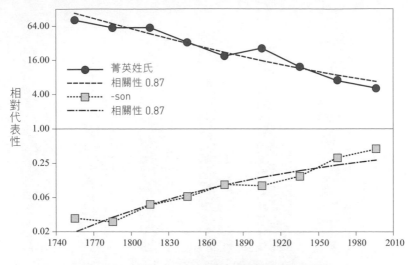

圖 2.18　1740-2012 年瑞典皇家學院的菁英姓氏

　　圖 2.18 顯示，1740-2012 年間的各個三十年世代，這三個學院之成員拉丁化和貴族姓氏的相對代表性。在較早的期間，學院成員有半數擁有這類姓氏。到了上一個世代，此數字已下降到 4%。但這些姓氏於 2011 年時，存在於全瑞典人口的比率僅 0.7%，因此他們在學院成員間的代表性仍偏高許多。

　　這個規模很小的群組在與前面檢視的群組比較下，可能有嚴重取樣誤差的疑慮。假設這些學院成員代表瑞典社會頂層 0.1%，在這兩百七十三年期間的隱含持續率為 0.87。沒有跡象顯示 1950-1979 年間迴歸均數的速度增加。在最近的世代，菁英姓氏的估計持續率仍然是 0.83。

　　圖 2.18 也顯示父名姓氏在學院成員間的相對代表性。這類姓氏的代表性仍然相當低，但它們呈現出緩慢而穩定地朝向成比例的代表性匯聚。但這個群組的隱含持續率為 0.87，接近菁英姓氏。前述

對這類估算應該審慎的提醒，也適用於此處。

詮釋

　　儘管主流的測量並非如此，但我們的分析顯示，瑞典似乎是一個所得、職業和教育之代際流動率低的社會。此外，在現代包容的社會民主國家瑞典中，社會流動率似乎並未高於工業化前的時代。為什麼此處的結果與主流的流動性研究呈現如此大的差距？

　　一個可能的解釋是，此處提出的姓氏證據與頂層 0.1% 到 8% 的地位分布相關；而主流研究則是觀察整個人口的流動性。可不可能頂層分布地位呈現高持續性，而超過 99% 的瑞典家庭則有較高的社會流動性？例如畢約克蘭德（Bjorklund）、羅尼（Roine）與華登史壯（Waldenstrom）2012 年發現，整體瑞典男性的預期所得代際相關性只有 0.26。但他們對所得分布頂層 0.1% 者的估測是 0.9。

　　假設地位持續率存在如此大的不一致，想想擁有 18 世紀菁英姓氏——貴族和拉丁化姓氏——的家族會如何。一旦這些家族的後代掉出頂層 1% 以外，底層 99% 的快速社會流動性會使他們很快跌至社會平均數。在所得等地位面向測量的菁英姓氏分布將不再正常，且可能呈現雙峰型——在頂層呈現一個集中區，然後在均數附近呈現接近正常的分布（如圖 2.19）。特別是，原始的菁英姓氏在底層的分布不會呈現明顯的稀少。

　　但從稅務資料可見，貴族和拉丁化姓氏在所得與財富分布底層呈現的代表性不足，就像它們在頂層呈現的代表過度一樣嚴重。即使它們在不同的地位測量中掉出頂層 1% 之外，其向下流動性仍比預期的緩慢許多。例如貴族和拉丁化姓氏，在所得分布的底層明顯

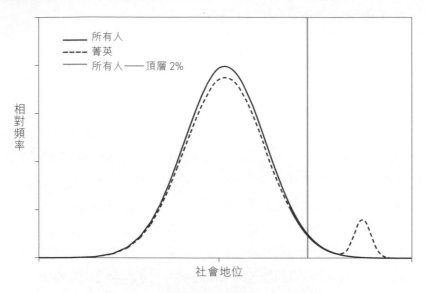

圖 2.19　假設的菁英姓氏雙峰型地位分布

缺席。

　　另一個所得和財富分布底層少有菁英姓氏的例子，來自公布的稅務資料中居住地區的證據。圖 2.20 的水平軸顯示斯德哥爾摩六個市政區在 2008 年的平均房價。納卡（Nacka）的房價是漢寧基（Haninge）和波特基爾卡（Botkyrka）的兩倍。同時也顯示各市政區貴族姓氏的頻率，相對於貴族姓氏在瑞典裔人口的頻率，與安德森氏類似相對頻率的比較。[19] 有貴族姓氏的納稅人在較貧窮的市政區如波特基爾卡出現的頻率，只有預期頻率的一半；而在較富裕的塔比區（Täby）則是預期頻率的兩倍。因此貴族姓氏在最高所得市政區的相對頻率，是最低所得市政區的 4 倍。瑞典除了姓氏種類呈

19　Clark 2013 詳細解說這些計算如何執行。

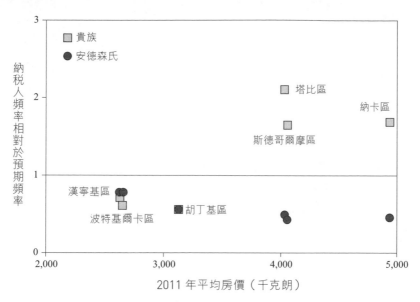

圖 2.20 依平均房價呈現各市政區貴族姓氏與安德森氏的出現頻率，2011 年

現出的職業差距外，也呈現出社會差距。

　　但圖 2.20 也顯示，安德森氏的納稅人不僅在塔比區等富裕市政區的代表性不足，在較貧窮市政區的代表性也偏低。擁有安德森姓氏的報稅者，只有他們占總人口比率所預期之比率的一半；而擁有貴族姓氏的報稅者，則比根據其占人口比率所預期的比率多一半。報稅資料中可課稅所得的差距，掩蓋了這些姓氏類別的所得差距。

結論

　　近年來，瑞典整體的長期社會流動性遠低於標準兩世代所得或教育代際相關性的研究。長期的社會流動率如此之低，以致於 18 世紀瑞典的菁英直到今日仍是相對特權群體。沒有證據顯示代際流動性在過去二或三代已經比工業化前的時代加快。根本的社會地位持續率高達 0.70-0.80。隱含的社會流動率和現代英格蘭或美國一樣低（參考第 3 章和第 5 章）。

　　瑞典近一百年的社會民主已創造一個經濟上更平等的社會，但這無法改變根本的社會流動率。一個歷經多年慷慨供應公共機會和教育資助的國家，其代際的地位持續性仍然與沒有這種平等化支出的國家一樣高。這意味著，決定代際流動性的力量勢必根植於家庭的形成和機能中。這些力量也許不可能改變。

美國——機會的國度

　　本章檢視美國的社會流動率，採用和瑞典一樣的方法，也就是以姓氏作為測量工具。以同樣的姓氏分布衡量，美國社會的流動性也很低。但在近日政治辯論的氛圍下很重要的是，它們並不比瑞典的流動性低，且近幾年來沒有下降的跡象。

　　我們以姓氏辨識多類菁英和下層群組，他們的流動性可追蹤三個世代。菁英群組包括阿什肯納茲（Ashkenazi）和塞法迪（Sephardic）猶太人的後代；1923-1924 年擁有罕見姓氏之富人的後代；於 1850 年之前畢業於常春藤盟校，且擁有罕見姓氏之個人的後代；以及日裔美國人。下層階級群組則包括美國原住民、在南北戰爭前來到美國的非裔黑人後代，以及出人意表的、1604-1759年間抵達北美法國殖民地的法國移民後代。

　　本章檢視跨越三個世代的流動率——1920-1949 年、1950-1979年、1980-2012 年；使用兩個來源，一是美國醫學會（AMA）的醫師名錄，登錄超過 100 萬名有執照的美國醫師，其中約四分之一是外國裔。不過因為 AMA 名錄登記了每位醫師就讀的醫學院，因此可辨識可能在國內出生的醫師。此處將加勒比海國家和中美洲的醫學院也視為國內醫學院。

　　登錄是為了避免有人假冒已退休或已過世的醫師。目前名冊登錄的許多醫師，其畢業的醫學院最早可追溯至 1920 年代。因此這份名錄提供從 1920 年代至今美國醫療執業者的姓氏組成，雖然最初數十年的可供觀察人數較少。

　　第二個來源是有執照律師的名錄，包括發照的年份。律師由州級機構發照，沒有中央的登錄，因此這份資訊放在 50 個州的網站。選擇 25 個人口最多的州，讓我們得以用測量醫師的方法來檢驗律師的流動性。相較於醫師，律師是較不排外的菁英群體。

　　和在瑞典一樣，藉由測量各姓氏群組的社會地位和出生世代，可計算醫師和律師的相對代表性。這是以這些姓氏在醫師或律師中出現的頻率，比較它們在整體人口出現的頻率。如果這個比率超過 1，此姓氏群組便構成一個菁英群組；若低於 1，便形成一個下層階級群組。

菁英與下層階級姓氏

　　要以姓氏測量社會流動性，必須估算姓氏在美國不同世代出現的頻率。這種資訊的主要來源是美國人口普查局（Census Bureau）製作的檔案，包括在 2000 年的普查至少出現 100 次的所有姓氏。這個來源也記錄各普查族群類別的姓氏比率，這些類別包括白人、黑人、亞洲／太平洋島嶼人種、美國原住民和西班牙裔。[1]

　　估算 2000 年人口普查中出現不到 100 次的姓氏時，我們也用

1　Ward et al. 2012.

上社會安全局的死亡指數（Death Index）。[2] 該指數記錄 1962 年和之後在美國死亡者的姓名和出生年份。為估算不同世代出生者的姓氏頻率，我們也利用死亡指數或人口普查局的族裔群體人數資訊，來估計較早的姓氏頻率。但死亡指數的修正，會因為各社會族群在不同年齡層的死亡率不同而有誤差。

阿什肯納茲猶太人

此群組包含姓氏為考亨（Cohen）、高德柏格（Goldberg）、高德曼（Goldman）、高德史登（Goldstein）、卡茲（Katz）、盧溫（Lewin）、拉賓諾維茲（Rabinowitz）和多種變形的姓氏，在 2000 年的人數接近 30 萬人。這些姓氏在紐約市很常見，這裡是美國猶太人口比率最高的地方。不過在 2000 年的人口普查中，擁有這些姓氏者有近 4% 自稱是黑人（姓考亨的有 5.5%）。這主要並非來自異族聯姻，而是美國黑人受聖經感召而自行改變姓氏。這些姓氏出現在醫師的比率，是出現在一般人口的 6 倍，在美國國內各姓氏類別群組中是最高的，如圖 3.1 所示。[3]

塞法迪猶太人

部分姓氏與塞法迪猶太人社區有關：阿貝卡西斯（Abecassis）、

2　Social Security Death Index, n.d.
3　在 2000 年的人口中，各姓氏在美國國內訓練的醫師中出現的平均比率是千分之 2.85。根據這個測量方法，以下提到的一些晚近移民群體，還比猶太人口更菁英，尤其如果把外國訓練的醫師也計算進去的話。在美國地位最高族群的榮銜上，猶太人口也輸給了一些新移民群體，如埃及科普特人（Copts）、印度人（Hindus）和伊朗穆斯林。

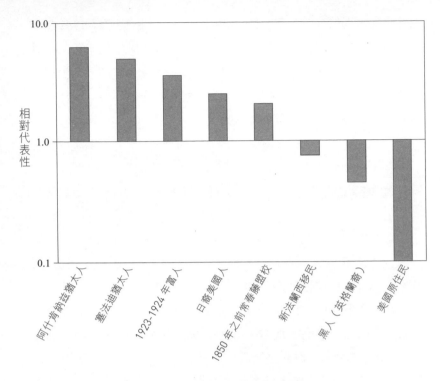

圖 3.1　姓氏群組在醫師間的相對代表性

巴魯克（Baruch）、薩爾蒂爾（Saltiel）、薩羅門內（Salomone）、薩法提（Sarfaty）、薩森（Sasson）和其變形。這些姓氏比阿什肯納茲猶太人的姓氏少見，在 2000 年只有 5,000 人。但塞法迪猶太人姓氏出現在醫師的比率，比出現在一般人口中高出 4 倍，因而使塞法迪猶太人在美國已長期定居的顯貴族群中，高居第二菁英的族群（參考圖 3.1）。

1923-1924 年富人

　　這些姓氏是從《紐約時報》刊登的 1923 年和 1924 年紐約聯邦納稅人名單中挑選的。國會於 1924 年通過了所得稅申報供公眾查閱的法條，在該法條於 1926 年廢除之前，全國各大報刊登了 1923 和 1924 納稅年數萬名報稅人的姓氏和稅額。光是《紐約時報》就刊登了 30,000 人的納稅金額。

　　此樣本組成的罕見姓氏，必須符合以下要件：「死亡指數」有記錄出生於 1900 年前，且擁有姓氏者至少每 10 人就有 1 人報稅。這類姓氏的眾數（modal）在 2000 年時，每 100 人還不到 1 人。這類姓氏最常見的 10 個是：范德比爾特（Vanderbilt，1,717 人）、羅斯福（Roosevelt，961 人）、溫索若普（Winthrop，727 人）、柯傑特（Colgate，616 人）、古根漢（Guggenheim，512 人）、桑恩（Sonn，480 人）、布魯明岱爾（Bloomingdale，467 人）、普勞特（Plaut，455 人）、坎普納（Kempner，436 人）、普魯恩（Pruyn，421 人）。這個群體因此包含許多新英格蘭的清教徒移民、殖民時期荷蘭人和猶太人口。

　　在 2000 年擁有這些姓氏者超過 10 萬人。這些姓氏出現在醫師的比率，比出現在一般人口的比率高出近 3 倍。

日裔美國人

　　如圖 3.1 所示，日本姓氏也代表一個菁英群體，於國內訓練的醫師中出現之比率高於預期。這種高代表性似乎適用於所有日本姓氏，因為 30 種最常見的日本姓氏，在醫師間的代表性都高於平均水準。此處使用的姓氏是美國最常見的日本姓氏，在 2000 年有 14.5 萬人，它們的出現比率是預期比率的兩倍多。但因為此群體的流動行為較不尋常，我們將留在本章結尾時討論。

1650-1850 年常春藤盟校畢業生

這類姓氏，是布朗大學（Brown University）、哥倫比亞大學、達特茅斯學院（Dartmouth College）、哈佛大學、普林斯頓大學、羅格斯大學（Rutgers University）、賓州大學、威廉與瑪麗學院（College of William and Mary）和耶魯大學，在 1850 年及之前的畢業生的罕見姓氏。[4] 大部分樣本畢業於 19 世紀初期，當時大學教育開始擴張，人口也成長。於此群體選擇的姓氏，是在 2000 年普查中，擁有者不到 300 人的姓氏；在 1850 年的普查時，擁有者則不到 200 人。[5] 這個群組由 1,000 個姓氏組成，在 2000 年的平均估測頻率僅 83 人。

這些姓氏中只有少數幾個是大家熟悉的，例如羅格斯（Rutgers）和蘭索利爾（Rensselaer）。其餘較少見姓氏大部分源自英格蘭、荷蘭、德國和愛爾蘭。但這些姓氏在醫師中出現的比率，仍然是預期比率的兩倍多。

來自新法蘭西的移民

這些姓氏主要來自新法蘭西（New France）移民的後代。他們

4　羅格斯大學和威廉與瑪麗學院當然不屬於常春藤盟校，但歷史同樣悠久。
5　同樣不可或缺的條件是：在 2000 年的普查中，擁有者超過 100 人的姓氏。其擁有者至少 80% 自稱為白人，不到 10% 自稱為黑人。要求這個條件，是因為辨識的目標僅限於美國歷史早期的菁英姓氏。

之所以來到美國，是因為英國人接管了部分阿卡迪亞（Acadia），使得阿卡迪亞人被驅逐到路易斯安那州；以及法裔加拿大人在1865-1920年間，進入新英格蘭地區的工廠就業。此處選擇的姓氏，是在加拿大較法國更為普及的姓氏；另一個條件是，這些姓氏的擁有者在2000年至少有90%宣稱自己是白人、且宣稱自己是黑人者不到5%。

樣本也包括散居在加拿大和美國的甘紐（Gangnon）氏，如圖3.2所示。甘紐出現頻率最高的，是加拿大新不倫瑞克省（New Brunswⅰck），該處是舊阿卡迪亞法國殖民地的一部分。雖然甘紐在加拿大整體的出現比率是每百萬人633人，但在法國是罕見姓氏，每百萬人僅15人。此姓氏群體在美國代表下級階層，出現在醫師

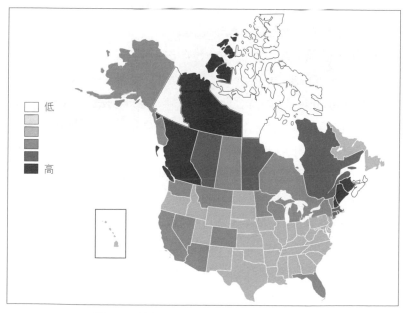

低

高

圖3.2　甘紐氏在北美的分布圖，2012年

的比率較預期少五分之三。此樣本群體有將近 70 萬人。這些姓氏最常見的，在 2000 年各有 40,000 到 16,000 不等的擁有者，包括赫伯特（Hebert）、柯特（Cote）、甘紐、柏吉隆（Bergeron）、包契（Boucher）、迪隆（Delong）和皮列提勒（Pelletier）。

美國黑人

這個群組涵蓋的姓氏是 2000 年普查中來自英格蘭和德國，並有 87% 以上的擁有者自認為黑人的姓氏。來自英格蘭或德國，讓我們得以排除屬於較近代移民的非裔黑人族群，後者實際上是美國的社會菁英。[6] 此群組的 40 萬人中，約五分之二擁有同一個姓氏 —— 華盛頓（Washington）—— 推測其原因，是在內戰後解放的黑奴中，有許多無姓氏者改用這個姓氏。[7] 其他在這個樣本中占多數的黑人姓氏，按頻率分別如下：史摩爾斯（Smalls）、庫克斯（Cooks）、蓋德森（Gadson）、馬利韋勒（Merriweather）、布羅德納斯（Broadnax）、波伊金斯（Boykins）和派塔威（Pettaway）。

這個群組的許多其他姓氏聽起來是典型的英格蘭姓氏，推想是在奴隸時代改用了沒有子嗣、或家中人丁稀少的主人姓氏。這類姓氏之一是多伊利（Doyley），最早記錄在 1088 年的《末日審判書》，正如當時英格蘭的許多諾曼人領主。另一個這類姓氏是洛金罕（Rockingham），這是中世紀英格蘭地位崇高的姓氏之一。其他則是一些較古怪的姓氏，如艾多博德（Idlebird）。

平均而言，擁有這些姓氏的人，在 2000 年普查中有 91% 自稱

6　歐巴馬（Barrak Obama）是這群菁英中最顯著的成員。第 13 章顯示，非裔黑人中每千人的醫師人數，遠高於白人人口中醫師的比率。

7　傑弗遜（Jefferson）是另一個黑人占多數的姓氏。據推論其原因和華盛頓相同，但傑弗遜氏中僅三分之二是黑人。

為黑人、4% 自稱為白人，其餘則自稱為混血人種。這些姓氏出現在醫師間的比率，僅他們在 2000 年人口比率的三分之一。

美國原住民

此群組的姓氏擁有者，在 2000 年的普查中有 90% 自稱為美國原住民。其中有兩個姓氏——比蓋（Begay[e]）和雅濟（Yazzie）——占此群組人口的五分之三。許多較不常見的美國原住民姓氏相當有特色：美尼高茲（Manygoats）、羅恩霍思（Roanhorse）、高德突斯（Goldtooth）、法斯霍思（Fasthorse）、葉羅曼（Yellowman）、畢特希利（Bitsilly）和史莫坎能（Smallcanyon），在 2000 年各有超過 200 人擁有。這些姓氏集中在美國南方。樣本中包括近 8 萬個這類姓氏。他們出現在醫師中的比率極低，僅預期比率的約 6%。

這些姓氏群組在醫師間的比率呈現如此大的差異，意味美國的低社會流動性。以 1923-1924 年的富裕納稅人為例，他們不再是美國醫師中人數最多的群體，已至少兩個世代；常春藤盟校大學生則至少已有四個世代。但他們的姓氏，出現在醫師中的比率仍高於預期。

如圖 3.3 所示，其他與來源國家有關的姓氏，在醫師之中的相對代表性也顯示很大差異。前面提到，日裔姓氏在醫師間的出現頻率極高。頻率次高的是來自德國、蘇格蘭、愛爾蘭、義大利、斯堪地那維亞和荷蘭的姓氏（不管源自哪一個國家，樣本姓氏的擁有者是黑人的比率都低於 5%）。法國姓氏的出現頻率明顯偏低，其原因至今仍然不明。

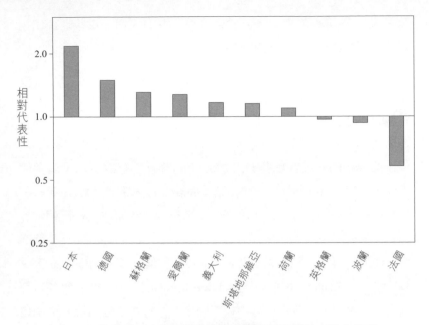

圖 3.3　族裔姓氏在美國國內訓練的醫師間相對代表性之差異

1920-2012 年的社會流動性

　　上述姓氏群組出現於醫師和律師的比率，在各個三十年期間高於或低於預期比率的改變，可用以估測根本的社會地位持續率（參考附錄 2 的說明）。

　　美國醫學會的名錄透露，各姓氏群組在各個三十年期間出現多少醫學院畢業的醫師。要估測各姓氏在醫師的相對代表性，只需要把各姓氏群組在醫師間所占的比率，除以其人口占同一世代 25 歲人口的比率即可。[8]

8　因為美國原住民醫師人數很少，他們的代際地位相關性無法有意義地估算，因此這個群體被排除在以下的討論中。

各姓氏群組在三個世代分別讀完醫學院者的相對代表性,顯示於表 3.1 及圖 3.4。所有五個姓氏群組在觀察的較晚近兩個世代,都呈現同樣朝相對代表性 1 的整體聚合。但正如圖中所示(也正如估測的各群組根本持續率所證實的),對其中幾個群組來說,這是一個必須歷經許多世代才會完成的緩慢過程。

表 3.1　各世代的姓氏群組在醫師間的相對代表性

	1920–1949	1950–1979	1980–2011
阿什肯納茲猶太人	4.76	6.95	5.63
1923-1924 年富人	4.12	3.48	2.88
1650-1850 年常春藤盟校畢業生	2.47	2.07	1.62
新法蘭西移民	0.44	0.52	0.65
黑人(英格蘭裔)	0.31	0.25	0.40

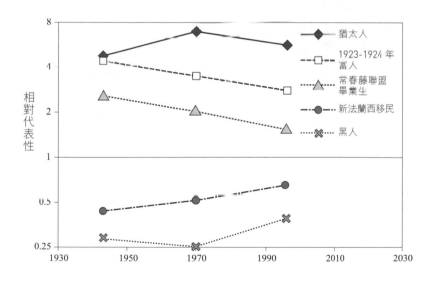

圖 3.4　各世代姓氏群組在醫師間的相對代表性

在較早的世代，猶太人和黑人姓氏群組的代表性都與均數背離。[9] 對猶太姓氏來說，可能的原因是 1918 年到 1950 年代間，許多醫學院的政策限制猶太人入學。1930 年代緊縮這類配額，導致在美國醫學會許可的醫學院裡，猶太學生人數減少；1937 年班有 794 人，到 1940 年班僅 477 人。[10]

1950 年代提高猶太人配額，反映在名錄的資料上。1930 年代和 1940 年代的資料顯示，猶太姓氏在讀完醫學院的醫師之間，代表性過高的情況大幅減緩。圖 3.8 顯示以十年為期的相對代表性，猶太人在醫學院畢業生之中的相對代表性，自 1950 年代到 1970 年代呈升高之勢。

就黑人姓氏來說，1940 年代和 1950 年代的相對代表性呈現下跌。雖然黑人的醫學院畢業生在這數個十年間的人數極少，以致於這可能只是隨機波動。美國醫學會在這段期間，只承認兩家主要招收黑人學生的醫學院——霍華德大學（Howard University）醫學院和梅哈里醫學院（Meharry Medical College）。在許多機構歧視黑人的那個年代，美國醫學會不願承認更多這類學校；這可以解釋何以1950 年代和 1960 年代的醫學會名錄中，黑人姓氏並未增加。

猶太姓氏、1923-1924 年的富人姓氏，以及 1850 年之前的常春藤盟校姓氏，在醫師間的相對代表性都維持在高於 1 的狀態，這意味低長期流動性。在 1980 年代與之後讀完醫學院的人，通常與1923-1924 年的富人相隔三代（後者的曾孫輩）。類似的，在 1980年和之後讀完醫學院的人，至少和 1850 年前常春藤盟校姓氏群組相隔四到五個世代。若根據主流美國教育和職業流動性估測的代

9　使用此處採用的方法，意味這些群組的持續率參數超過 1。在這種情況下，這個參數不能是代際相關性，因為那將表示地位分布長期來看不一致。

10　Borst 2002, 210. 這些配額在 1920 年代和 1930 年代逐步緊縮，因此以同樣急遽的速度，猶太人進入波士頓大學醫學院就讀的人數，從 1929 年的占 48% 到 1934 年降至僅剩 13%（Borst 2002, 208）。

際相關性 0.3-0.5，這些較晚近的畢業生應該不再能享有其祖先的優勢。

　　利用這些資料來估測根本地位的持續率，必須做兩個假設，與瑞典調查所做的假設類似。第一，是醫師代表職業地位分布的頂層 0.5%；[11] 第二，是每個姓氏群組內的職業地位都有一個正常分布，而所有群組都有相同的離差（dispersion）。菁英姓氏和下層階級姓氏的差異，只在於分布是向上或向下改變。

　　姓氏樣本中地位最高的群組是猶太裔群組，他們在教育程度上呈現的分布，當然高於美國的平均（參考圖 3.5）。有許多猶太人僅接受有限的教育，但他們占猶太人口的比率，低於全美人口中接受有限教育者的比率。低地位群組黑人的情況正好相反（參考圖 3.6）。圖 3.6 的黑人教育程度比起平均而言，似乎呈現向下移動。

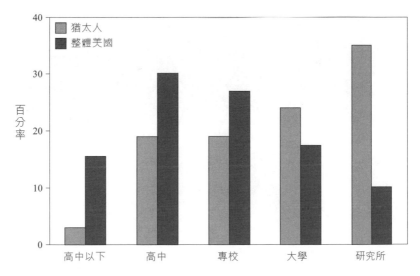

圖 3.5　猶太人與整體美國人口教育程度之比較，2007 年

11　如果這個假設的區隔改變，估計持續率會略有改變。

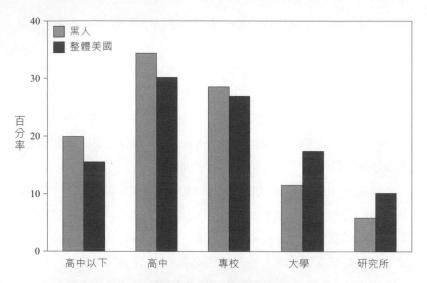

圖 3.6　黑人與整體美國人口教育程度之比較，2007 年

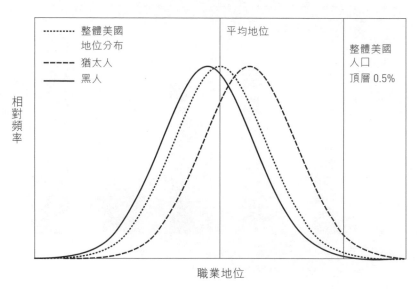

圖 3.7　1980-2011 年猶太人與黑人姓氏隱含地位的分布

在醫師代表地位分布頂層 0.5%，以及這個群體擁有正常地位分布的假設下，表 3.1 的數字讓我們得以確定各群組在各段期間社會地位的均值。例如，圖 3.7 顯示美國猶太人和黑人在 1980 年和之後的隱含職業地位均數。猶太人在地位頂層分布的過高代表性，和黑人的極低代表性，並不一定表示這些群組的均數與社會均數差距很大。這些分布有許多重疊，但兩個群組之一支配了地位分布的底層或頂層。

表 3.2 顯示各世代計算出來的持續率。這些職業地位的持續率比起主流估算顯得相當高。在最近的世代（第 2 欄），五個群組的持續率平均為 0.74，介於新法蘭西和常春藤盟校群組的 0.65，到阿什肯納茲猶太人的 0.88 之間。對於這三個群組未受醫學院種族配額影響的較早世代來說，平均持續率更高達 0.80。表中的持續率並未納入較早世代受配額影響的群體。

表 3.2　各姓氏群組在醫師間的代際持續率計算

	1920–1949 年 到 1950–1979 年	1950–1979 年 到 1980–2011 年	1970–2011 年 平均
阿什肯納茲猶太人	—	0.88	0.75
1923–1924 年富人	0.78	0.84	0.94
1650–1850 年常春藤盟校畢業生	0.80	0.65	0.23
新法蘭西移民	0.81	0.65	0.78
黑人（英格蘭裔）	—	0.69	0.96
所有族群平均	0.80	0.74	0.73

表 3.2 也顯示 1970 年代和之後三十年，一個世代的持續率計算。

把這些計算包括在內是因為遲至 1960 年代末，估算的猶太人流動率顯然仍受醫學院配額的影響。

因此圖 3.8 顯示五個姓氏群組，從 1940 年代起每個十年的相對代表性。猶太姓氏在符合國內醫學院畢業條件的醫師間出現比率最高，是預期比率的 7.6 倍。在 1970 年代，黑人畢業於醫學院的比率較之前的數個十年高出近三倍，部分原因是持續至今的平權政策（Affirmative action policies）。

圖 3.8 顯示，這些相對較高的黑人流動性，可能是 1960 年代民權運動大幅度體制改變的結果，但改變未能持續。類似的，猶太人口的迴歸均數被這些世代估算所低估，因為猶太人醫師的人數在 1950 年代仍受種族配額限制。

表 3.2 也顯示 1970 年和以後的估計持續率。估算的阿什肯納茲猶太人社會流動性一如預期提高了，達到每個世代持續率為 0.75，但這仍暗示比主流估算緩慢許多的流動性。例如，以這樣的流動速度將需要三百年，才足以讓美國的阿什肯納茲猶太人口在醫師中的代表性不再過高。[12]

對黑人來說，晚近朝均數匯聚的速度還更慢。每個世代的持續率為 0.96，這暗示即使到 2240 年，黑人人口在醫師間的代表性仍只有在一般人口的一半。但從 1970 年代以後，黑人在醫師間的相對代表性可能已受美國醫學院平權政策的大幅影響。在這段期間測量的黑人持續率，因此也反映這些政策的效果長期逐漸滑落。

新法蘭西移民的後代在醫師的代表性，也緩慢地趨向總人口的均數。這個群組的持續率是 0.78，同樣地，這暗示要經過許多世代才能完全匯聚。

12　我們對匯聚（covergence）的定義是達到預期代表性的 10% 以內。

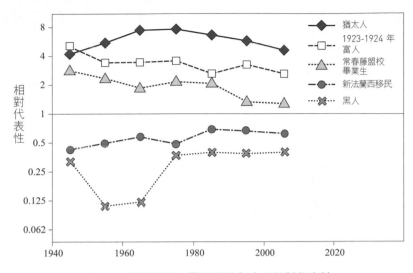

圖 3.8　姓氏群組在醫師間的每十年相對代表性

　　1923-1924 年富人、1850 年前常春藤盟校畢業生後代這兩個菁英白人群組，顯示出大不相同的流動率。富人後代有很高的持續率，向均數匯聚預估要到 2316 年。但常春藤盟校後代呈現快速社會流動，持續率僅 0.23。不過在這個方法下，隨機誤差對於只小幅偏離社會平均的群體估算之持續率會有大影響，而常春藤盟校後代的情況就是如此。

　　但正如表 3.2 所示，即使把取樣誤差納入考慮，姓氏在醫師間的持續性所暗示的社會流動性仍然很低。這五個群組在過去四十年的持續性參數平均為 0.73。

律師

我們觀察到以醫師作為社會地位的指標時，存在巨大的地位差異和緩慢的代際社會流動。我們觀察到的模式凸顯了普遍存在於所有高地位和低地位職業的現象。其更廣泛的適用性可從對律師的類似分析看出。

姓氏在律師這個職業較難追蹤。和醫師一樣，律師由州級政府授與執照，但和美國醫學會不同，最大的全國性律師協會——美國律師協會（American Bar Association）——並沒有全國性的律師名冊，律師姓氏的記錄分散在 50 個不同來源。為了達成這個工作，我們只檢查較大州的姓氏出現頻率。各群組也使用數量較少的姓氏，並以歐森（Olson）和歐生（Olsen）兩個姓氏，作為各個十年姓氏在律師平均出現頻率的代表。[13]

各州的律師協會和法院系統，採用不同的做法以記錄不活躍的律師。有些州如伊利諾州，保存從 19 世紀開始授予的第一張執照之記錄。其他州如密西根州，只維持目前活躍律師的記錄。由於姓氏類別在各州分布的情況不同，不同的做法在過程中導致了不同的誤差。律師可能在多個州獲得執照，我們並未嘗試去除重複的記錄。

以這些姓氏在醫師間的分布作為根據，我們有可能只利用半數州的記錄，就觀察到一個主要猶太姓氏卡茲（Katz）88% 的預期律師人數、1923-1924 年富人最常見姓氏是 86%、歐森／歐生是 71%、最常見新法蘭西姓氏是 82%，以及最常見的黑人姓氏華盛頓是 71%。歐森／歐生較低的代表性，是因為它們比其他檢視的姓氏更平均分布於各州，而像卡茲氏則相當集中於少數幾個州。

13　歐森／歐生也在醫師間呈現出平均代表性。

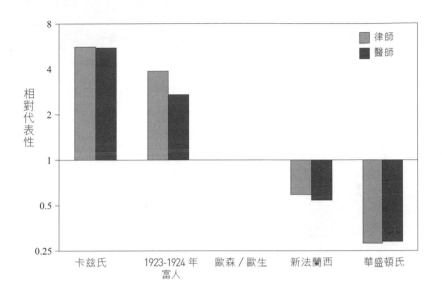

圖 3.9　各姓氏類別在律師和醫師間的相對代表性，2012 年

　　在前述限制下，在醫師間發現的模式同樣出現於律師。律師根據他們在各州最早的登錄日期被劃歸到各世代，可用的律師資料事實上可追溯至比醫師更早期，即使在 1920 年代就有相當多的記錄。如圖 3.9 所示，在最晚近的世代裡，各姓氏在律師的代表性過高或過低，與它們在醫師的代表性過高或過低成等比例。

　　1923-1924 年富人後代可能略有法律勝過醫學的傾向，但除此之外，整個模式很類似。這個發現意味著，醫師和律師這兩個職業在作為地位衡量標準時並沒有多大差別。高地位群組在所有代表同等社會地位的菁英職業中，都呈現不成比例的過高代表性。低地位群組則同樣呈現過低代表性。

　　在測量律師的社會流動性時，各姓氏種類的相對代表性都計算跨越三個世代，就和醫師一樣。結果顯示在圖 3.10。同樣地，所有

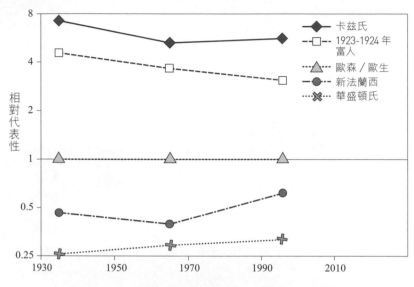

圖 3.10　各世代的姓氏類別在律師間的相對代表性

群組都可以發現一個持續、但緩慢地迴歸均數的模式。

　　表 3.3 顯示各姓氏種類在圖 3.10 各期間的隱含持續率。[14] 就最晚近世代的律師來說，平均隱含代際相關性比醫師高，達 0.84。較早兩個世代的平均隱含相對性更高達 0.94。不過，較早期的估計有很大的誤差空間，原因是觀察的樣本數很小。

　　就最晚近的測量來看，比較 1990-2012 年世代與 1970-1989 年世代，流動率並未出現任何改善的跡象。這段期間的平均持續率仍是 0.83。

　　雖然律師的樣本包含更多誤差的可能性，但律師測量的結果大體上與醫師相符，且呈現更低的社會流動率。這證實了從醫師測得的社會流動率指向一個緩慢的整體社會流動性，而不只是醫師人口中的人為現象。

14　這假設律師代表職業地位分布的頂層 1%，相較於醫師的假設則是頂層 0.5%。

表 3.3　各姓氏群組在律師間的代際持續率計算

	1920–1949 年 至 1950–1979 年	1950–1979 年 至 1980–2011 年	1970-2012 年 平均
卡茲氏	0.82	1.04	0.95
1923-1924 年富人	0.84	0.86	0.95
新法蘭西移民	1.20	0.53	0.58
華盛頓氏	0.91	0.94	0.84
所有族群平均	0.94	0.84	0.83

　　部分姓氏群組明顯地在醫師和律師兩者都呈現過高或過低的代表性。雖然所有群組的代表性都逐漸向均數匯聚，但聚合的速度比之主流的流動性估算，慢得出奇。廣受注意的少數族群如猶太人和黑人的社會流動性，並未低於較不受注意的少數族群，如阿卡迪亞和魁北克的法裔移民、1923-1924 年富人的後代，以及 1850 年常春藤盟校畢業生的後代。

新法蘭西姓氏

　　新法蘭西移民的姓氏在醫師和律師間的低代表性出乎意料，因為這個群組通常不被認為是美國的弱勢少數族群。

　　據設計，這個群組選擇的姓氏在普查中自稱黑人的比率不到 5%，因此大抵上排除了路易斯安那凱津人（Cajun）的常見姓氏，如藍德瑞（Landry），因為他們有 12% 是黑人。新法蘭西移民的姓氏較集中於新英格蘭，因此若非來自 18 世紀阿卡迪亞美國殖民地，就是 1865-1920 年間來自魁北克和新不倫瑞克省的法裔加拿大人。

因此這些姓氏在醫師和律師菁英間的低代表性，不能歸因於他們在地理上集中於美國較貧窮的地區。但由於此群組並非高知名度的少數族群，它目前在醫學和法律界菁英的低代表性，亦不太可能源自歧視行為。沒人和甘紐家族有仇，或對他們的能力懷有偏見。

那麼，要如何解釋與這些姓氏有關的低社會地位？一個可能的解釋是波哈斯（George Borjas）在他的書中強調的，這些新法蘭西人後代的「文化資本」。[15] 是否這個社群繼承了一種文化遺產，會阻礙向上社會流動？有人宣稱法裔美國人比較堅持保存他們的語言和宗教儀式，更甚於願意融入美國社會的愛爾蘭和義大利裔。在1970 年，父母輩在美國出生的法裔美國人中，仍以法語作為母語的比率高得驚人。[16]

支持這個觀點的證據，來自新法蘭西後代顯著的劣勢地位。圖3.11 顯示，最常見的新法蘭西姓氏在醫師中出現的比率，與最常見之愛爾蘭姓氏的比較。[17] 相比之下，新法蘭西姓氏與愛爾蘭姓氏好像出自一個完全不同的分布。這兩個族群有很普遍的差異。

有趣的是，即使回到 1950 年代，並考量有眾多新法蘭西後代的各州資料，這些新法蘭西姓氏與其他族裔姓氏之間的聯姻比率仍然相當高。換言之，這並非一個孤立的社會族群。

圖 3.12 顯示根據 2000 年普查的結果，法裔美國人在新英格蘭四個州和奧勒岡州人口的比率。同樣顯示的是，1950 年代新法蘭西姓氏同族結婚的比率。到了 1950 年代，大部分新法蘭西後代都和社群以外的人結婚了，即便在新法蘭西後代占人口四分之一的緬因州和佛蒙特州。這是一個大體上開放了數個世代的社群。有趣的是，

15　Borjas 1995.

16　MacKinnon and Parent 2005, table 1.

17　選擇新法蘭西姓氏的條件，是擁有者自認為黑人者不到 5%。這個數字排除了三種最常見的愛爾蘭姓氏 —— 歐布利安（O'Brien）、賈勒格（Gallagher）和布連南（Brennan），三者各有逾 45,000 人。

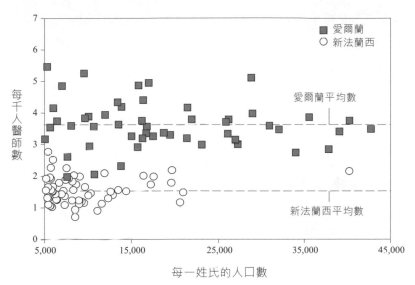

圖 3.11　最常見的愛爾蘭和新法蘭西姓氏擁有者中的醫師數（每千人）

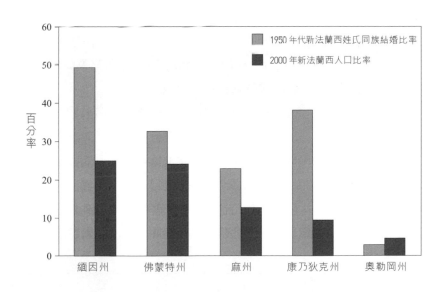

圖 3.12　1950 年代新法蘭西後代間的同族通婚比率

儘管有地位持續低落的證據，但許多這類異族通婚的對象是擁有同樣宗教信仰的愛爾蘭和義大利裔姓氏，且在新英格蘭的新法蘭西和愛爾蘭人口有很高比率的重疊。

新法蘭西姓氏的低平均職業地位不可能是晚近融入美國社會的結果。部分新法蘭西人口在殖民時代已融入美國，後來的移民來自魁北克和新不倫瑞克省，大部分介於 1870-1930 年間。[18] 因此現在從事醫師和律師職業者，大部分來到美國已三個世代或更久。

這個群組的低社經地位還有另一個解釋，即基於意外和歷史因素，它們源於法裔地位分布的底層。美國的法國殖民地居民通常經歷兩次移民的揀選，第一次是現代的 700 萬新法蘭西後代人口，源自 17 世紀和 18 世紀初的法國北美殖民地移民。舉例來說，據估計，19 世紀末加拿大的法裔人口來自不到 9,000 名的初始法國移民。[19] 在這些移民人口中，部分人繁衍得比平均成功，成為不成比例的現代人口的祖先。例如魁北克省的孟德爾單一基因遺傳疾病（Mendelian single-gene disorders），據說歸因於加拿大法語區的現代基因庫，由小得不成比例的創建人口所貢獻。一位研究人員指出，「15% 的創建人口可能佔 90% 的總基因貢獻。」[20]

前面提到的姓氏甘紐在法國很罕見，現今擁有者只有約 900 人，且估計 1700 年法國擁有該姓氏者不超過 300 人。但現在北美有 54,000 人的姓氏為甘紐，其中大部分勢必源自新法蘭西移民中的一小群甘紐氏。

17 世紀到 19 世紀魁北克人口另一個顯著的特性是，人口中所有繁衍成功的群體，社經地位都較低。[21] 因此北美法裔人口的創建

18　MacKinnon and Parent 2005, appendix, table 1.
19　Scriver 2001, 76.
20　Scriver 2001,78. 這並非暗示法裔美國人在現代美國的低地位根源是基因。地位傳遞的可能機制將在第 7 章討論。
21　Clark and Hamilton 2006.

者很可能源自法裔職業分布的底層。

除此之外，有證據顯示，在 1860-1920 年間移民到美國的法裔加拿大人，受到加拿大以法語為母語人口的不利揀選。盧伍（Byron Lew）和凱特（Bruce Cater）證明，從 1900-1920 年，法裔加拿大文盲移民美國的可能性，高於非文盲的法裔加拿大人。[22]

所以現代法裔美國人的低地位，有可能來自堅持族裔文化，導致對不利於經濟成功的適應。但更有可能的是，在美國的低地位乃源自他們是祖先輩法裔人口歷經雙重揀選後的次級族群。他們持續的低職業地位，證明了我們以姓氏為測量方法所揭露的緩慢社會流動性。

日本姓氏

今日擁有日本姓氏者，在美國的職業地位屬於菁英族群。較特別的是，日裔美國人直到晚近仍未出現迴歸均數的傾向。反而從 1940-2000 年，他們變成美國人口中很凸顯的次級族群（參考圖 3.13）。只有從 2000 年開始，日裔美國人才出現類似猶太移民後代自 1980 年後發生的迴歸均數情況。[23] 日裔美國人的經驗，也與新法蘭西後代形成鮮明對比。雖然兩個群組大約同時移民到美國，但他們在醫師這個職業的經驗，反映出日裔美國人成為美國高教育、高所得次級族群的整體傾向。

我們可將猶太裔美國人在醫師間代表性的延遲提升，至少部分

22　Lew and Cater 2012, table 2. 對照之下，識字的英裔加拿大人，比文盲英裔加拿大人更可能移民到美國。

23　2000-2012 年在醫師間的代表性下滑具有統計上的重大意義，顯示迴歸均數已開始。

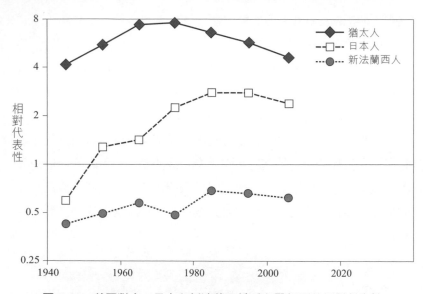

圖 3.13　美國猶太、日本和新法蘭西姓氏在醫師間的相對代表性

歸因於自 1930-1950 年代，愈來愈多東岸大學實施配額制度。日裔美國人延遲崛起成為菁英族群，則較難解釋為面對類似的障礙。在西岸和夏威夷，似乎未曾有過這類障礙。和猶太裔美國人不同，日裔美國人從大學畢業的比率並未高於一般人口的比率；而偏高的比率正是猶太裔在東岸入學受到配額限制的原因。此外，日裔美國人在加州等地所占人口比率，也較猶太人在紐約州的比率低。[24]

　　鈴木正雄（Masao Suzuki）認為，有個因素可解釋日裔美國人的高地位，就是從日本移民到美國的，通常是相對菁英的族群，尤其在日本設置移民障礙後更是如此。表 3.4 顯示 1899-1931 年進入美國之日裔移民的職業分布，相較於 1920 年日本整體的職業分布。即使在 1907 年的日美紳士協約（Gentleman's Agreement，美國與日

24　1942-1945 年的拘留日裔美國人僅限於總日裔人口的一小部分，且這段期間短到不足以解釋日裔姓氏在醫師間的代表性於長期延遲後的回升。

本政府達成非正式的限制移民協議）之前，1899-1907 年間的移民
技術水準可能也高於同一期間日本國內人口的水準。由於日本經濟
快速現代化，1920 年的職業分布勢必比二十年前的技術水準更高。
在紳士協約之後，前往美國的日本移民之技術水準更顯著提高。

表 3.4　1899-1931 年美國的日本移民與日本國內人口職業分布

	移民			國內人口
	1899 1907 年	1908-1924 年	1925-1931 年	1920 年
專業人員、企業家和技術工人	20	39	61	17
農民與其他職業	21	31	17	26
農業勞動者、勞工與傭僕	59	30	21	57

　　日裔美國人社群的地位直到 1980 年代才崛起，主要推力是
1908-1970 年間日本移民帶進來的高技術，當時日本還是比美國貧
窮許多的經濟體。根據 1960 年的人口普查，在 1920 年代出生的日
裔美國人，有 16% 是在日本出生；而 1930 年代出生者，在日本出
生的比率則為 27%。20 世紀初期到中期日本移民的高技術，從美國
醫學會的醫師名錄可明顯看出。1940 年代從醫學院畢業而擁有日本
姓氏的醫師，有 69% 在日本完成訓練。在 1950 年代，仍有 52% 在
日本完成訓練，1960 年代的比率則為 44%。

結論

本章透過分析姓氏分布發現，美國自 1920 年以來的根本社會流動性，遠低於主流估計的數值。雖然姓氏群組的職業地位傾向於迴歸均數，但迴歸速度遠比主流的估算來得慢。

觀察猶太人、黑人、日裔美國人和法裔美國人等族裔群體時，似乎這種緩慢的社會流動性與擁有（或缺少）共同的社會資本有關。但我們看到非同一族裔或文化的姓氏群組，其社會流動性也同樣緩慢，例如 1923-1924 年富人群組姓氏的擁有者。第 6 章將解釋為什麼這些姓氏的社會流動率估測，可以揭露像美國這種社會的根本社會流動率。

不過，我們沒有發現任何證據可以證明查爾斯・莫瑞（Charles Murray）在其近作《分崩離析——白人美國 1960-2000 年》（*Coming Apart: The State of White America, 1960-2000*）中擔心的反烏托邦。莫瑞認為，白人上層階級和白人下層階級的價值差距日益擴大，而下層階級在地理、教育和社會等方面日益孤立。本章提出和討論的資料，未顯示美國的社會流動率在過去數十年有下降的情況。社會流動確實緩慢，但並不比四十或五十年前更緩慢。

中世紀英格蘭——封建時代的流動性

　　以姓氏來測量時，現代瑞典和美國的社會流動性出乎意料的低。相較之下，在還沒有現代國家公共教育和公平就業法律的前工業化時代，社會流動性又是如何？使用姓氏的證據，我們可回溯估計 1300 年的英格蘭，和領主、主教、農奴與奴隸的社會流動率。

　　大多數人對這個研究會有什麼預期，不難想見——一個階級嚴明的過去，大多數人被困在封建的套索中，注定過著悲慘的生活，每天操持繁重的農務耕作。這些不幸的大多數人，供養一群位高權重的暴虐菁英，後者則透過控制土地、政治和暴力來維繫他們的地位。然後我們預期看到工業革命帶來的解放，使這些人擺脫過去的桎梏，緊接而來的，是一連串政治改革，賦予選舉權給更多人口。第二次世界大戰後，我們也看到採用重分配式制稅、提高大眾教育，以及一個社會流動的現代世界。《唐頓莊園》（*Downton Abbey*）莊嚴而僵化的世界，將由倫敦城和金融區粗魯男孩（rude boys）的忙碌和喧囂所取代。

　　而我們已看到，現代化並未為瑞典和美國帶來快速的流動性。

但比起昔日中世紀的黑暗時代，至少有點進步吧？現代英國人是否生活在一個社會流動性比中世紀高的社會？

工匠的崛起

在使用姓氏測量中古世紀英格蘭的流動性時，第一組採用的姓氏是中世紀的工匠——具備一些技術的工人，擁有中等或中下等的社會地位。現代英格蘭姓氏中，有超過十分之一源自部分中世紀祖先的職業。史密斯（Smith）、貝克（Baker）、克拉克（Clark）、庫克（Cook）、卡特（Carter）、萊特（Wright）、薛佛德（Shepherd）、史都華特（Stewart）、張伯倫（Chamberlain）和巴特勒（Butler），都是很容易辨識的職業姓氏。但還有很多來源較隱晦的姓氏，例如韋伯（Webb）或韋柏（Webber），原意是織工（weaver）；柯華德（Coward）原意牧牛人（cowherd）；渥克（Walker）原意為漂洗工（fuller）；庫爾薩德（Coulthard）原意是（牧馬人）；巴斯特（Baxter）原意是麵包師（baker）；以及德斯特（Dexter）原指染工（dyer）。

除了史密斯（英格蘭、澳洲和美國最常見的姓氏）外，整個建築業的各種行業也成為姓氏——卡本特（Carpenter）或萊特（Wright）、馬森（Mason）、柴契爾（Thatcher）、普蘭默（Plumber）、葛拉齊爾（Glazier）、潘特（Painter）、索爾（Sawyer）、史列特（Slater）和泰勒（Tyler）。有個未被用作姓氏的行業是鋪磚工。姓氏在英格蘭自 14 世紀起就已很完備，但磚一直到 1500 年後，才在英格蘭成為主要建築材料。因太晚而未能在姓氏留下痕跡。

農業留下的職業姓氏有卡特、薛佛德、柯華德、普洛曼（Plowman）和史瑞塞（Thresher）。中古英格蘭的重要職業紡織和成衣製造，貢獻了泰勒、韋柏、韋伯、韋柏斯特（Webster）和威弗（Weaver）、渥克和富勒（Fuller）、巴克（Barker）和坦納（Tanner）、李斯特（Lister）、戴勒（Dyer）和德斯特、史金納（Skinner）和葛洛弗（Glover）。中古英格蘭女性版的職業姓氏出自男性名稱、但把字尾改為 -ster 或 -xter。不過史賓納（Spinner）很少見，儘管這是個重要的職業，但因織工全部是女性，所以不被當作傳承的姓氏。[1] 食物製造貢獻了貝克和貝斯特、布契爾（Butcher）、柯克（Coke）和庫克、布魯爾（Brewer）和布魯爾斯特（Brewster）、索爾特（Salter）、米勒（Miller）和米爾納（Milner），以及史拜塞（Spicer）。所有這些工藝職業姓氏源自中世紀非社會底層的家族，屬於城鎮和田地的勞工，但擁有中等地位，次於地主、采邑官吏、神職人員、商人階級和律師。

這些職業名稱什麼時候開始被用來作為傳承的姓氏？正確的時期未可知，但到 1381 年時，這些姓氏大部分已由子嗣繼承。我們從存留下來的 1381 年人頭稅記錄知道這件事。這些人頭稅記錄有些不只記載納稅者的姓氏，也包括他們當時的職業。如果一個職業姓氏與擁有者的職業不同，勢必是繼承而來的姓氏。到 1381 年，只有 38% 有工匠姓氏的人從事姓氏所描述的職業，因此至少有 62% 擁有工匠姓氏者是繼承而來的。[2] 但考慮到許多兒子會追隨父親或祖父的職業，到 1381 年大多數姓氏一定是繼承的。事實上，有 38% 的工匠，其姓氏描述仍符合擁有者的職業，意味這些姓氏可能已被繼承了超過三、四個世代。因此工匠姓氏很可能從大約 1250-1300 年開始，變成繼承的姓氏。

有四個主要來源可辨識中古英格蘭的菁英。第一個是與牛津和劍橋等古老大學有關的人，其成員記錄從 1170 年開始。第二

1　但從織工（spinner）衍生出「未婚女人」（spinster）這個詞。

2　這個分析是根據 129 個職業姓氏，且其擁有者當時的職業也有資料可考。

個是遺囑經過英格蘭最高遺囑法院「坎特伯雷大主教特設法院」

（Prerogative Court of the Archbishop of Canterbury，PCC）的認可，

該法院的記錄跨越 1384-1858 年。由於它位於倫敦，所以直到 1858
年以前，都是英格蘭社會菁英使用的法院。第三個是遺囑經過 PCC
認可、且被尊稱為閣下（Sir）或紳士（Gentleman）以示地位尊崇
的人。第四個為國會下議院（House of Commons）自 1295 年以後
的議員。這些來源對於與工匠姓氏長期分布所暗示的社會流動率有
什麼關係？

　　圖 4.1 顯示 1170-2012 年進入牛津和劍橋大學，且擁有工匠姓
氏的成員。這些姓氏 1350 年以前在兩所大學很罕見，但到了中世
紀末，出現頻率大幅提高，並在 1500 年達到與現代相同的水準。
一併顯示的是與工匠姓氏有關的 PCC 遺囑驗證比率，時間回溯
三十年，以便與大學入學比較。[3] 最後，圖中也顯示「菁英」的
PCC 驗證，即死亡者被冠以「紳士」等代表崇高地位稱呼的案件。

　　以這種測量方式，中世紀的英格蘭看起來具有高得驚人的流動
性。工匠在 1300 年時大部分是不識字的工人，散布在所有英格蘭
的村莊；但到了 1500 年，他們的後代已完全融入英格蘭的大學。
1620 年，他們已普遍躋身於遺囑在 PCC 驗證的紳士階級。即使在
啟蒙運動宣告基本平等人權的抽象概念之前，中世紀英格蘭的社會
和經濟體系已經提供具體的平等機會。

　　不過，這個模式暗示的代際相關性取決於兩件事。第一，這段
期間在牛津和劍橋就讀的人有多菁英？計算這個數值的方式是，觀
察每一個世代進入兩所大學的男性比率，這個比率在 15 世紀時大
約 0.3% 到 0.7%，而這將使大學生在中世紀的地位分布可能位居頂

3　當時牛津和劍橋大學的入學年齡約 16 到 18 歲，典型的死亡年齡則為 50 歲或更晚。
　　因此為了比較相同出生世代的人，我們必須把驗證日期挪移更早約三十年或更久。

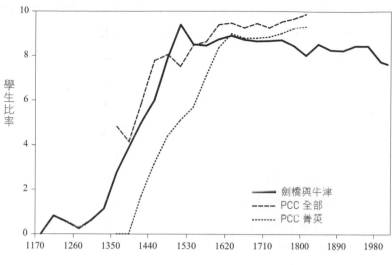

圖 4.1　1170-2012 年工匠姓氏在英國菁英間的比率

層 0.5%。

　　不過，雖然大學吸引想在教會或行政機構開創職涯的人，中世紀的菁英仍有其他職涯道路。想開創法律生涯的人，會進入倫敦的律師學院（Inns of Court）；渴望開創商業事業的年輕人，會跟著商人或銀行家見習；追求軍旅職涯的年輕人，會藉比武大會磨練，或進入軍隊接受訓練。因此大學生代表的人口比率會較高，可能多達頂層的 2%。

　　第二個影響流動率計算的因素是，工匠 1300 年在社會地位分布的位置。他們的地位高於無技術勞工，後者占社會的四分之一或三分之一；工匠的地位也高於半技術性的農場農工。但他們的地位低於許多地主、采邑官員、農場主人、神職人員、商人、公務員和律師。

　　此處持續率的計算方法是，假設工匠的社經地位分布介於距離底層 40 到 60 的百分位之間。工匠在社會位階的起始地位愈高，估計的社會流動率就愈低。假設牛津和劍橋學生代表頂層 0.5% 到 2% 的地位分布，工匠的地位分布則位於中間或上層 40 百分位數，其隱含持續率則如圖 4.1 所示，介於 0.77 到 0.85 之間。圖 4.2 顯示 0.8 是最佳擬合的假設：牛津和劍橋代表居於總人口頂層 0.7% 的菁英，而工匠則代表中層的地位分布。這些數字也顯示，代際相關性不可能低至 0.7 或高達 0.9。

此一發現意味著，中世紀的流動率類似、或略高於現代美國和瑞典。那麼就社會流動性來說，科學革命（Scientific Revolution）、啟蒙運動和工業革命達成了什麼？十分有限。社會流動性早在人們認為它是好社會的特質以前，就已存在許久。社會流動性從來就不快，但歷經許多世代後，社會所有階層都有平等的機會可進入上層社會。就其影響而言，早期菁英終究會呈現相當大幅度的向下流動。

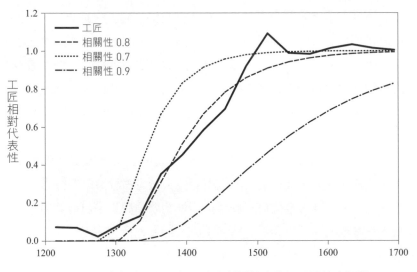

圖 4.2　根據資料對中世紀牛津與劍橋學生的不同持續率假設

社會流動性之運作，在那個年代的好例子是喬叟（Geoffrey Chaucer，1343-1400），他是著名的《坎特伯雷故事集》（*The Canterbury Tales*）作者，在書中對英格蘭社會各階層的生活做了許多諷刺性的評論（圖 4.3）。喬叟的姓氏，據信是源自法文的「鞋匠」（chausseur）。但喬叟的家族，在他之前幾個世代就已不再是鞋匠。他的父親和祖父都是富裕的葡萄酒商，是地位較高的職業。喬叟雖然來自尋常的背景，卻憑著自身能力成為理查二世（Richard II）宮廷裡的朝臣、外交官和公務員。[4] 到了 1386 年，他是肯特郡（Kent）國會議員；1389 年更成為皇家產業總管，在當時是個頗重要的行政官員。他的兒子湯瑪士（Thomas）後來出任下議院議長。湯瑪士的女兒愛麗思（Alice）則嫁給「薩福克公爵」（Duke of Suffolk）威廉·德拉波爾（William de la Pole）。喬叟的玄孫──「林肯伯爵」（Earl of Lincoln）約翰·德拉波爾（John de la Pole）──在 1485 年被理查三世（Richard III）指定為王位繼承人（但在理查被推翻後遭處死）。因此，在中世紀英格蘭，喬叟家族一路從鞋匠崛起成為王位繼承人（雖然是在不同姓氏下）。[5] 喬叟家族的歷史，凸顯出中世紀英格蘭社會的流動性與彈性，和許多人對工業化前的世界僵化而靜態的刻板印象形成對比。

由於工匠姓氏在中世紀有低地位的含意，因此可能有人會在社會地位提高後，改用較高社會地位的姓氏。男性可能改用妻子的姓氏，或改用贊助人的姓氏。英格蘭市民可能沒有他們美國的表親以武力發動革命的權利，但他們一直以來就有任意改用姓氏的權利，只要沒有詐欺意圖。如果這種做法很普遍，藉由姓氏測量的流動率會低於實際流動率，因為將有假造的姓氏地位持續的情況發生。因

4　喬叟也透過聯姻，成為極有權有勢的「岡特的約翰」（John of Gaunt）的連襟。
5　和許多其他罕見姓氏一樣，喬叟這個姓氏本身已從歷史上消失。

圖 4.3　喬叟畫像
約在 1415-1420 年間由他的詩人朋友霍
克里夫（Thomas Hoccleve）所繪。

此就工匠來說，我們可以相信藉由姓氏測量的中世紀流動率，一定
低於實際流動率。

菁英的沒落：地名姓氏

　　如果中世紀的工匠享有向上流動性，13 世紀的菁英階層是否有
相對向下流動的跡象？中世紀英格蘭有一大群菁英的姓氏來自城鎮
和村莊的名稱，即地名姓氏。

　　在工業化前的英格蘭，大多數人一輩子都住在同一個地方，所
以用居住的城鎮和村莊來辨識一般人並不合理。不過在菁英中，一
些人離開原本居住的地方，進入宮廷、大學和宗教中心，或前往其
他城鎮與都市，成為商人、律師和銀行家，他們經常以祖先家鄉和
來源地的名稱來辨識自己。

　　這種以地名為姓氏的做法，始於英格蘭的諾曼（Norman）

征服者。這批新菁英以他們位於家鄉諾曼第（Normandy）的村莊有關的名稱為姓氏，例如曼迪維爾（Mandeville）、蒙哥馬利（Montgomery）、巴斯克維爾（Baskerville）、柏西（Percey）、尼維爾（Neville）和博蒙特（Beaumont）。[6] 但隨著諾曼菁英逐漸被本土英格蘭的有產階級取代，與高地位有關的地名姓氏開始出現——柏克萊（Berkeley）、希爾頓（Hilton）、白金漢（Pakenham）等。

這些姓氏在牛津和劍橋大學早期的記錄十分突出——它們占兩所大學 13 世紀時學生姓氏的近半數。但這些姓氏人口占所有人口的比率卻小得多。高地位姓氏的出現頻率，在工業化前的英格蘭呈現持續提高之勢，直到 1800 年。因此，雖然此處採用的地名姓氏占 1800-1829 年所有婚姻記錄中姓氏的 7.1%，但在 1650-1679 年間僅占 6.7%，在 1538-1559 年間則為 6.1%。根據 1538-1800 年間的世代成長率，可回溯估計 1250 年時約佔 5%。

使用這些地名姓氏來測量社會流動性的優點是，它們代表一大群各種姓氏，且大部分與任何顯著的地位或分布無關。例如最常見的地名姓氏是巴頓（Barton）、布萊德利（Bradley）、葛林伍德（Greenwood）、牛頓（Newton）、霍蘭德（Holland）和華頓（Walton）。這些姓氏本身不會影響擁有者的地位。

圖 4.4 顯示牛津和劍橋大學從 1200-2012 年之地名姓氏樣本的相對代表性，計算方法與前述相同，是以它們在大學裡所占比率相較於在總人口的比率。直到 1350 年，這些姓氏的相對代表性仍然接近 4。這些姓氏在這段期間沒有向下流動的原因可能是，一些高地位者仍在改用地名姓氏。因此我們用來測量社會流動性的時期，始於 1320-49 年。我們從前面的討論看到，工匠姓氏直到 1350 年以

6　原始的姓氏會附加介詞「de」，但大部分後來都被捨棄，除了迪佛瑞（de Vere）或達西（D'Arcy）等姓氏。

圖 4.4　1170-2012 年牛津與劍橋大學的地名姓氏

後才開始在大學大規模取代其他姓氏。

　　從 1350 年直到今日，地名姓氏在大學的相對代表性穩定下滑。0.86 的持續率證明很配適（fit）1320-2012 年這段長達七百年期間的數據。但這是很高的持續率，暗示了所有家庭的整體社會地位有近四分之三的變異來自世代的遺傳。因此，即使在中世紀的流動性也很一致、只是很緩慢。

　　地名姓氏測得的向下流動代際相關性，與工匠姓氏向上流動性介於 0.75-0.85 的持續性很一致。

13 世紀財產擁有者

　　13 世紀的姓氏中，有一個更菁英的群體是 1236-1299 年間出現於《遺產調查》（*Inquisitions Post Mortem*，簡稱 IPM）的地主所擁有的罕見姓氏。此種調查在英格蘭皇室的承租人死後進行，以確認他們擁有多少土地，和該由誰繼承這些土地。這些財產的擁有者通常是中世紀上層階級的成員。此組樣本姓氏選擇遺留最多平均數量之財產給子嗣的亡故者，且其現代英格蘭姓氏的形式較為人知、或容易推想者。

表 4.1 列出一些出現在 IPM，且以其現代形式呈現的樣本姓氏。許多這些姓氏源自法國村莊的名稱，對後期說英語的姓氏擁有者已失去意義，因此常變形為有類似聲音、並有英語意義的姓氏。例如泰利波伊斯（Taillebois）現在變成了托波伊斯（Tallboys）。

表 4.1　來自 IPM 的部分中世紀姓氏及其現代英語變形

IPM	現代
De Bello Campo, De Beauchamp	Beauchamp, Beaucamp, Beacham
De Berkele, De Berkelegh, De Berkeley	Berkeley, Barclay
De Kaygnes, De Kaynes, De Caynes, De Keynnes, De Kahanes, De Keines	Keynes, Kaynes
De Menwarin, De Meynwaring, De Meynwaryn	Mainwaring, Manwaring
De Mortuo Mari, De Mortymer, De Mortimer	Mortimer, Mortimor
Taillebois, Tayleboys, Talebot, Talbot	Talboys, Talbot, Talbott, Tallboy

我們必須儘可能追蹤初始姓氏的所有變形，因為關係較不緊密的變形，與初始姓氏擁有者的低地位後代可能有關。例如巴斯克維爾（Baskerville）最初源自諾曼姓氏德巴斯克維爾（de Basqueville），來自諾曼第的一個村莊。到了 13 世紀，它變形為巴斯克維爾。在更往後的變形中，它變成巴斯克維爾德（Baskervilde），然後是巴斯克菲爾德（Baskerfield）。-field 變形的地位較 -ville 變形

更低：此種差別可以預期，因為 -field 變形較可能發生在較低地位和文盲的該姓氏擁有者。

許多 13 世紀英格蘭菁英的姓氏，源自 1066 年諾曼征服者的姓氏。但在中間的兩個世紀裡，英格蘭的財產擁有者崛起成為一個新階級，例如富裕而極具影響力的柏克萊（Berkeley）家族。[7]

圖 4.5 顯示這個姓氏群組在牛津和劍橋學生間出現之頻率所呈現的長期代表性。一如預期，此姓氏群組比圖 4.4 所示的姓氏更為菁英，後者只與地名有關聯。IPM 姓氏群組的地位在 1230-50 年達到頂峰，當時它們出現在大學的頻率是一般人的 30 倍。在這個世代後，它們很快向均數迴歸；其呈現的持續率很類似地名姓氏，直到大約 1500 年。

如果能維持這種迴歸至均數的速度，那麼到 2012 年這些姓氏在頂層 1% 地位分布出現的頻率，將只比一般姓氏的頻率高 14%。但到 1500 年以後，迴歸均數的速度進一步減緩，1500-2012 年這整段期間，資料的擬合持續率為 0.93，達到極度高的水準。這暗示了現代英格蘭的社會流動率實際上比中世紀英格蘭還低。與 13 世紀富人有鬆散關係的姓氏，在 1980-2009 年牛津和劍橋學生中出現之頻率仍比預期高 25%。由於這與得自地名姓氏的結果有差異，我們必須考慮其他可能的解釋。

一個重要的可能性是，在晚近幾個世紀，有些菁英刻意採用這些高地位姓氏。當擁有像史密斯這類尋常姓氏的高地位男人，娶了有達西（Darcy）這類高地位姓氏的女人時，他可能在結婚後選擇改用她的姓氏，而不遵循女性改用丈夫姓氏的傳統做法。

7　柏克萊家族以位於格洛斯特（Gloucester）的家族城堡作為姓氏。柏克萊家族實際上有兩個分支，其中之一是諾曼後代，另一支較著名的據稱是撒克遜王「懺悔者」愛德華（Saxon King Edward the Confessor，1042-1066）大臣的後代。愛德華二世（Edward II）在 1327 年被柏克萊領主囚禁於柏克萊城堡時遭謀殺。

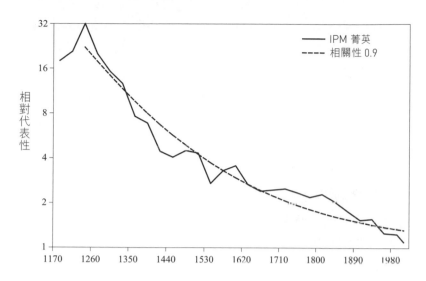

圖 4.5　1170-2012 年出自 IPM 的姓氏在牛津和劍橋大學出現的頻率

　　以史坦利（Stanley）家族為例，該家族是德貝（Derby）的伯爵與中世紀一個初始史坦利家族的後代。在 18 世紀為尋求現金資助，該家族透過聯姻與富裕的女繼承人露西·史密斯（Lucy Smith）結盟，姓氏變成史密斯—史坦利（Smith-Stanley）。在 19 世紀晚期，喪失社會地位的史密斯再度放棄家族姓氏。這種選擇性的改名可能使高地位的中世紀姓氏擁有者，顯示出人為的低向下流動性之現象。

諾曼征服者

　　有個姓氏群組可追溯至早於 13 世紀的有財產菁英，即 1066 年英格蘭諾曼征服者的姓氏，記錄在 1086 年《末日審判書》（*Domesday*

Book）裡的財產擁有者。這個中世紀的超級菁英，之後的際遇如何？

在戰役中打敗了哈洛德（Harold）與其追隨者後，諾曼第的威廉公爵之優先要務，是藉由授予土地和地位給從諾曼第、布列塔尼（Brittany）和佛蘭德斯（Flanders）就跟隨他、為他打天下的部屬，以確保他的英格蘭王位。因此撒克遜上層階級，整批被歐陸的新菁英取而代之。

《末日審判書》記錄威廉王統治下英格蘭的財產擁有者，是最早有諾曼征服者姓氏的文獻。由濟慈－羅韓（Katharine Stephanie Benedicta Keats-Rohan）針對這本艱澀難懂的文獻所做的精闢歷史人物誌研究，已確立《末日審判書》中許多地主的來源。[8]

目前仍不清楚 11 世紀時繼承姓氏的情況如何。不過《末日審判書》中可辨識的近 500 個姓氏中，有許多似乎是在征服之後支配英格蘭的諾曼人、布雷頓人（Breton）、佛蘭德斯人（Flemish）所獨有。這些姓氏通常與擁有者來自的村莊有關，其中有許多漸漸消失，但有些保持到現代英格蘭。表 4.2 顯示這些姓氏的樣本，分別以它們在《末日審判書》和現代的形式呈現。

表中顯示這些姓氏之一的辛克萊（Sinclair），2002 年在英格蘭和威爾斯有 17,143 名擁有者。這些人是否可能都從單一家庭繁衍而來，或是一群同家族的人？我們再度目睹冪次的驚人力量。從 1086-2002 年，總共經歷 31 個世代。2002 年有 17,143 人擁有同一個姓氏，意味其中約有 8,500 名男性。一名祖先要在 31 個世代製造 8,500 名後代，只需要每個家庭在每個世代製造平均 1.34 個存活的兒子。證據顯示，工業化前英格蘭的上層階級，可輕易達成這種繁衍的速率。[9] 因此即使是這些擁有者人數異常多的姓氏，也可能是

8　　Keats-Rohan 1999.

9　　Clark 2007, 112–121.

表 4.2　1086-2002 年部分諾曼姓氏

初始	現代	2002 年人數
Baignard	Baynard	54
De Belcamp	Beauchamp, Beacham	3,252
De Berneres	Berners	49
Burdet	Burdett	3,973
De Busli	Busly	52
De Cailly	Cailey	32
De Caron	Carron	613
De Colavilla	Colville, Colvill	1,271
Corbet	Corbett	12,096
De Corbun	Corbon	—
De Albamarla	Damarel	122
De Arcis	D'Arcy, Darcey, Darcy	4,039
De Curcy	De Courcy, Courcy	219
De Ver	De Vere, Vere	556
Giffard	Gifford, Giffard	2,382
De Glanville	Glanville	2,826
De Lacy	Lacey, Lacy	14,782
Malet	Mallett	4,948
De Magnavilla	Mandeville, Manderville, Manderfield	514
De Maci	Massey, Massie, Macy	15,056
De Montague	Montague	3,282
De Montfort	Montford, Monford	298
De Mon Gomerie	Montgomery, Mongomery	7,524
De Mortemer	Mortimer	12,008
De Molbrai	Mowbray	2,059
De Nevilla	Neville	7,998
De Percy	Percy, Percey	3,284
De Pomerai	Pomeroy, Pomery, Pomroy	2,312
De Sackville	Sackville	64
De Sai	Say, Saye	1,230
De Sancto	Claro St Clair, Sinclair	17,143
Taillebois	Tallboy(s), Talbot	16,857
De Tournai	Tournay, Tourney	61
De Venables	Venables	3,857
De Villare	Villars, Villers, Villiers	1,054

單一家庭的後代，只要世世代代都能持續繁衍成功。

證據顯示，諾曼姓氏的人口比率從 1560-1881 年持續增加，整體來說在 1538-99 年時佔 0.32%，1680-1709 年佔 0.46%，1770-99 年佔 0.47%，1881 年時則為 0.50%。計算諾曼姓氏在 1200-1538 年佔人口的比率時，我們假設 1538 年以前各世代的成長率和 1538-1709 年間一致。

圖 4.6 顯示諾曼姓氏在牛津和劍橋大學從 1170-2012 年的相對代表性。同樣的，這段期間也穩定地迴歸均數，因此今日諾曼姓氏在大學的代表性只比其他本土英格蘭姓氏高 25%。這些姓氏在英格蘭各階層社會地位的分布，如今已接近平均數。

但同樣的，迴歸均數的速度出奇的慢，從諾曼征服的 1066 年至今，已過了九百四十七年。諾曼姓氏直到 1300 年、1600 年，甚至 1900 年的社會分布，都未完全降到平均，這代表英格蘭歷史上每一個新紀元的社會流動性都低得令人驚訝。1170-1589 年的估計代際相關性是 0.90。1590-1800 年，迴歸均數的速度還更慢，和 13 世紀的有財產菁英姓氏如出一轍；但這段慢速迴歸的時期之後，隨之而來的，是社會流動速度似乎較快的 1800-2012 年。其結果是，0.90 的持續率正確地預測了今日牛津和劍橋的諾曼姓氏比率。

跨越 28 個世代的 0.90 持續性變數，暗示了兩件事。第一，地位持續而穩定地迴歸均數；長期來看，所有人終將平等。第二，如果這個參數對中世紀和現代英格蘭整體都適用，那麼將有超過五分之四的社會和經濟結果取決於出生。同樣的我們必須問，在較晚近的年代，選擇性的改名是否人為地提升了部分諾曼姓氏的地位。第 14 章將討論與英格蘭諾曼姓氏有關的，其他出乎意料的持續性。

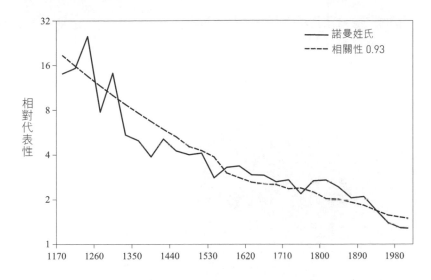

圖 4.6　1170-2012 年諾曼姓氏在牛津和劍橋大學的相對代表性

財富

　　坎特伯雷大主教特設法院（PCC）是 1380-1858 年英格蘭上層階級的遺囑認證法院，其記錄顯示，財富的流動性和教育地位有類似的模式。PCC 的記錄包含 1858 年以前近 100 萬筆遺囑認證，因此是 1858 年以前極豐富的社會地位資料。如圖 4.1 顯示，工匠姓氏 1550 年前在 PCC 有正常的整體代表性，到 1620 年時他們在較高地位群體裡（例如「紳士」）有著合乎比例的代表性。這比他們擴散到大學的速度略慢，因此工匠姓氏的隱含持續率比來自牛津和劍橋的資料高，大約是 0.80-0.85。

　　圖 4.8 顯示三個中世紀菁英姓氏群組，在所有 PCC 遺囑認證的相對代表性：地名姓氏、13 世紀 IPM 姓氏，以及《末日審判書》的諾曼姓氏。假設這些遺囑認證中的姓氏在 1680 年後佔頂層 5% 的

圖 4.7
蓋瑞・尼維爾（Gary Neville）
足球運動界的諾曼菁英代表。

財富分布，表 4.3 顯示這四類姓氏群組（三類菁英姓氏群組和工匠姓氏）的最佳擬合估計持續率。這些估計落在 0.74-0.85 的範圍。工匠姓氏的向上流動率緩慢的程度，正如中世紀菁英姓氏向下流動般緩慢。

　　遺囑認證記錄中還有另一個更菁英的群體：遺囑在 PCC 獲得認證，同時被尊稱為閣下、紳士、伯爵、公爵、大人（Lord）、夫人（Lady）、伯爵、男爵、主教或牧師（Reverend）者的姓氏。這些人只佔 PCC 法院遺囑認證的十分之一，在財富分布上占頂層 0.5%。圖 4.9 顯示三類菁英姓氏群組在高地位 PCC 遺囑認證的相對代表性，其時期是在 1440 年以後，因為在更早的世代他們的數量太少，無法計算有意義的持續率。表 4.3 顯示這個更特別的社會階層的最佳擬合持續率。此處的持續率比 PCC 遺囑認證中較不菁英的姓氏略高些，但各群組的數字很一致，介於 0.85-0.88。

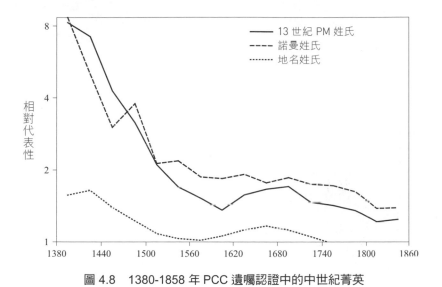

圖 4.8　1380-1858 年 PCC 遺囑認證中的中世紀菁英

　　為方便比較，表 4.3 也顯示在 1590 年以前上大學群組的估計持續率。這些數字與他們在早期社會描述的情況很一致。一代又一代的社會流動性都顯得很低，使工匠和 13 世紀有財產菁英的後代，直到工業革命前夕都維持近乎同等的社會地位。到了 1770 年，從在大學和在 PCC 遺囑認證的代表性看，中世紀的高地位地名姓氏已跌到一般社會地位。不過，因為社會流動幾近停滯，所以 1236-1299 年《遺產調查》記錄中的有財產菁英姓氏、以及源自諾曼征服者姓氏的後代，在 1770 年仍在財富和受教育的代表性上超過平均數。例如在 1770 年，諾曼姓氏在牛津和劍橋學生間出現的頻率，仍是預期的 2.5 倍，在高地位 PCC 遺囑認證出現的頻率為 2.1 倍，在所有 PCC 認證的頻率則為 1.6 倍。但擁有這些姓氏者，占英格蘭人口比率不到 1%——此發現的反面是，超過 97% 牛津和劍橋的學生或遺產在 PCC 認證的人，並未擁有諾曼姓氏。

表 4.3　1380-1858 年各菁英姓氏群組的持續率估算

	所有 PCC 遺囑認證 1380-1858 年	高地位 PCC 遺囑認證 1440-1858 年	牛津與劍橋 學生 1170-1590 年
工匠姓氏	0.85	0.85	0.80
地名姓氏	0.74	0.84	0.86
來自 IPM 的姓氏	0.79	0.84	0.86
諾曼姓氏	0.85	0.88	0.90
平均	0.81	0.85	0.85

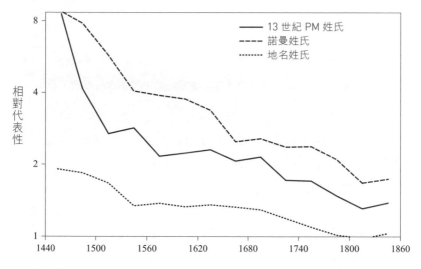

圖 4.9　1440-1858 年 PCC 遺囑認證中的高地位中世紀菁英

結論

　　我們看到中世紀英格蘭緩慢但持續的社會流動性,與現代瑞典和美國類似。我們檢驗的姓氏資料顯示,完全沒有跡象證明英格蘭1300-2000 年的智識、社會和經濟進步帶來很大的社會流動。16 世

紀的改革運動、18 世紀末的工業革命、19 世紀的政治改革，或 20
世紀的福利國興起，似乎對代際流動性都沒有多大影響。

　　下一章我們將更具體地觀察現代英格蘭流動性的許多面向，接
著再於第 6 章討論這對社會流動過程有何意義。

現代英格蘭——追本溯源

　　本章估測英格蘭在 1830-2012 年期間的社會流動率，測量時則使用罕見姓氏。因為今日英格蘭大多數常見姓氏的社會地位差異不大，迴歸均數的速度雖然緩慢，但在英格蘭形成姓氏制度以來，這方面確實已有進展。使用罕見姓氏，可解決第 2-4 章提到的疑義：如果人們知道某些姓氏意味著高地位或低地位，此認知本身就可能影響社會流動性。如果達西（Darcy）這個姓氏被認為屬於高地位，那麼達西或許可能更容易進入好學校或獲得好工作。如果伯頓（Bottom）被認為帶有低地位的意涵，他可能永遠沒有機會展現潛力。如果范埃森（von Essen）在瑞典人的認知裡，是貴族傳承的姓氏，或許范埃森家族能獲得缺乏正當性的升遷和特權。因此藉由姓氏測量社會流動性，我們可能把降低獨特姓氏之流動性的效應也算進去。

　　舉例來說，想想下列 2011 年英格蘭律師名錄上的姓名——伊凡斯（Franklin St Clair Melville Evans）、馬列特（Durand David Grenville Malet）、弗瑞—霍基（Michael John Davy Vere-Hodge）、

梅維爾—薛利弗（Michael David Melville-Shreeve）、布拉塞頓（Matthew Sean de la Hay Browne Brotherton）、古若特—史密斯（Jeremy Gaywood Grout-Smith）、史密斯—休斯（Alexandra Marika Niki Smith-Hughes）、溫班—史密斯（Mungo William Wenban-Smith）、希爾—史密斯（Alexander George Lavander Hill-Smith）。這些人不是你在當地小吃店或就業中心會碰到的人。這些姓名充滿了階級、特權和尊貴世系的味道。

這些姓氏不同凡響的部分原因是它們不常見。正如前面章節談到，常見姓氏往往接近現代英格蘭的平均社會地位。姓氏的平均地位測量方法之一，是看它出現在牛津和劍橋大學的頻繁程度，相較於它在總人口的頻繁度。圖 5.1 顯示 25 種最常見的英格蘭本土姓氏，從 1980-2012 年在牛津和劍橋的比率。這些姓氏在此社會菁英階層出現的比率，傾向於類似。史密斯（Smith）和瓊斯（Jones）兩個最常見姓氏的比率略低於平均姓氏，兩個姓氏出現於其他菁英的比率也呈現同樣結果。這可能是一些擁有通俗姓氏史密斯的高地位者放棄這個姓氏、改用較顯貴的姓氏。但就算有這樣的情況，其影響也很小。[1]

即使是源自中古時代高地位職業者的常見姓氏，也已下降到平均地位。這包括我自己的姓氏，源自神職人員（cleric，實際上還涵蓋律師）的克拉克（Clark[e]）。還有一些姓氏源自其他高級采邑官員的頭銜，如張伯倫（Chamberlain）、巴特勒（Butler）、巴萊（Bailey）、利佛（Reeve）和史賓塞（Spencer，從 dispenser 變化而來）。還有高地位的行業，如德瑞普（Draper，布商）。圖 5.1 顯示最常見的這些高地位職業姓名，它們現在的地位已和平均常見姓

---

[1]　史密斯也是旅人族（Traveller）常見的姓氏，該族群就讀牛津和劍橋的人數較少。

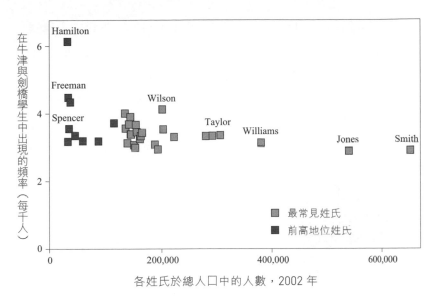

圖 5.1　英國常見姓氏在牛津與劍橋之出現頻率，2002 年

氏一樣。

　　對照之下，罕見姓氏在社會地位上的差異可能很大，取決於影響擁有這類姓氏者之環境的機運因素。幸好就我們的目的來說，包括英格蘭在內的一些社會，都有眾多的罕見姓氏。出現在人口普查記錄的罕見姓氏數量，可能因為常見姓氏的拼字和抄寫錯誤而增加。但大多數有 5-50 名擁有者的姓氏，是真正的罕見姓氏。因此在 1881 年的英格蘭，由 5% 人口（140 萬人）擁有 112,000 個這類罕見姓氏；2002 年，仍由人略相同比率的人口（280 萬人）擁有215,000 個罕見姓氏。

　　罕見姓氏的來源有許多種。休格諾派教徒（Huguenots）1685年後自法國來到英格蘭，帶進阿包齊特（Abauzit）、巴札蓋特（Bazalgette）和布提爾（Bulteel）等姓氏。較常見姓氏拼音的變形，創造了如畢斯休普（Bisshopp）這類姓氏。另有一些姓氏向來就很少人擁有，例如派皮斯（Pepys）和布列克史密斯（Blacksmith）。

維多利亞時代博學多聞的高爾頓（Francis Galton）在 1874 年與人合著一篇論文，預測大多數罕見姓氏長期下來將會滅絕。[2] 當時有人擔心尊貴的貴族姓氏正逐漸消失。不過在英格蘭，罕見姓氏的總人口因為移民帶進新姓氏，以及英國自 19 世紀後上層階級出現許多有連字符號的姓氏而獲得補充。罕見姓氏因此不虞匱乏。

正如前面提到，以罕見姓氏測量社會流動性的優點之一是，它們大多數與地位並無關聯。例如，表 5.1 列出本章中採用的 19 世紀中葉英格蘭罕見姓氏樣本，按富裕、小康和貧窮三個不同社會群體來區分的前 15 個姓氏。這些姓氏在 1881 年普查時，擁有者介於 0-40 人。在此僅簡單標示為樣本 A、樣本 B、樣本 C，你能區別該劃歸為哪一類嗎？（答案在本書的〈圖表資料來源〉中。）

在使用罕見姓氏的社會流動性分析中，第一組檢驗的姓氏，是死於 1858-1887 年間（一個世代），並於 1881 年普查時擁有者為 40 人以下的姓氏。選擇這個起始年份是因為，現代遺囑認證全面登記從 1858 年開始實施（取代過去繁複、重疊的教會法院登錄）。遺囑認證全面登記，估計了認證遺產的價值，因此英格蘭和威爾斯從 1858 年至今，所有姓氏死亡時的平均財產都有資料可查。

第一組姓氏樣本，是 105 個 1858 年時財富分布頂層 5% 的罕見姓氏，混合了罕見的英格蘭本土和外國進口之姓氏。部分姓氏廣為人知，如布魯丹尼爾—布魯斯（Brudenell-Bruce）、康瓦利斯（Cornwallis）、柯陶爾德（Courtauld）、李維森—高爾（Leveson-Gower）和蘇富比（Sotheby）。查爾斯·康瓦利斯（Charles

---

2   Watson and Galton 1875.

表 5.1　1858-1887 年英國罕見姓氏樣本

樣本 A	樣本 B	樣本 C
Ahmuty	Aller	Agace
Allecock	Almand	Agar-Ellis
Angerstein	Angler	Aglen
Appold	Anglim	Aloof
Auriol	Annings	Alsager
Bailward	Austell	Bagnold
Basevi	Backlake	Benthall
Bazalgette	Bagwill	Berthon
Beague	Balsden	Brandram
Berens	Bantham	Brettingham
Beridge	Bawson	Brideoake
Berners	Beetchenow	Broadmead
Bigge	Bemmer	Broderip
Blegborough	Bevill	Brouncker
Blicke	Bierley	Brune

Cornwallis），第一代康瓦利斯伯爵（Marquess Cornwallis），是美國獨立戰爭中的主要英國將領。柯陶爾德家族源自休格諾教派（Huguenot），是一家著名紡織廠的創辦人。李維森—高爾是英格蘭最富有的貴族之一。蘇富比家族創立了著名的拍賣公司。布魯丹尼爾—布魯斯是艾爾斯伯里（Ailesbury）候爵和卡迪根（Cardigan）伯爵的貴族姓氏，現在成了權力和社會流動性的例證。他們現在經常出現在英國報紙的社會版，但他們的祖產托特納姆莊園（Tottenham House）卻逐漸式微（如圖 5.2 所示）。現在的卡迪根伯爵大衛·布魯丹尼爾—布魯斯，落魄到有時靠每週 71 英鎊的失業津貼維持生活。[3]

但以下姓氏大部分鮮為人知，完全不帶特定社會地位的意味：

3　"I'm So Broke" 2013.

圖 5.2　家族地位的式微：布魯丹尼爾—布魯斯氏地位迴歸至均數

例如畢奇（Bigge）、巴頓蕭（Buttanshaw）、希爾豪斯（Hilhouse）、
史基普韋斯（Skipwith）、塔迪（Taddy）和威里恩斯（Willyams）。
這組樣本中典型的外國姓氏，是第 1 章討論過的巴札爾蓋特。2002
年英格蘭 57 名姓巴札爾蓋特的人，似乎都來自名為尚—路易斯‧
巴札爾蓋特的男人，他是自法國南部移民英格蘭的休格諾派教徒，
成了攝政王、即後來的喬治四世的裁縫師。攝政王對服飾的品味一
定很豪奢，尚—路易斯娶了兩個妻子，生了許多小孩。在一個世代
內，其家族變成徹底的英格蘭人，他至少有 7 位孫子在英國軍隊服
務。他的子孫約瑟夫‧巴札爾蓋特以倫敦下水道系統的設計者聞名
（參考圖 5.3）。但儘管如此，大多數人並不熟悉巴札爾蓋特這個
姓氏。

圖 5.3　倫敦市的約瑟夫・威廉爵士紀念頭像

　　來自遺囑認證登錄的第二組姓氏樣本，是介於財富分布頂層 5% 到 15% 的家族，包含 76 個同樣多元且大多數鮮為人知的姓氏。這些姓氏中較顯著的是迪格雷（De Grey）、佩皮斯（Pepys）、庇古（Pigou）和羅斯柴爾德（Rothschild）。但一如以往，這些姓氏大多不為人知，如布蘭德拉姆（Brandram）、布列廷罕（Brettingham）、布利德歐克（Brideoake）、布羅德米德（Broadmead）、布羅德利普（Broderip）等。

　　第三組樣本是 237 個由窮人擁有的罕見姓氏。這些姓氏的第一個來源是政府 1861 年公布的長期貧民名單，即連續五年接受貧民濟助（公共救濟）的人。此處使用的姓氏是這份名單中的一組人。這些死於 1858-1887 年間的人，都沒有留下可證明的財富。這些姓氏本身沒有低地位的意涵，而且有些還很出人意料。名單中包括迪福（Defoe），是著名作家丹尼爾・迪福（Daniel Defoe，1660-1731）的姓氏。雖然迪福像是法國姓氏，但在現代法國卻很罕見，且迪福出生時的姓名為丹尼爾・福（Daniel Foe），增添「De-」是為了假裝成貴族。[4] 由於丹尼爾・迪福留有子嗣，且在他出生之前英格蘭並無迪福氏出生或結婚的記錄，因此現代英格蘭的迪福氏，很可能主要是作家迪福的後代。死於 1858-1887 年間的迪福氏貧民，反映了向下的流動性。

現代英格蘭的財富繼承

擁有這些罕見姓氏群組的人，平均最早的出生年代約在 1813 年。他們的後代，在 4-6 代後的今日過得如何？

正如前述，遺囑認證從 1858 年後為英格蘭和威爾斯死亡的成人擁有的財富留下記錄，每年登錄遺囑的死亡成人比率不盡相同：1858 年僅 15%，但到 2011 年時達到 42%。所有認證的遺產都有一個估值。對於未認證的遺囑，我們無法衡量遺產的價值；但由於大多數未認證的遺囑是因為財產價值太低，我們可以假設此群組的平均遺產價值，是有認證之遺產最小值的一半。如此從 1858-87 年這個時期開始，我們就可以指定一個平均認證遺產價值給每個世代的所有罕見姓氏死亡者。

4　正如前面提到，長期以來英格蘭人擁有改用任何姓氏的權利，只要沒有欺騙意圖。改變姓氏的能力，是我們在以下的例子必須有所警惕的；但出乎意料地，僅少數英格蘭人利用這種權利，即使他們出生時的姓氏就帶有不幸的意涵。例如莎士比亞在《仲夏夜之夢》（*A Midsummer's Night's Dream*，1594 年）想為他的「粗魯的工人」之一取個滑稽的姓氏時，他選了伯頓（Bottom）。但到了 1881 年，英格蘭還有 549 個伯頓，和 1594 年婚姻記錄裡的比率一樣高。

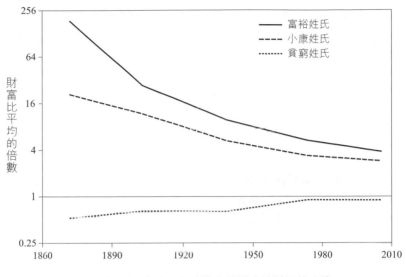

圖 5.4　各類姓氏死亡時擁有的財富比較平均水準

圖 5.4 顯示其結果。每個姓氏群組在每一時期的財富,是以死亡成人擁有的平均財富來計算。富裕姓氏群組初期的財富是平均水準的 187 倍,小康群組則是平均的 21 倍。富裕和小康姓氏群組的各世代都迴歸向均數,但到四個世代後的 1999-2012 年時期,兩個群組仍比一般人死亡時富裕許多──富裕組是平均的 4 倍,小康組是 3 倍。貧窮群組第一代的財富是平均的一半。到了 1999-2012 年,這個數字估計是平均的 90%。圖 5.4 顯示,即使到了維多利亞世代的玄孫輩,姓氏群組間的財富差距仍持續存在。

表 5.2 顯示各姓氏群組,每個世代的財富隱含代際相關性。[5] 由於許多這些姓氏十分罕見,我們可辨識出超過 4,000 例的父子關係。表中第一欄,顯示使用主流測量方法測量持續率所估計的個別家庭

5　在每個情況中,財富以對數來計算,以限制結果中極端富裕異常值的效應。詳情請參考 Clark and Cummins 2013。

表 5.2　死亡時財富的代際相關性

世代	主流估測	富裕	小康	貧窮
1888–1917	0.48	0.63	0.81	0.67
1918–1959	0.41	0.69	0.67	1.02
1960–1987	0.41	0.73	0.73	0.23
1999–2012	0.46	0.80	0.87	1.10
各世代平均	0.44	0.71	0.77	0.64

代際相關性。這個持續率介於 0.41 到 0.48 之間，是另一個英格蘭家族間財富繼承的薄弱證據。要注意的是，在 1888-1917 年及 1999-2012 年間死亡的世代，財富流動性並沒有任何增加的跡象，儘管在這兩段期間有許多體制上的變革。

其他各欄顯示富裕、小康和貧窮姓氏各群組平均財富的代際相關性。這三個群組在整個期間的平均相關性，遠高於主流測量呈現的數據——富裕組是 0.71，小康組是 0.77，貧窮組則為 0.64。但貧窮組的估計有可能受到隨機誤差污染（contamination），這從不同世代估計的大幅波動可見。因此富裕組和小康組是此處的焦點。同樣的，在這些群組，我們看到 1888-2012 年間的財富流動性並未有增加的跡象。但擁有財富的世代，在其所處的較早時代，所得與財富的稅制與重分配是較晚近的世代溫和得多。

對 1858-1887 年死亡的英格蘭人課徵的最高遺產稅率是 4%。因此這個世代可以把幾乎全部財產傳給子嗣。對照之下，1960-1993 年間死亡者，最高遺產稅平均達 69%（參考圖 5.5）。因此 1999-2012 年間死亡的世代，其繼承的財富會被課以重稅，而這種稅賦將使他們的財富比早前世代更快迴歸到均數。但資料並未明顯呈現此種趨勢。財富的持續性在過去兩個被課重稅的世代依舊持續不墜，和之前兩個未被課徵高遺產稅的世代不分軒輊。

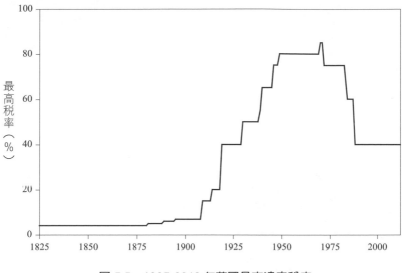

圖 5.5　1825-2012 年英國最高遺產稅率

　　在英格蘭和威爾斯於 1858-2012 年間實施的不同遺產稅法下，有很多財富可以免稅。由於未婚和已婚的立遺囑人課稅之抵減額有時不同，要估計各期間的實際稅負幾乎不可能。但對 1960-1993 年間死亡的富裕姓氏群組成員來說，所有遺留的財富約 57% 會被課稅。因此令人意外的是，第五代（也就是這些遺產的受益者）的財富，仍然和先前的世代一樣保持高持續性。

　　另一個姓氏群組財富差距維持高持續性的證據，來自各姓氏群組的遺囑認證比率。由於通常只有擁有財富者在死亡時才會認證遺囑，且人口中的大多數死亡時沒有財富，所以認證的比率是另一個姓氏群組財富的好指標。

　　圖 5.6 顯示三個姓氏群組的五個世代，在死亡時的遺囑認證比率。目前富裕和小康姓氏群組的遺囑認證比率是 60%，相較於總人口的 45%。貧窮群組的遺囑認證比率正逐漸向平均聚合，但從第五

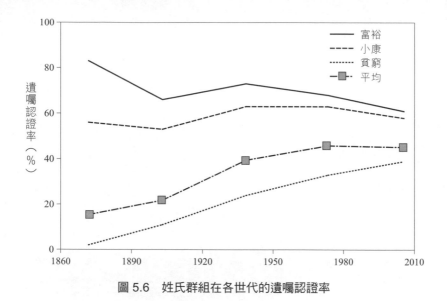

圖 5.6　姓氏群組在各世代的遺囑認證率

代才開始如此，且匯聚的過程尚未完成。

　　從遺囑認證率，我們可以運用附錄 2 的方法，推斷英格蘭財富的代際持續性。表 5.3 顯示富裕、小康和貧窮群組各世代及世代平均的相關性。這些數字證實了以上根據實際財富的計算。

　　以財富測量方法作為社會流動性的總指數有其缺點。第一，社會地位的不同成分──教育、職業、所得和健康，其中最能持續的是財富這種說法，可能有人並不贊同，因為財富可以直接繼承。第二，以上討論的財富測量方法可，能無法充分反映英格蘭在 20 世紀發生的社會變遷。對於我們觀察的最後世代，即 1999-2012 年間死亡的人來說，平均的出生年份是 1924 年。平均來說，這些人會在 1946 年完成他們的學業，也就是在許多戰後時代的社會變遷之前。這引發一個問題，即更晚出生的英格蘭人之間的社會流動性，是否可能更高一些。

表 5.3 從遺囑認證率測量財富相關性

期間	富裕	小康	貧窮
1888–1917	0.60	0.73	0.43
1918–1959	0.74	0.70	0.98
1960–1993	0.66	0.74	0.74
1994–2011	0.73	0.81	0.22
平均	0.68	0.77	0.64

　　人們更長壽，使現代經濟體財富流動的社會機能愈來愈混亂。在 1858-69 年我們的死亡資料開始的期間，遺囑認證的平均年齡為 62 歲。在相隔世代差距三十年的情況下，子女平均繼承財富的年齡為 32 歲，正當他們養育小孩和買房子的時候。但現在一般人從父母繼承財富的平均年齡為 50 歲。這時他們通常已擁有自己的房屋和汽車，兒女也已完成大部分學業了。如果壽命持續延長，那即使婦女生育小孩的平均年齡提高了，從長輩繼承財富的年齡仍會再提高。

教育地位的繼承

　　在測量目前世代的社會流動性時，我們也可以從教育下手。具體來說，我們觀察一小群進入牛津大學和劍橋大學的人，將此作為教育地位的指標。這個方法可應用在遲至 1994 年出生的人。

　　從 1830-2012 年，這些大學通常只錄取每個世代 0.5% 至 1.3% 的合格國內人口。此處使用的資料提供從 1800 -1893 年註冊進入牛津和劍橋大學者的完整記錄，以及此後到 2012 年的五分之四入學者的記錄——總共 60 萬名學生。觀察的最後出生世代，是 1993-94

年。[6]

就這個目的來說，因為姓氏樣本很小，且大學入學的比率本來就很低，因此 1858-1887 年間死亡的富裕和小康姓氏併為一組。圖 5.7 顯示這些姓氏自 1830 年起、每三十年的世代，於牛津和劍橋的相對代表性，結束的目前世代是 2010-12 年。從數字可以看出，這些姓氏在牛津和劍橋的代表性，較一般人口多出許多。

富裕姓氏在 1830-1859 年初始世代的大學入學呈現極高比率，擁有這些姓氏者進入牛津和劍橋的比率是一般人口的 50 倍。在接下來的六個世代，直到最後觀察的大學入學者是 2010-2012 年，這些姓氏的相對代表性大幅下滑。到最後的世代，此一姓氏群組成員進入牛津和劍橋的比率，僅一般人口的 6 倍。這個發現暗示，只要知道特定姓氏者約於 1813 年出生、且死亡時是富人，就可預期同樣姓氏、約 1990 年出生的人進入牛津或劍橋的可能性是一般人的 6 倍。對經歷六個世代來說，這是極高的地位持續率。

富裕罕見姓氏在 2010-2012 年間進入牛津和劍橋者有 13 例，相較於預期的 2 例。這麼高的數字，部分原因可能純粹是運氣。牛津和劍橋的入學取決於考試結果、中等學校地點和評審人員的偏好等因素。但把 2010-2012 年間如此高的代表性完全歸因於隨機的運氣，其機率可能只有千分之一。在 19 世紀初屬菁英的罕見姓氏，到了今日仍然是菁英。

即使如此，註冊資料顯示這個姓氏群組的相對代表性逐漸滑落。這個趨勢對英格蘭教育地位的代際相關性有何意義？數字也顯示，如果所有世代的教育地位相關性一直維持在 0.82，預測的滑落模式會是如何。擬合的情況整體而言相當好，儘管晚近世代的觀察

---

6 此資料庫從幾個不同的來源編纂而成，例如牛津大學從 1976-2009 年公布的考試結果，以及牛津大學與劍橋大學 2010-2012 年的電子郵件名錄。

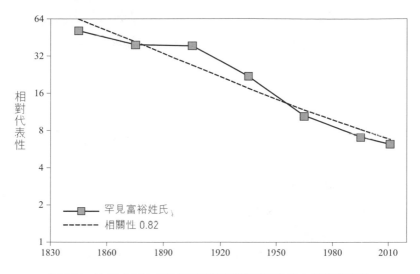

圖 5.7　1830-2011 年牛津和劍橋罕見富裕姓氏之相對代表性

數字很小。

　　此群組的教育地位持續性甚至高於財富地位。此外，和財富流動性一樣，沒有跡象顯示教育流動性在過去幾個世代掭高了。0.82 的代際相關性，在所有世代都相當符合。隱含的流動率如此之低，以致於菁英姓氏在牛津和劍橋要再過 17 個世代（五百一十年）才能接近平均代表性。[7]

　　這個樣本的罕見姓氏都與 19 世紀時的財富有關。他們身為教育菁英的持續性，是因為這些姓氏與財富的關聯性嗎？而 1830-1859 年間教育菁英中的其他家族，是否較快迴歸至均數？

　　為測試這個假設，我們從大學記錄抽取另一個更大的罕見姓氏群組，由 1881 年人口普查時擁有者為 500 人以下，且出現在 1800-

---

7　此一計算定義的姓氏平均代表性，是在牛津和劍橋的代表性不比總人口高出 10%。

1829 年牛津和劍橋入學名冊的姓氏組成。換句話說，這些姓氏除了
較罕見外，我們知道的就只是這段期間它們出現在兩家大學的入學
名冊上。1830 年，此姓氏群組代表英格蘭人口略高於 1%，卻占所
有牛津和劍橋學生的 12%。圖 5.8 顯示這個數量遠為龐大的姓氏群
組，在後續世代就讀牛津和劍橋的相對代表性。

同樣的，這些姓氏的社會教育地位下滑的速度很緩慢。他們在
目前學生人口中的代表性仍然偏高，雖然偏高的程度較溫和。這些
姓氏在大學的代表性，相較所有 18 歲人口僅高出 65%。同樣的，
此發現暗示一個經歷 6 個世代的高代際相關性。此一模式的最佳擬
合持續性是 0.73。

如此高的教育地位持續性所預測的相對代表性滑落模式，也
呈現在圖中：它與幾乎所有世代觀察到的下滑模式都很一致。隱含

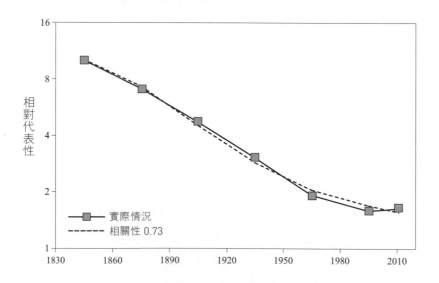

圖 5.8　1830-2012 年牛津與劍橋（1800-1829 年入學）的罕見姓氏，在
　　　　牛津和劍橋學生間的相對代表性

的地位代際相關性在 1830-2012 年間似乎保持恆常。較晚的世代未顯示社會流動性增加。唯一偏離的是在 2010-2012 年間，觀察到的 1800-1829 年菁英姓氏數量高得出乎意料。但此種異常可能是因為當前學生的資料來自不同來源（大學的電子郵件名錄）。

因此教育和財富的代際持續性一樣高。在此處的例子中，持續性保持到 1992-1994 年出生的世代。1800-1829 年的財富和教育優勢者，只以很緩慢的速度喪失其菁英地位。但從那段期間以後，大學的性質和它們招收學生的方式，已發生重大的改變。

罕見姓氏在牛津和劍橋持續性的發現是很值得注意的。假設你現在 18 歲，你的姓氏是 1881 年擁有者不到 500 人的姓氏之一，即使我們只知道擁有和你一樣姓氏的某人在 1800-1829 年進入牛津或劍橋唸書，我們仍可預測你有比別人高出 65% 的機率，成為這兩所大學的學生之一。如果你擁有一個在 1881 年更為罕見的姓氏（擁有者僅 40 人或更少），我們還可以提高預測的機率：如果有和你一樣姓氏的人在 1800-1829 年間進入牛津或劍橋，你現在進入兩所大學的機率是英格蘭 18 歲人口平均的 3.5 倍。

即使從當年到現在的入學政策和學生財務援助方案發生重大改變，也不影響這些發現。在 19 世紀初期，牛津和劍橋大體上排斥非信仰英格蘭國教的人，直到 1871 年才取消所有宗教性的畢業考試。至少遲至 1859 年，還有一位我們的富裕姓氏群組成員亞佛列德·迪·羅斯柴爾德（Alfred de Rothschild），因為是猶太人而必須請願要求免除在劍橋三一學院（Trinity College）進行晚禱儀式。他後來以特例獲准豁免。[8]

在 1902 年以前，大學教育沒有、或只有很少的公費資助。牛津和劍橋提供獎學金，但大多提供給菁英捐贈學校（endowed

8　Winstanley 1940, 83.

schools）的學生，他們被教導如何在獎學金考試中勝出。在 1900-
1913 年間，由 1864 年克拉倫登（Clarendon）委員會報告的九所英
格蘭中學（包括伊頓〔Eton〕、哈羅〔Harrow〕、拉格比〔Rugby〕
在內）仍佔據 28% 的牛津入學名額。[9] 此外，入學條件偏袒來自更
獨特教育背景的學生──在 1940 年以前，不管想在哪個領域研讀
的牛津新學生，都得通過一項拉丁文入學考試。

　　從 1920-1939 年，地方當局提供財務支援給較不富裕的學生就
讀大學。第二次大戰後，政府對中學和大學教育的財務支援也大幅
增加。牛津和劍橋最後也降低傳統入學程序中捐贈學校的學生擁有
的優勢。這些措施似乎暗示了菁英姓氏在 1950 年後進入牛津和劍
橋的比率，將更快迴歸至均數。然而圖 5.7 和圖 5.8 並未有出現此
種趨勢的跡象。

政治地位

　　一個比財富擁有者或牛津與劍橋學生更顯貴的群體，是國會議
員。英格蘭和威爾斯在 19 世紀約有 500 名國會議員，到 20 世紀增
加到約 550 名。

　　國會議員的記錄可回溯至 1295 年，讓我們得以一窺中世紀後
期英格蘭政治菁英崛起與沒落所呈現的流動性。在這裡我們使用
1800-1829 年間牛津與劍橋發現的罕見姓氏名單。身為社會菁英，
這個姓氏群組在國會的代表性也偏高。圖 5.9 顯示這些罕見姓氏
1830-2012 年間在國會的相對代表性。國會的測量從 1830 年開始，
以便樣本可配合 1800-1829 年進入大學的出生世代。

9　　Greenstein 1994, 47.

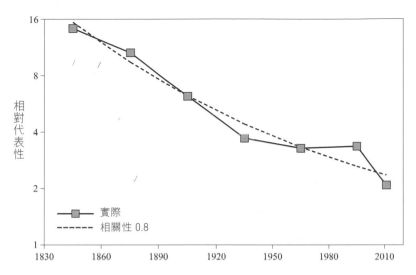

圖 5.9　1830-2012 年牛津和劍橋（1800-1829 年入學）的罕見姓氏，在國會議員間的相對代表性

這些罕見姓氏在國會的相對代表性，呈現與財富和牛津與劍橋入學相同的模式。它一樣顯示出經歷許多世代而相當穩定的下滑，雖然這個程序後來出現更多雜訊，因為國會議員人數少，且有許多機運因素可決定特定人是否成為國會議員。但五個世代過後，在 1980-2009 年的世代，這些罕見姓氏在國會出現的頻率仍是一般人口的三倍多。隱含的地位代際相關性高達 0.8。[10]

這個發現很獨特之處是，在這段期間，政治體制的重大改變將新政黨和新群體帶進了下議院。為什麼這些改變對國會議員裡姓氏的代表性沒有很大的影響？英格蘭各郡和各城市的國會席位分布，從中世紀直到 1831 年的選舉大體上未改變，未能反映人口的成長和重分配。中世紀的自治市鎮，如薩福克郡（Suffolk）的敦威治（Dunwich），可以選出兩名國會議員。長期下來，隨著貿易和工

10　我們在這個計算中假設國會議員代表地位分布的頂層 0.1%。

業的變遷，許多這類曾經繁榮的自治市鎮變成人口減少的村莊，或只有很少選民的鄉鎮。事實上，敦威治的大部分地區沉陷海中。

這些老化的市鎮變成所謂的腐敗自治市鎮（rotten borough），當地的地主實際上控制了國會議員的選舉。過去投票是公開的，而數量很少的選舉人可能接受賄賂，或被威迫而按照指示投票。最惡名昭彰的例子是舊塞勒姆（Old Sarum），1831 年時人口只有 7 人，可選出 4 名議員。在改革前的 1831 年選舉中，406 名國會議員中有超過三分之一（152 名），是由不到 100 名的投票者選出的。因此下議院的一大部分，是由傳統地主階級控制。

1832 年的改革法案（The Reform Act）取消了英格蘭和威爾斯56 個這類市鎮的選舉權，並把另外 31 個市鎮的代表席次減至只有一席，同時創設 67 個新選區，並擴大和常規化選舉權。在 1867 年，第二次改革法案再取消兩個腐敗市鎮的選舉權，又再把 35 個市鎮的議員減至一席。1867-1868 年的輔助立法，又取消了 9 個腐敗市鎮。1867 年的法案也導致另一次擴大選舉權（雖然還是僅限男性）。然而這些改革，對政治階級的代際流動率並未產生明顯影響。

除了這些改革，長期下來選舉權已擴大至較低社會階層的男性（然後再擴及女性）。1830 年的選舉權只擴大到 13% 的男性，但到了 1918 年已達 100%。選舉權擴大與工黨（Labour Party）崛起成為都市勞工階級的代言人有關。到 1923 年，工黨已有 191 名國會議員，包括來自蘇格蘭的成員。此後每次選舉都選出數量眾多的工黨國會議員。

但正如圖 5.9 所示，勞工階級的政黨在 20 世紀初期崛起，與傳統菁英姓氏在國會被迅速取代並無關聯。不管政治如何安排，這個姓氏群組仍保持在國會及西敏寺廳堂裡的高度代表性。世系傳承壓倒了意識形態和政黨。

結論

　　罕見姓氏的追蹤顯示，財富、教育和政治權力的社會流動性在現代英格蘭很低。這些不同面向地位的代際相關性，大約介於 0.73-0.80，且自 19 世紀以來並未下降。儘管出現了現代經濟成長、大眾教育、政治選舉權擴大以及福利國制度。現代的社會流動率也只比中世紀的社會流動率小幅升高，例如中世紀工匠姓氏的教育和財富方面的估測持續率，大約在 0.80-0.85 間。這些比率類似瑞典晚近呈現的職業與地位流動性，也與美國晚近的職業流動性相近。

　　從姓氏群組的分析發現，英格蘭的財富代際相關性估計為 0.73。但探究個別家庭的主流財富代際相關性估測，始終在 0.41-0.48 之間。我們如何調和這些社會流動率的不同估測？哪些估測是正確的？下一章我們將提出一套理論說明，為什麼姓氏估測前後一致地揭露了遠比主流估測更低的社會流動率，以及為什麼姓氏估測是整體社會流動率和社會地位繼承根本架構的較佳指引。

社會流動性定律

即使是傻瓜，遭遇挫折也會學到東西。
　　　　　——荷馬（Homer），《伊利亞德》（*Iliad*）

　　本書藉由測量姓氏喪失或高或低的原有社會地位的速度，來估算社會流動率。如果一個像佩皮斯（Pepys）或布魯丹尼爾—布魯斯（Brudenell-Bruce）這樣的姓氏，在 1800 年有高社會地位，那麼這個姓氏會多快迴歸到平均地位？如果巴斯克維爾（Baskerville）在 1086 年英格蘭的《末日審判書》裡是菁英姓氏，那麼到 1300 年、1500 年或今日是否仍一樣菁英？本書檢視姓氏反映社會熵的速度，也就是初始的地位資訊離開社會系統的速率。

　　前面幾章透過以姓氏測量流動性而揭露出不只一個、而是許多個令人意外的結果。第一個是，在所有檢視的例子中，姓氏測量的社會流動性都遠低於主流的測量方法。主流測量方法（附錄 1 將討論）只檢視父母和子女在地位各方面的相關性。姓氏地位測量在所有例子都顯示出迴歸均數，但速度很緩慢。菁英姓氏的地位可能要經過 10 個或 15 個世代（300-450 年）才會下降至平均地位。

第二個出乎意料的結果是，不同地位面向（財富、教育、職業地位，以及政治菁英的成員資格）測量的社會流動性，都呈現出類似的速度。財富似乎遠比教育或職業地位更可傳承。你可以把成堆的金錢遺留給懶惰或愚癡的兒子或女兒，但若沒有醫學院入學考試（MCAT）分數，光靠錢無法讓他們進入醫學院。但為什麼財富顯示與其他面向的地位一致的持續率？

第三個意料之外是，在大不相同的社會體系下，持續率仍然是常數。中世紀的封建英格蘭只略高於今日進步、愛好平等、社會民主的瑞典。

如果個別家庭的社會流動性估計顯示，測量的社會地位代際相關性為 0.15-0.60，為什麼姓氏研究顯示的相關性是 0.75-0.80？為什麼當我們檢視姓氏群組而非個別家庭時，結果會如此不同？

簡單的社會流動性理論

此處提議用以解釋上述發現的理論很簡單，但這對社會流動率的估計和性質有重大意義。這個提議是，我們必須區別家庭表面上或顯而易見的社會地位，與他們更深層的社會能力，而此種社會能力是無法直接觀察的。[1] 家庭能觀察的是，他們是否達到各種代表部分社會地位的指標——所得、財富、職業、教育、住宅、健康和長壽。這些指標全都由根本地位衍生，但帶有隨機的成分。

因此，舉例來說，如果 y_t 代表一個家族在世代 t 的所得，這個假設便以如下敘述來代表：

1　以心理測定學的角度來看，根本地位是一個隱而不顯的變數。

$$y_t = x_t + u_t$$

x_t 代表家族的根本社會能力，而 u_t 代表隨機成分。

　　社會地位的各面向都存在隨機成分，這有兩個原因。第一，個人取得地位有運氣的成分。例如以所得來說，高所得者剛好選擇在一個成功的領域或成功的公司工作。他們選擇臉書，而非Myspace；他們剛好申請進入哈佛大學獲准，未被刷掉；他們和支持自己的配偶結婚，沒有被一個需索無度的伴侶束縛。第二，人們可能捨棄所得和財富，換取地位的其他面向。有人可能選擇哲學教授為職業，而非較低地位、但較有利可圖的水管五金銷售生涯。

　　這個所有社會流動性的簡單理論之第二個假設是，家庭的根本社會地位迴歸至均數的速度很慢，持續率（b）達 0.75。而這麼高的持續率在所有社會都相同。正式的表達是：

$$x_{t+1} = bx_t + e_t$$

此處的 e_t 代表第二個隨機成分。[2] 這是在本書各章節經過驗證的社會運動定律。本書的主張是，這兩個假設足以用來描述所有社會的社會流動性。此一見解引導至有關社會流動性及其來源的有力預測，以下的章節將說明這些已被成功測試過的預測。

　　例如，上述討論暗示了主流社會流動性的研究，是根據代際相關性（β）的關係所做的估算：

$$y_{t+1} = \beta y_t + v_t$$

2　為了讓數學保持很簡單，x_t 和 x_{t+1} 被假設有一個 0 與常數變異數（constant variance）的平均值。

因為各種局部的地位測量法——所得、財富、教育、職業等——低估了連結各世代根本社會地位的真正代際相關性 b。特別是主流估計的預期值 β，並非根本地位 b，而是 θb、而 θ 小於 1。此外，任何地位測量面向的隨機成分愈大，θ 就愈小。[3]

圖 6.1 顯示我們提出的架構。此處決定的變數是根本的社會能力。由於所得與這個變數的相關性小於 1，一個世代的所得相關性是 $b \rho^2$，而 ρ 則是所得與根本社會能力的相關性。

既然我們有這兩種深量標準——b 代表根本社會流動性，而 β 代表地位的局部測量標準——為什麼根本的 b 才是真正的社會流動性？理由是，如果我們要藉由觀察地位各面向得到的平均值來測量家庭的地位 $\bar{y}_t$，那麼：

$$\bar{y}_t = x_t + \bar{u}_t$$

「‾」代表各個隨機成分的平均。但當我們計算地位的許多面向——所得、財富、住宅、教育、職業、健康、壽命——的平均值時，平均的誤差成分就向零縮小。因此平均社會地位的代際持續性，近似 b 而非 β。[4] 根本的 b 給我們更好的家庭平均地位持續性之測量標準，而非任何特定面向地位的持續性。所以 b 是真正社會流動率的最好測量法。

主流的社會流動性估測，是根據估計父母與子女在局部社會地位測量的相關性，它們全都高估了根本流動率。決定家庭的整體社會流動率，以及跨越多世代社會流動性的，才是根本流動率。

3　請參考附錄 2。
4　智商（IQ）是說明單一特質面向的可遺傳性低於整體特質的好例子。整體智商在世代之間的相關性，遠高於任何特定的次級成分。

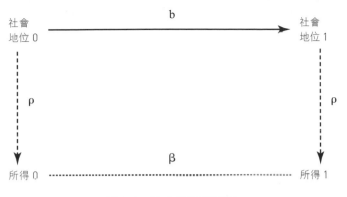

圖 6.1　地位的代際傳遞

　　導致主流測量法高估根本社會流動率的，是連結局部地位測量與根本能力的誤差項。透過觀察人的群組（只要他們是以與此誤差項無關聯的辨識條件聚集成群組，例如種族、宗教、祖籍國甚至常見姓氏），我們可藉由群組的平均來降低這個誤差項。就個人層次來說是：

$$y_i = x_i + u_i$$

群組層次則是：

$$\bar{y} = \bar{x}$$

　　假設 $\bar{y}$ 正確地追蹤 $\bar{x}$，不受任何誤差干擾、並且我們可以正確地估測社會流動率。當我們觀察這種個人群組時，根本的低社會流動率就變得更明顯，即使我們只能觀察根本社會能力的尋常局部指標時也是如此。這就是姓氏群組可測量根本社會流動性的原因。但任何群組只要與目前決定局部地位測量之隨機成分無關，就一樣可以辦到。這是為什麼社會裡的種族、族裔和其他少數族群的社會流動性，總是比預期低的原因。

這個論點要想站得住腳，就必須是社會地位的各種展現都與根本社會能力只有鬆散的相關性。此種鬆散的相關性可表現在實例和體制的層次上。就實例而言，加州將所有加州大學體系教職員的薪資資訊提供給大眾。此資訊透露出，合乎這個教育水準和職業地位的教授們，實際上所賺的金額差距很大。圖 6.2 顯示 2012 年一些學系的中位數薪資。英文和音樂教授的薪資只有管理教授的三分之一。如果我們只根據所得來推論地位，我們會認定這些學術類別有巨大的社會差距。

表 6.1 證實任何社會地位的局部測量標準如所得、財富、教育

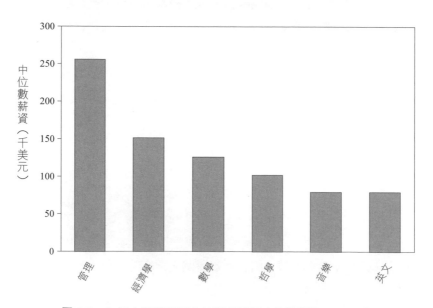

圖 6.2　加州大學戴維斯分校學科教授中位數薪資，2012 年

表 6.1　各地位面向間的相關性

面向	認知能力 （IQ 等）	教育	職業地位	所得	財富
認知能力	—	0.53	0.23	0.26	0.16
教育		—	0.63	0.33	0.30
職業地位			—	0.52	0.23
所得					0.60

或職業，只是對個人根本社會能力很間接的測量法。表中顯示同一個人在數個地位面向——認知能力（通常以智商為代表）、職業地位、教育、所得、財富——的平均相關性。任兩個屬性的相關性平均為 0.43。這意味如果我們知道一個孩子的認知能力（智商），我們通常可預測孩子可能的教育成就、職業地位、所得和財富，其變異不及五分之一。[5] 地位各面向的鬆散關係，意味地位的各面向勢必在各世代之間只有微弱的相關性。

這個對社會流動性機制觀念的簡單轉變，可以解釋許多既有社會流動性文獻中的謎團。它也讓我們可以相當正確地預測社會流動性的性質。此處就是這個模式的預測。

地位各面向觀察到的迴歸均數速度，取決於它們預測之家庭根本地位正確的程度。它們與這個根本地位的相關性愈低，代際相關性就愈低。因此不同地位的社會流動率各不相同，取決於各面向與根本地位的關係。各個社會測得的流動率不同，同樣的也取決於測量的面向（如所得）與根本社會地位的相關性。

長期來看，所有地位面向都以同樣速度迴歸至均數。以所得、財富、教育或職業地位測量的根本流動性都是一樣。

5　Bowles 與 Gintis（2002）指出，智商和其他社會結果的鬆散關係，引發為什麼其他屬性的傳承也如此強的謎。智商遺傳不可能是主要路徑。

社會流動的根本過程是馬可夫式的（Markov）──它在所有世代都以相同速率進行。[6]特別是，一旦我們知道你父母的根本地位，就無法從你更早的世系得到有關你人生前途的進一步資訊。但使用主流的家庭估測方法，似乎祖父母和曾祖父母的地位都能影響個人現在的地位。

　　部分社會族群，如猶太人、黑人、拉丁人和美國的美洲原住民，在主流測量方法中的社會流動率似乎比一般人口低，但實際上他們展現出與整體社會一致的迴歸均數速度。黑人和拉丁人的低流動率，並非反映美國社會持續不斷的種族歧視；它們只是反映迴歸均數的速度，因為根本的社會地位原本就很低。

社會流動率測量中的變異

　　正如第1章所示，在瑞典以所得測得的流動率，比在英格蘭或美國測得的高得多。然而當我們在這三個社會以姓氏測量流動性時，我們發現沒有差距。此一發現的解釋是，在所得等地位的測量中，相較源於根本地位的系統性成分，隨機的成分愈大，所測得的所得流動性與根本社會流動性的不一致就愈大。

　　例如，美國的所得不平等遠比瑞典嚴重。圖6.3顯示瑞典和美國部分可比較的高、低地位職業在2010年的薪資。一個美國醫師賺的錢是巴士司機的6倍，但在瑞典這個倍數只有2.3倍。一個美國大學教授的所得比巴士駕駛高60%；但瑞典教授的所得則只比巴士駕駛高40%。

　　正如前面提到，任何特定地位結果（例如所得）的變異被隨機

6　　對統計純粹主義者來説，這是一階馬可夫程序。

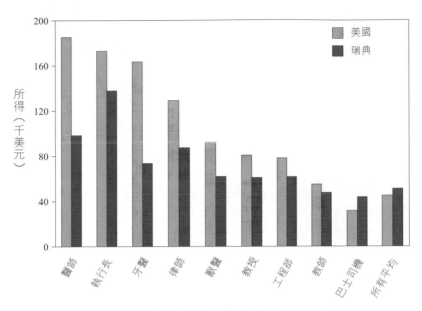

圖 6.3　瑞典與美國各職業平均所得，2008 年

因素（相對於根本社會能力）驅動的比例愈大，減弱的因素 θ 就愈大，壓低標準的估計值 β 至低於代際的根本社會地位相關性。瑞典的所得壓縮比較美國的情況，將導致瑞典得到較低的 θ，且因此顯得整體社會流動性較高。美國的所得是家庭根本社會地位的較好指標，因此各世代的所得持續性比瑞典高。這個解釋也與過去三十年美國所得不平等升高、社會流動率下滑的普遍想法相反。[7] 實際發生的情況是，標準的流動性測量如今更正確地反映一直存在的低根本流動性。

　　從流動性局部面向測得的社會流動率，與根本社會流動性的不一致，在壽命的遺傳上特別凸顯。在各族群的人口中，壽命與社會地位的相關性很高。英格蘭社會的壽命和其他社會一樣，向來取決

7　雖然這個觀念已廣被接受（例如參考 Foroohar 2011），但似乎沒有學術研究支持它。

於社經地位，至少從 19 世紀以來就是如此。就英格蘭和威爾斯的專業人士來說，晚近的平均預期壽命為 82 歲。而無技術的勞力工人平均預期壽命只有 75 歲。[8]

許多人假設可能的高壽命與父母間有高度相關性。畢竟，我們可以期待基因遺傳的特質可能帶來較長的壽命。因此，有較長壽父母的人，會儲蓄更多錢供退休生活，因為他們假設需要供養自己活更多年。

但事實上，父母與子女之間在壽命上的相關性很低。以第 4 章使用的罕見姓氏中，死於 1858-2012 年間的英格蘭人來看，我們可以從逾 4,000 名活到至少 21 歲的兒子，來測量父親與兒子間的壽命相關性。我們測得的相關性僅 0.13。如果使用雙親的平均死亡年齡，相關性會提高到 0.26，但還是很低。[9] 在現實中，人死亡的年齡無法輕易從父母的死亡年齡預測。所有那些只因雙親身體很好、很健康，並活到 90 多歲而儲蓄更多退休基金的人，應該立即停止。你預期的額外壽命相較於平均值，只有三歲。

不過，在社會群體而非個人層面上，我們看到強烈的代際長壽相關性。表 6.2 將富裕、小康和貧窮的英格蘭罕見姓氏群組，根據死亡日期分類成不同世代。在 1866-1887 年的世代，各姓氏群組的平均死亡年齡差異很大：富裕組為 51 歲，貧窮組為 32 歲。長期的平均壽命穩定地匯聚，但即使到了第五個世代，死於 1994-2011 年的兩組較富裕者，其平均壽命為 80 歲，仍高於貧窮姓氏群組的 77 歲。[10] 初始的富裕姓氏群組之後代仍然活得較久。

第一代測得的平均壽命呈現極大差距，實際上是富人在各年齡層的低死亡率，加上窮人較高的生育率導致窮人兒童死亡風險較高

8　英國國家統計局，2007 年。
9　這個發現與其他家庭研究的代際相關性一致。見 Beeton and Pearson 1899; Cohen 1964。
10　由於估計的平均死亡年齡差異的標準誤差為 0.68，此差異在統計上極具意義。

表 6.2 英格蘭罕見姓氏群組的壽命

世代	平均死亡年齡		
	富裕	小康	貧窮
1866-1887	51	46	32
1888-1917	58	55	35
1918-1959	67	67	56
1960-1993	75	75	71
1994-2011	80	80	77

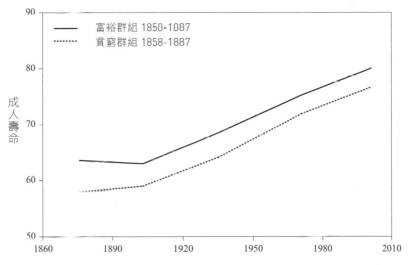

圖 6.4 姓氏群組在各世代的成人（年齡 21 歲以上）的平均壽命

的結果。如果我們只看 21 歲以上存活者的壽命，差異就會較小些。

　　圖 6.4 顯示各姓氏群組在不同世代的平均成人壽命。雖然在個人層次上，壽命的代際相關性很低，但此圖揭露在群組的層次上，19 世紀富人和窮人的後代間，存在極大的壽命持續性差異。各世代的壽命等根本屬性的持續性，被大量決定個人壽命的隨機成分所掩飾了。

以各種特性測量的流動性

　　另一個主流社會流動性估計的特性是，以不同特性估計的流動率呈現重大差異。例如，在瑞典認知能力被發現跨世代的相關性很高，代際相關性為 0.77。但至少在北歐國家，其他特性如所得、教育和財富的遺傳性較低，相關性往往不到 0.3。

　　此處的簡單理論可做令人驚異的強力預測，即所有社會地位的面向，如所得、財富、職業地位、教育、健康和壽命的根本流動率都相同；這些社會流動率明顯的變異，只來自隨機成分的效應。來自 1830-2012 年期間牛津和劍橋罕見姓氏的證據，顯示職業地位根本持續率為 0.73。我們可藉由測量 1830-1966 年這些姓氏的遺囑認證率，來估計這個姓氏群組的財富持續率（較高的遺囑認證代表性，意味較多財富）。圖 6.5 顯示這個遺囑認證率，以及這段期間持續率的最佳擬合估計。0.78 的恆數持續率，與這些數據形成極佳的擬合。

　　此種代際相關性略高於 0.73 的教育持續性。但 0.73 和 0.78 兩個數字其實相當接近，尤其它們代表的是完全不同的社會地位面向。

　　假設不同社會面向的社會流動率真的大不相同，例如假設財富流動性遠低於教育流動性，在此種情況下，經過幾個世紀後，社會的各種地位面向將只有很小的相關性。我們將發現許多有錢、未受教育的人，和許多有高教育、名下卻沒有資產的人。整體來看，富人的教育將接近平均：這兩項屬性將不會有相關性。但這並非我們觀察到的世界。相反的，地位的不同面向傾向於有一致的相關性。要維持此種相關性，這些屬性的跨世代持續性必須非常類似。

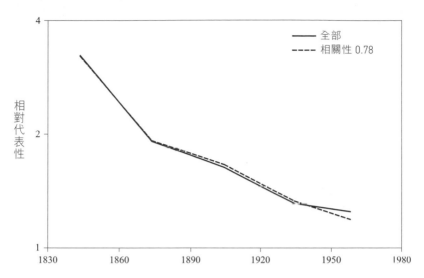

圖 6.5　從 1800-1829 年牛津和劍橋罕見姓氏菁英之相對遺囑認證率測量
持續性

祖父母的影響

　　這個簡單的模式也解釋了另一個主流流動性估測的謎，那是在
研究人員開始建立祖父母與孫兒女地位的關係、甚至曾祖父母與曾
孫兒女地位的關係時出現的。這些估測一致地顯示祖父母和孫兒女
地位的相關性，高於預期的父母與兒女地位的相關性。它們也顯示，
即使我們控制父母的地位，從祖父母的地位也能預測其孫兒女的結
果。[11] 目前的社會地位似乎是複雜世系網絡的結果，如圖 6.6 所示。

　　不管你父母的地位如何，高地位的祖父母注定你會有較好的出
路，低地位的祖父母則注定讓你有較差的展望。這個發現被解釋為
祖父母在孫兒女的出路上扮演重要角色，主要透過給他們錢財、幫

11　Long and Ferrie 2013; Lindahl et al. 2012; Boserup et al. 2013.

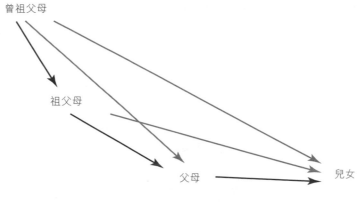

圖 6.6　代際之間外顯的聯結

助他們建立社會關係，和提供增進他們人生機會的照顧等手段。

　　這種祖先傳承的網絡如果就是原因，將證明地位的持續性有重要的社會與體制因素。以下有關地位持續性模式可能原因的討論顯示，如果持續性主要取決於能力的基因遺傳，那麼祖父母和其他較遠的親戚就無法直接影響目前世代的人生機會。祖父母和曾祖父母的地位若要能預測後代的結果，只有在它能提供有關父母真正根本社會地位的資訊時才成立。所有顯著的資訊都包含在父母的基因碼裡。

　　不過，上面所列的簡單模型可預測所有觀察到的世系效應甚至它們的大小，而不把結果歸因於較遠親人的影響。即使假設祖父母、曾祖父母和其他追溯更早的個人世系實際上對社會結果沒有直接影響，那麼模型也能預測這些結果。

　　先考慮祖父母與曾祖父母和目前這一代之間相關性的強度。如果父母和子女的相關性為 0.4，那麼我們會本能地預期祖父母的相關性會是 0.16，即一世代相關性的二次方；而曾祖父母則只有 0.06。不過，我們較高持續性的根本社會地位模型，預測一個人與較遠祖先的關係，會比簡單計算法的預期更高。

就技術上來說，子女與父母的關係，即正常估計的代際相關性 β，與地位的根本持續性有關，因此預期的 β 值為 θb；而 θ 和前面一樣，則是連結任一地位面向與根本地位之隨機成分所導致的的衰減因素（attenuation factor）。不過，當我們看祖父母與孫兒女間的相關性，並估計 $\hat{\beta}^2$，即跨越兩代的相關性時，我們發現它不是簡單社會流動性模式會預期的 $\hat{\beta}^2 = \theta^2 b^2$，而是 θb^2。對隔了 n 世代的家族成員來說，預期的相關性是：

$$\theta b^n$$

地位測量的誤差成分導致的地位代際相關性估計，傾向於向下偏誤，在所有世代都相同。

第 5 章討論到的英格蘭大量罕見姓氏富人的資訊，讓我們得以測試簡單代際關係模型的預測力。表 6.3 顯示其結果。雖然父母和子女的財富相關性平均為 0.43，曾祖父母和曾孫兒女的財富相關性仍有 0.25。這裡的代際關係消退速度遠比預期來得慢。消退的速度是一致的，其根本持續率為 0.67-0.87，正如這個例子中的姓氏證據所暗示的。[12]

表 6.3　1858-2012 年英格蘭的財富代際相關性

較早的世代	觀察人數	觀察到的相關性	主流估測的相關性	隱含的根本相關性
父親	4,312	0.43	—	—
祖父	1,709	0.29	0.19	0.67
曾祖父	487	0.25	0.08	0.87

12　其他祖父母與孫兒女間的代際相關性研究，都發現高於預期的相關性，與範圍在 0.5-0.7 間的根本代際相關性一致。

當多世代研究從祖父母預測孫兒女，並控制父母的特性時，通常會發現祖父母的地位仍可預測孩子的結果。不過，持續的根本社會地位的簡單模型，正好暗示了這些影響和它們的大小。[13] 使用英格蘭在 1858-2012 年期間的財富資產，我們可以檢驗影響的大小是否與預測相符。圖 6.7 顯示跨越四個世代的實際相關性，條件是控制了其他祖先的影響，以及在根本持續率是 0.72 下預測之其他人的影響。由於觀察的樣本數很小——在所有四個世代，死亡時的財富可觀察的例子僅 454 個例子——此處相關性估計有一些潛在的誤差，以虛線顯示；信賴區間（confidence intervals）則為 95%。但在每個例子裡，預測的相關性落在估計的觀察誤差範圍內。各世代的財富相關性模式與上述的簡單模式一致。

在控制父親和祖父的情況下，曾祖父和曾孫間的財富相關性仍然很高。不過，這個根本社會能力的簡單模型中，祖父和曾祖父沒有獨立的影響力。他們只是提供有關父親真正根本社會地位的更多資訊。

在上述模型中，所有用在預測子女結果的有用資訊，都由他們父母的地位傳遞而來。如果我們知道父母的真正根本地位，那麼他們祖先的地位就不重要且沒有參考價值。子女不管來自一個顯貴的菁英世系，或來自貧窮和籍籍無名的背景，都有相同的展望。

知道一個人的人生前景完全取決於父母的地位，對瞭解社會流動性的性質至關重要。我們能否測試這個簡單模型的影響性？跨越多世代家族的既有資料之問題在於，我們不知道父母的真正根本地位。正因為如此，提供更多資訊的更早祖先，總是被當成下個世代地位的重大預測因素。

不過，我們有可能利用牛津和劍橋入學者的資料建立一套這種

13　這項預測將在附錄 2 詳細說明。

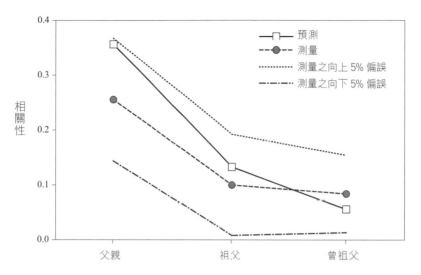

圖 6.7　1858-2012 年英格蘭富人四個世代的代際相關性預測、測量及偏誤

測試。關鍵的問題是，當我們在一個指定世代有兩組已知地位的群組時，其中較顯貴世系的群組能否在後續世代中保持較高地位？如果祖父母和曾祖父母的地位會直接影響結果（如圖 6.6 所示），那麼有較顯貴祖父母和曾祖父母的孩子的結果，與他們的父母相較，就會優於其他人。

　　和前面一樣，我們選擇有罕見姓氏者，條件是在 1881 年擁有者不到 500 人、在 1800-1829 年間進入牛津和劍橋就讀。但此處我們把這些姓氏分成兩個群組，第一個群組包括在前一個世代（1770-1799 年）在兩所入學就讀的姓氏。這是一個較顯貴世系的群組。第二個群組包括前一個世代（1770-1799 年）兩所大學的學生沒有的姓氏。他們是沒有顯貴世系的群組。在 1740-1769 年期間，有菁英世系的姓氏群組在牛津和劍橋的代表性，是非顯貴世系群組的四倍多。

圖 6.8 顯示兩個不同背景群組在 1830 年後各世代的地位相關性。菁英世系迴歸均數的速度和非顯貴世系完全相同。菁英世系在 1830-2012 年期間的隱含代際相關性為 0.738，非顯貴世系的相關性則為 0.734。兩個姓氏群組不同的歷史，對他們後續的社會流動率沒有影響。迴歸均數的傾向對於有較富裕和較顯貴祖先的群組來說一樣強。家族歷史在預測未來世代的地位無關緊要：重要的是父母世代的地位。同樣的，本章初始敘述的這個出奇簡單的流動性模式，似乎是解釋社會流動性的世界唯一需要的東西。

社會群體的流動性

此處概述的簡單流動性模式，最重大的意義是，它解釋了我們經常觀察到的特殊社會、族裔、種族和宗教群體緩慢的社會流動性，而無需假定歧視、族裔資本（ethnic capital）或族裔社會關係是促成因素。長期以來，人們發現社會群體似乎呈現遠比個人家庭緩慢的社會流動率。在美國，猶太和日本人口並未向下迴歸到預期的均數流動率。相反的，黑人和拉丁人口向上迴歸均數的速度，也不如研究中預期的白人人口達到的社會流動率。

因此在美國，賀茲（Tom Hertz）證明只要知道一個家庭是猶太人，就可以預測子女未來的平均收入會比其他族裔家庭子女的平均所得高 33%。只要知道一個家庭是黑人或拉丁人，同樣暗示各世代子女的收入將比總平均相關收入低 30%。[14] 晚近沛優（Pew）慈善信託會的研究發現，在中等所得家庭間，黑人和拉丁人子女比白

14　Hertz 2005.

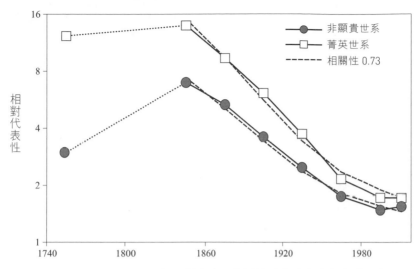

圖 6.8　1740-2012 年世系對牛津和劍橋姓氏之社會流動率的影響

人更容易落在底層 30% 的所得分布。白人的機會是 25%，黑人是 37%，西班牙裔為 29%。[15]

　　這要如何解釋？其中一個解釋是，現代美國仍存在種族障礙，限制了黑人和拉丁人的機會，例如他們仍集中在低所得社區和績效低落的學校。[16] 但缺少向上社會流動的現象，不只出現在低所得群體，也在中產階級黑人和拉丁人身上觀察到──那些就讀種族混合學校，以及從大學及就業平權措施受益的人。而猶太人或日本人的子女迴歸均數的速度不如預期快，也並非因為這兩個在美國人口中屬於少數的族裔從美國社會獲得任何優勢。

　　波哈斯（Beorge Borjas）早期從研究美國戰後的移民群體發現類似的結果，其中許多群體如愛爾蘭人，並不會被歸類為明確的少

15　Arcs 2011, 14.
16　這是賀茲本人偏愛的解釋。

數族群。[17] 對符合特定所得和教育程度的父親來說，同一移民群組的平均所得或教育程度愈高，兒子的預測結果就愈好。

波哈斯把這個效應歸因於移民美國的不同族群有不同的族裔資本。例如，高平均教育水準族裔群體的兒子，結果會優於僅有父親教育程度高者的預測結果，原因是社群裡其他人教育程度的外溢效應。更高教育水準的叔叔、堂表兄弟和鄰居，透過資訊、協助等方式，提升了這些社群裡孩子的結果。這種解釋也可應用於賀茲在猶太人、黑人和拉丁人家庭發現的結果。但很少、或沒有證據顯示，此類假設的社群利益對個人產生影響。正如前面所述，美國日本移民的後代是一個高平均地位的族裔，然而這是一個人數少且分散的社群，並已透過異族通婚，高度融入美國白人社會。

利用這個家庭根本社會能力緩慢改變的簡單模型，我們可以解釋所有上述結果，而不必牽扯到種族障礙、族裔資本或社會關係的影響。

舉例來說，有兩個家庭的年所得為 90,000 美元，一個是猶太人家庭，另一個是黑人家庭。由於美國的中位數家庭所得是 52,000 美元，我們預期這些家庭子女的所得將低於其父母的所得，並更接近均數。不過，這個所得水準接近猶太人社群的中位數。[18] 因此這個家庭所得中的隨機成分，即偏離無法遺傳之根本社會能力的部分，平均將是 0。因此他們的子女只會緩慢地迴歸向社會平均值。對照之下，一個所得為 90,000 美元的黑人家庭，幾乎是黑人社群中位數 35,000 美元的 3 倍。所得比社群平均水準高很多的家庭，通常是因為他們的所得受益於某個有利的隨機因素，將他們推升至遠超過其根本社會地位的高地位。平均來說，影響他們家庭所得的隨機成分

---

17   Brojas 1995.

18   US Census Bureau 2010; Pew Forum on Religion and Public Life 2008, appendix 1, 78.

力量很大，且十分有利。他們真正的根本社會地位往往低於所得的外表，而就是這個根本社會地位預測了未來世代子女的所得。所以平均來說，黑人子女的所得比起猶太人子女，會呈現較大幅度的下降。

使用這個模型便無須動用種族歧視、社會網絡或族裔資本來解釋這種效應。但這個模型確實帶來一個問題，即為什麼猶太人和亞洲社群的根本社會能力，會高於黑人和拉丁人。

總結——單一公式的力量

姓氏證據顯示，所有社會流動性基本上可以歸結為一個簡單的定律：

$$x_{t+1} = bx_t + e_t$$

x 代表家庭的根本社會能力。持續率 b 總是高於主流估計，通常是 0.7-0.8。社會體制似乎沒有多大的影響力。

因此，社會流動性似乎有一個簡單的定律，而我們將在後面章節加以探索和測試。

先天與後天

前面幾章解釋為什麼社會流動性比傳統測量所知的低。但為什麼似乎每個不同社會制度的流動率都相同？我推測這是因為地位傳承的形式，與基因特性的遺傳相同。這不是說社會地位取決於基因，而是不管背後推動的力量是什麼，在此處進行的測試中與基本遺傳沒有二致。地位可能是、也可能不是由基因遺傳的，但就實務上而言，先天勝過後天。

社會地位傳承驅動機制的討論向來很少，經濟學中的基本方法是假設社會地位是透過三種管道傳遞：父母根本能力的基因傳遞、家庭文化特性的傳承，以及父母投資時間和資源在子女教養上（以經濟學的術語來說，是投資在「人力資本」〔human capital〕上）。

經濟學家假設因為能力較高的父母有較高的所得，他們可以透過教育為子女創造更多人力資本，取得更高的地位持續性，比光靠生物和文化關係更保險。圖 7.1 顯示經濟學家設想的傳遞路徑。[1]

1　這個方法最早在 1979 年和 1986 年由 Becker 與 Tomes 所制訂。Goldberger（1989）主張，Becker-Tomes 的經濟模型並未暗示與 Galton（1889）對所有人類特性迴歸至均數的簡單假設有任何不同。Mulligan（1999）嘗試尋找推翻 Galton 假設的遺傳特性，但沒有多少成果。

父母世代的家庭所得與下一代所得間，有一種獨立的因果關係。這種傳承的模式暗示了從各世代觀察得到的所得、財富和教育的相關性，大於根本能力相關性所預測的結果。這是因為教育和教養投資與根本能力有相關性。[2]

經濟學家的觀念似乎是直覺的想法，和許多其他人一樣。先天能力的差異，因個別家庭的所得和資源差異而擴大。

這種流動性機制觀念也暗示自由市場經濟中，結果的代際相關性比社會認為的高。天生能力相同的孩子無法獲得平等的人生機會。那些來自較高所得家庭的人結果較好。由天生能力略低的父母所生的小孩，長大後會貧窮得多，因為他們從父母獲得較少資源。假設高所得家庭在教育和培植的投資有用，國家應介入干預，對貧窮家庭補貼這類投資，提升機會的平等。

這個提議的機制進一步的意義是，一個家庭的意外獲利將提高下一代的社會地位。相反的，意外的損失會抑制下一代的地位。此外，政府提供的教育投資愈廣，社會流動性將更高。

不過，假設即使這個世代所得的一半變異，是直接由父母世代所得的變異、以及這些家庭所得變異對訓練和教育投資的影響所造成；換句話說，假設父母所得和子女能力在決定結果上一樣重要。那些條件決定了研究人員現在發現的跨世代地位測量相關性。所得等測量中的相關性經歷多世代應該會很快下降。[3] 要同時得到緩慢

2　蓋瑞·索倫（Gary Solon）最近建立了一個簡單的模型，解釋這些遺傳路徑的貢獻。假設一個常數變異數，並總結所得的代際相關性為 $b_y = \dfrac{(\gamma + \tau)}{(1 + \gamma\,\tau)}$，其中 τ 是父母－子女能力的相關性，獨立於教養投資之外；γ 代表在人力資本投資方面的所得彈性（elasticity）。如果此種投資對所得並無影響，那麼 $\gamma = 0$，父母不做投資；而從生物和文化的相關性來看，$b_y = \tau$。但如果 $\gamma > 0$，則 $b_y > \tau$，所以投資會增進子女所得（Solon 2013）。

3　例如，使用索倫 2013 年的模型，如果一個世代的所得相關性是 0.47，兩個世代將是 0.16，三個世代則是 0.06。表 6.3 顯示的英格蘭財富相關性，實際上是一個世代 0.43，三個世代 0.26。

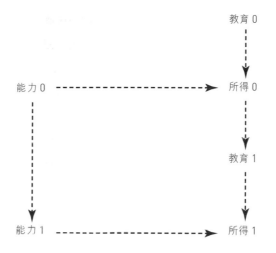

圖 7.1　經濟學家的代際所得關係概念，0 代表父母世代。

的長期流動性和快速的短期流動性，絕大多數結果必須歸因於根本能力。所得在製造結果上只扮演很微小的直接角色，如此才能解釋我們觀察到的緩慢長期流動性。

　　如果家庭的特性可以解釋觀察到的跨越達十個世代的地位傳承，它們勢必在代際之間有遠為持續的關係。持續的成分不可能是獲利、所得或財富，因為這些已經證明在個別家庭的世代間流動性極高。這並非暗示在子女身上的投資對下一代的結果沒有影響，只是影響很有限。

　　資源在父母與子女間轉移只能略微影響地位傳承，這個主張有許多方法可以測試。第　個方法是檢驗各個社會的父母投資子女影響結果的變異。當國家提供廣泛的教育給所有孩童時，父母的投資影響就變小，社會流動率應該會變高。

　　這個理論的另一層意義是，在其他條件不變下，有眾多小孩的菁英家庭應該會以更快速度迴歸至均數。由於家庭的資源有限，子女人數愈多的父母，提供給每個孩子的資源勢必較少。同樣的，較少子女的低地位家庭，應該更快往上迴歸至均數。

本章從兩個測試來考量父母資源只能影響一小部分的地位傳承。其他測試將在第 15 章討論。這些測試包括生物學以及養育在決定領養子女結果的相對角色，以及意外之財——靠運氣獲得的財富——對未來世代結果的影響。

對教育的公共支援

父母能為子女培養多少人力資本在每個社會應該不同。在一些社會裡，富裕的父母可以在提升子女的相對教育、所得和社會地位上，做得比其他社會多。在這種投資報酬率高的地方，富裕的父母會投資更多資源在子女上，地位的持續率將較高。如果社會環境限制這類家庭投資的利益，父母與子女的這類關係應該會較弱，地位只透過生物學和文化的管道傳遞。因此在大體上沒有公共教育的工業化前時代，我們會預期父母的投資如果較大，相對的持續性也較高。

在瑞典和英格蘭等現代社會，許多人力資源由公共資助。初級、中級甚至大學教育都免費提供，往往大學生的生活費都包含在內。

特別是瑞典提供大量的國家教育支援。從 6 歲到大學教育的學費全免，學校免費供應年齡較小的孩子用餐。接受大專教育的學生都可享受學生援助，包括援款和貸款，以資助長達五年的學習。瑞典國家高等教育署（Swedish National Agency for Higher Education）的說明是：「瑞典學生融資制度的設計，是為了讓所有人都能從高等教育獲益，不管社經背景如何……由於瑞典的高等教育機構免收學費……學生融資的目的在於支應生活開支和教材的成本。所有年齡54歲以下的人，都有權申請最多240週的學生融資。」學生融資包括援款和貸款。

16-20歲讀高中的學生，就符合申請學生生活支出援助的資格。至於較小的孩童，市政府負責以便宜的費用提供學前教育場所，包括提供餐食。在2009年，瑞典的學前學費支出最高為每月200美元，對大多數父母來說是很低廉的。

在像這樣的社會中，父母支出對子女的人力資本能有什麼貢獻？部分父母選擇讓子女就讀很注重課業成績的私立學校，例如國際英語學校（Internationella Engelska Skolan，IES）。但絕大多數這些私立學校是在1992年後才設立，政府開始支付與公立學校同樣的學費補貼給私立學校，條件是這些學校必須免學費讓學生入學，而且是根據先來先享受的原則。它們因此也被稱為「免費學校」，就讀的學生佔所有學生的十分之一。

那麼，一個很富裕的家庭，如何提供貧窮家庭無法提供的人力資本給子女？部分家庭可能僱用私人教師以補充公立學校教育的不足，但如果孩童就讀管理良好的學校，花在這上面的錢，效用就很小。因此，如果父母的人力資本投資是地位持續性的重要因素，瑞典就應該是持續率最低，或社會流動率最高的社會。

英格蘭對教育的公共支持不如瑞典，因此私人投資在增進子女的人力資本應該有較高的報酬率。從3歲到18歲就讀公立學校免學費。從1962-1998年，大學教育也免學費，低所得學生可以申請獎助金以彌補生活支出。[4]從1998年起，學生開始支付高等教育學費（近來許多大學把學費提高到每年9,000英鎊，相當於14,000美

4　舉例來說，我父母在我讀公立小學和中學的十三年間不花任何學費，他們也不必支付我在劍橋大學四年的學費或生活支出。在當年，這種豪華的教育還包括有一名僕人為你舖床和整理房間。

元），但他們可以貸款資助這些費用。學生也可以獲得獎助金和貸款來支應生活支出。

父母花錢供子女上私立學校在英格蘭比瑞典普遍：7% 的小學和中學生就讀這類學校，年齡 16 歲以上學生的比率更多達 18%。這類學校每年的學費從 4,000 美元到 48,000 萬美元不等，收費最高的是寄讀學校。

這類私立學校一般來說，課業成績遠高於公立學校，它們的畢業生進入牛津和劍橋的可能性是公立學校畢業生的三倍。所以英格蘭的父母把資源轉移到改善子女的人力資本，應該比瑞典的父母容易。[5] 但許多這類私立學校也提供眾多的獎學金，給通過它們入學考試的貧窮學生，所以這類投資的效益同樣也有限。

可以確定的是，從人力資本投資報酬率來看，今日英格蘭呈現的地位持續性，應該遠比 1870 年前的英格蘭低。在較早期的英格蘭，上學完全是私人事務，由父母支付求學費用或仰賴慈善學校。

比起英格蘭和瑞典，美國有更多孩童就讀私人出資成立的小學、中學和大學教育機構。從幼稚園到 12 年級，有 15% 的孩童在收費的私立學校就讀。在美國東北部等地區，這類學校可能很昂貴，只是白天上課的學校每年收費高達 45,000 美元。[6] 因此，一個孩子從小學到中學教育的支出可能輕易超過 60 萬美元。

在高等教育方面，美國同樣有較大的私人部門，有 27% 的學生就讀於私人學校。大多數州立大學也收學費。扣除優待和獎助金，

5　近日的證據顯示，就讀私立學校可讓具備特定能力的學生提升 A-level 考試成績，高過同樣能力的公立學校學生。不過，這個結論得自一個事實，即公共學校學生一旦進入大學後，表現優於有同樣 A-level 成績的私立學校學生。因此，私校學生獲得一些入學的優勢，但在學業成績上表現落居下風。

6　在 2013-14 年度，美國最貴的學校是新澤西州的勞倫斯威爾中學（Lawrenceville School），日間部學生的學費為 44,885 美元（"The 50 Most Expensive Private High Schools" 2013）。

1,900 萬名大學生 2009 年共支付 530 億美元學費。[7] 除此之外，他們在求學的同時還必須負擔生活成本。在美國，能否上較好的大學取決於父母財務資源的程度，大於瑞典和英格蘭。因此在美國社會，父母資源應該能發揮較大影響力，因而應是一個地位持續性較高的社會。

在現代瑞典、工業化前的瑞典、中世紀英格蘭、現代英格蘭以及美國，都呈現出類似的緩慢社會流動率的證據，因此與人力資本所解釋的代際流動性不一致。看來家庭的社會地位傳承，似乎與父母的資源無關。這提高了先天因素——而非後天教養——是跨越世代傳遞社會地位主要路徑的可能性。卡普蘭（Bryan Caplan）可能說對了：「雖然健康、聰明、快樂、成功、正直的父母傾向於有同樣優秀的子女，但其原因主要是先天，而非後天的。」[8]

人口分布與社會流動性

人力資本理論明確的預測之一是，在其他條件相同的情況下，父母有愈多子女，子女的結果就愈差。子女愈多，能用以提升每個子女人力資本的家庭資源就愈少。但長期來看，生育率與社會地位的相關性呈現很大的差異。有時兩者高度相關，但有時相關度極低。

目前在英格蘭、瑞典和美國這些高所得社會，此種相關性都相當弱，高地位父母生育的子女和低地位者一樣多，或只略少一些。但在其他歷史時期，社會地位與生育率有很強的負關聯性。例如英格蘭在 1890-1960 年間結婚的父母，高地位家庭的生育率遠低於低地位家庭。對照之下，在工業化前的世界，生育率通常

---

7   Geiger and Heller 2011, 3, 9.

8   Caplan 2011, 34.

與地位有很強的正關聯。在 1780 年以前的英格蘭，這種影響強到最富裕的父母生育的子女數，是平均家庭的兩倍。在這兩段時期之間，即 1780-1880 年間結婚的父母，生育率與社會地位並無關聯性。[9]

圖 7.2 顯示 1500-1780 年間首度結婚的男性存活的子女數，依照他們在死亡時的財富來分類。1780 年以前的英國，高地位者的婚姻平均有六次生產，其中有四個子女存活到成年。在較早的時期，最富裕的男性死亡時留下的子女超過四人；遺囑認證中最窮者（因為只有較富者才有遺產可供認證，所以他們位居整體地位分布的中間），留下的子女只有前者的一半。但對較晚期結婚的男性來說，生育率則與財富沒有相關性。

查爾斯·達爾文（Charles Darwin）的世系，是工業化前英格蘭中等和上層階級家庭有多少人口的最佳例證。他傳承一個成功而富裕的家族世系，曾祖父羅勃特·達爾文（Robert Darwin，1682-1754）生育 7 個子女，全都長大成人。他的祖父伊拉斯穆斯（Erasmus，1731-1802）生育 15 個子女（由兩位妻子和兩位情婦所生），其中 12 個存活到成人。他的父親羅勃特·渥林（Robert Waring，1766-1848）生育 6 個子女，全都長大成人。[10]

在所有孩子都必須私人提供教育、必須為女兒準備嫁妝，和過世時遺產必須分給子女的社會環境中，人力資源理論勢必預測，在那些年代英格蘭社會菁英未加節制的繁殖，將導致快速的向下社會流動。工業化前社會的較低階層，平均每個家庭只生育略多於 2 個存活的子女，這些家庭將可集中資源在照顧和教育後代，並看著他們快速爬上社會階梯。

對照之下，到了 1880 年的英格蘭，上層階級男性生育的子女

9　Cummins and Clark 2013.
10　Jenkins（2013）提供了達爾文家族的系譜資訊。

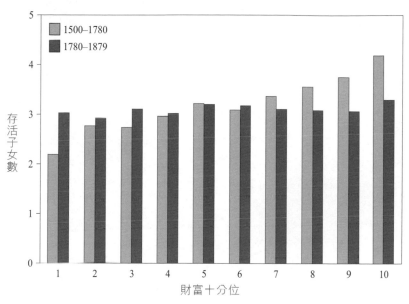

圖 7.2　每名父親的存活子女數（依死亡時的財富等級統計）

數，似乎遠比中等或更低階層的男性少。從 1880-1940 年，英格蘭最富裕的家庭子女數似乎漸漸凋零。根據第 5 章的罕見姓氏樣本，上層階級男性平均生育存活至成年的子女不到 2 人。不過，中等和底層社會男性平均生育 2.5-3 名存活到成年的子女，扭轉了 1780 年前觀察到的模式。圖 7.3 顯示，以二十年為期間估算的、兩組成年男性生育存活至成年的子女人數，包括罕見姓氏中的富人組，和較窮或相當於平均水準的群組。從 1800-1959 年，較富裕家族的生育率持續低於較貧窮的家族。

　　這種生育率與地位關係的大改變，也可用達爾文家族來當例證。查爾斯・達爾文（圖 7.4）1838 年結婚，有 10 名子女，但只有 7 名長大至成人。這 7 名子女只生育出 9 名孫兒女，平均每名子女生育 1.3 人（這數字在那個年代偏低，但個人的生育率有很大的隨

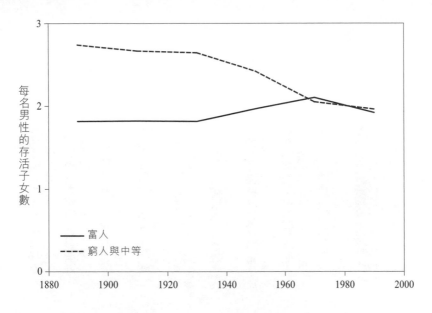

圖 7.3　富人與窮人 21 歲以上男性成人平均存活子女數

機性）。9 名孫兒女只生育出 20 名曾孫，即每名孫兒女生育 2.2 名曾孫，此數字仍低於同一時期的平均生育率。平均在 1918 年出生的曾孫輩，生育出 29 名玄孫，每名曾孫生育了 1.4 名玄孫。[11] 因此到最後大約出生於 1918 年的世代，這個仍然相當菁英的家族平均的規模，已下降至遠低於更替生育率。以遺傳的觀點，達爾文族系未能維繫其繁衍。

　　有趣的是，就社會流動率的觀點看，查爾斯·達爾文的 27 名玄孫（平均比他晚出生近一百五十年），其社會地位仍出乎意料地相當高。其中有 11 名高到足以登上維基百科（Wikipedia）或同樣知名的媒體，如《泰晤士報》（*Times*）訃聞版。他們包括六位大學教授、一位畫家、三位醫師、一位著名的自然資源保護主義者，和

11　Jenkins 2013.

圖 7.4 查爾斯・達爾文，1881 年。

一位電影導演（現在也是一位有機農人）。[12]

　　但我們看不出英格蘭的社會流動率隨著上層階級生育較少子女而降低。相反的，一如第 5 章顯示的，教育和財富的地位代際相關性仍維持不變。就其意義看，人力資本對社會流動性的影響一定很有限。家族地位的傳承，主要是透過基因或文化的傳遞，或兩者兼有。

12　同樣有趣的是，達爾文的第四代子孫包括艾德里安・梅納德・凱因斯（Adrian Maynard Keynes），和威廉・赫胥黎・達爾文（William Huxley Darwin），反映出約翰・梅納德・凱因斯（John Maynard Keynes）家族與達爾文家族的聯姻。這證明那個時代英格蘭知識菁英間的聯姻情況。

生物學與文化

如果先天在地位的傳承影響超過後天，那麼基因相對於文化對地位傳承影響又如何？此處提出的證據無法回答這個問題。我們最多能做到的是，提出一些測試以排除基因遺傳是高地位代際相關性的主要原因。這類測試很多，我們將在此處和後續章節加以討論。

第一，我們可以問，社會流動是否類似我們已知大體上是基因推動的程序，例如富裕社會裡身高的代際遺傳。也就是說，不管家庭在地位分布的位置如何，社會地位是否顯示出不變的迴歸至均數速度？或者在地位分布的一端或另一端的社會流動性較高？

若要說明身高等特徵的生物學遺傳性質（身高是許多不同基因共同作用的結果），我們可以考慮高爾頓（Francis Galton）著名的父母與子女身高相關性研究的資料。這個 1885 年在英格蘭皇室學院（Royal Society）發表的研究，提出了迴歸至均數的概念。圖 7.5 顯示高爾的 928 個觀察，按父母的平均身高分成七組（中間五組的差距為 1 吋）。[13] 同時顯示的是 928 個觀察的最佳線性擬合，其隱含持續為 0.64。在所有各組的父母身高分布中，觀察都落在擬合的直線附近。一個持續率就可預測接近平均身高者，以及最矮和最高者的代際身高流動性。

對照之下，看看財富的跨世代傳遞。波塞亞普（Simon Boserup）、柯普祖克（Wojceich Kopczuk）和克瑞納（Claus Kreiner），從丹麥的稅務記錄蒐集到一套有用的資料，讓他們得以比較 1,155,564 名子女與父母的財富。[14] 丹麥政府顯然對人民的財富保持著老大哥式的關注。這套資料唯一的缺點是，由於父母的財富來自 1997-1999 年間，而子女財富來自 2009-2011 年間，所以子

---

13   Hanley 2004.
14   Boserup, Kopczuk, and Kreiner 2013.

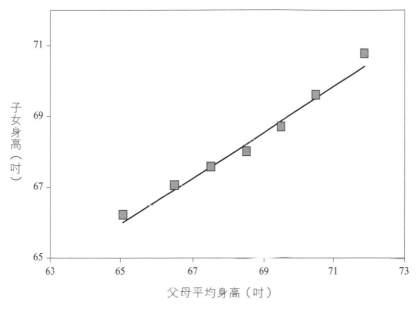

圖 7.5　高爾頓的生物性身高遺傳觀察

女財富觀察的人生周期比父母的早。但作者在比較時對財富的年齡組合做了控制。

丹麥財富資料的龐大數量，意味可以把父母分成百分位，並檢視 100 組父母的子女平均財富，再以百分位來測量子女的財富分布。除了父母財富的頂層和底層 3% 或 4% 外，整體圖像呈現出和身高遺傳相同的線性特性。0.20的持續率可以描述中間90% 分布的遺傳。

最大的偏差出現在父母財富的底層 4%，他們的子女比預期的富裕得多。但在丹麥底層分布的父母有負財富　　也就是債務。這顯示的不是長期、難以忍受的貧窮（畢竟沒有人會借錢給真正的貧民），而比較可能是為了創業或訓練而融資的負債。這並非財富分布真正的底層，所以可以解釋背離正常關係的原因。

父母財富分布頂層 3% 的子女，也顯示出較高的財富傳承。雖

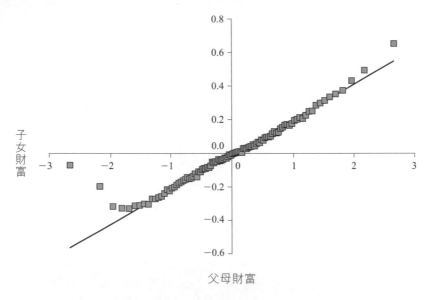

子女財富

父母財富

圖 7.6　1997-2012 年丹麥社會的財富傳承

然這個效應在統計上意義重大，但它只代表小幅的偏離單一實質持續率：頂層百分位的隱含持續率為 0.24，相對於其餘分布的 0.20。第二百分位的持續率為 0.23，第三百分位則為 0.22。

這顯示所有地位分布呈現相同的代際相關性，而在英格蘭也發現同樣的結果。對 1858-2012 年這段期間，我們可以藉由檢視牛津和劍橋學生的姓氏代表性來測量社會流動性，而這些姓氏通常代表教育分布的頂層 1%。我們也可以藉檢視遺囑認證來衡量社會流動性：這些認證遺囑的菁英通常占人口的 15%-45%，較接近地位的中值。從這兩個來源估計的流動率相同。

這個跨地位分布呈現相同持續率的通則，至少有一個例外。畢約克蘭德（Anders Bjorklund）和其他人發現，在瑞典跨一個世代的整體所得相關性為 0.25，但頂層 0.1% 所得分布的所得相關性卻高得多，達到 0.9。[15] 不過，他們的研究發現，其影響主要由極高所得父親的兒子擁有高財富所造成。教育取得、高認知能力或高非認知能力的頂層 0.1%，並未呈現不尋常的高傳承。因此跨地位分布一致的持續率這個通則雖然有例外，但例外只出現在極富裕者，且僅限於財富傳遞（未發生在其他地位指標）。

基因遺傳在根本社會地位傳承可能扮演重要角色的論證之一，是地位指標有迴歸至均數的傾向。不像其他過程，基因過程先天具有特徵會迴歸至均數的傾向。為什麼文化特質的傳遞也顯出如此一致的迴歸均數傾向？即使家族文化在世代之間傳遞出現若干誤差，只要正向誤差和負向誤差的可能性相當，結果將是菁英群體成果的擴散增加，而非一致地迴歸至社會均數。[16]

進一步說，如果代際相關性有重要的基因影響，同族通婚（在相同群體內）的群體將不會迴歸到社會地位均數。例如，假設我們下令美國每個身高超過 6 呎的人，即日起只能與這個群體裡的其他人或他們的後代通婚。第一代的子嗣將往均數迴歸，因為 6 呎以上俱樂部包括許多基因型身高低於表型身高的人。但經過第一代後，後代的身高將不再迴歸至均數。對這種基因特徵來說，同族通婚將確保持續性。如果遺傳對於傳承社會地位很重要，同族通婚將是社會流動率的重要控制項。

因為即使婚姻經過完美的分類，那些菁英群組中從一般人口挑選結婚伴侶的人，向下流動的速度會比從菁英中挑選伴侶者快。這是因為從一般人口挑選的伴侶，即使觀察到與菁英內部挑選的伴侶一致的特徵，平均而言其社會地位也會受較大的隨機成分影響，因為他們是從有較低平均根本地位的人口中挑出的。

15　Björklund, Roine, and Waldenström 2012.
16　這種誤差製造的回復（reversion）均數方式之一是，如果家庭能力向上提升，極端的誤差將帶來趨向均值的結果。

反過來，如果我們認為菁英家族的優勢是文化特徵，那麼同族通婚所導致的特徵傳遞，將不會比只憑觀察菁英特徵而與異族通婚更可靠。以下我們將說明，同族通婚與菁英族群未迴歸至均數或速度緩慢有關聯。

在異族通婚的不同社會制度中，社會流動率是否相同？同樣的，如果先天能力的基因傳遞是地位的關鍵驅動力，那我們應該預期社會流動率是不變的。

社會流動性的特性是馬可夫式的嗎？[17] 換句話說，所有可用來預測下一代地位的有用資訊都包含在父母世代，或者較早的世系對決定子女的結果也有影響嗎？如果遺傳基因是最重要的因素，這個過程勢必是馬可夫式的。

第 6 章從各世代牛津與劍橋學生獲得的重要證據，顯示菁英族群的歷史似乎不影響它後來的社會流動性。這些證據也說明，較早的世系即使在事實上是馬可夫式過程的架構中，看起來也似乎有關聯。這種過程一如此處所提流動性定律的說明，進一步暗示了長期來看任何族群的流動率勢必一致。如果較長的歷史不重要，所有世代看起來就會一樣。因此各世代的持續率勢必都會一致。所有這些特性，都可以在瑞典和英格蘭較長時期的流動性資料中觀察到。

最後，如果基因遺傳是社會和經濟成功的重要載具，那麼菁英和下層階級族群的形成，應該永遠是從廣大人口的上層或下層尾部揀選的結果。不可能出現全部人口透過意識形態或文化的轉變，而變成菁英或下層階級。如果基因是社會能力的重要傳遞者，菁英族群將只會從一個較大的人口揀選而形成。

在這些條件下，個別家庭變成菁英將是一連串隨機意外的結果。下面我們將測試這個預測是否可以從這種家庭數個世代的發展

17　技術上來說是一階馬可夫程序。

軌跡來證實。但如果世界的特性是持續地迴歸至均數，只有靠隨機震盪來維持地位離散（dispersion）的平衡，那麼大型社會群體為什麼先存在體制性高於或低於均數的情況？如果群體的差異是基因性而非文化性的，製造出這種差異的過程，將會是一個由頂層或底層地位分布的人揀選性加入社會群體的過程。同樣的，我們以下將檢驗此種過程運作的歷史證據。

PART 2

測試流動性定律

印度——種姓制度、同族通婚與流動性

就測試第 6 章和第 7 章所提社會流動性理論的兩個面向來說，印度是一個有趣的社會——社會制度對社會流動率幾乎無能為力，而流動率的主要控制項之一，是菁英與下層階層群體同族通婚的程度。本章估測殖民與現代印度不同原始地位的印度族群與穆斯林的社會流動率。這些社會流動率都很低——遠低於以傳統方法計算的印度流動率。部分測量方法發現社會流動性完全不存在。

正如簡單流動理論所預測的，宗教和種姓同族通婚與低社會流動率有關聯。因此只要宗教和種姓制度繼續在印度的婚配選擇扮演重要角色，社會流動率將長期維持低落。

一項被認為可提高印度社會流動性的因素是稱為保留制度（reservation system）的平權措施，把多達一半的公共部門職缺和教育機構名額保留給社會弱勢族群。本章也測量從 1947 年以來保留制度對社會流動率的影響，得到的結論是，其大規模的干預對整體社會流動率只有輕微影響。這是因為，雖然它小幅提高了印度教徒與基督教徒的向下流動性，但它的主要影響是創造了一個新菁英族群，由從來就不是極度弱勢的族群所組成。在實務上，這套制度大體上傷害了真正弱勢者的發展。

背景

印度在 1947 年獨立後進入新時代，但仍殘留印度教的種姓制度，而穆斯林社會也有類似制度。不同種姓的通婚甚至社交受到限制。這種排外的制度力量極其強大，使得不同種姓和次級種姓甚至在小地理區內，也形成明顯區隔的遺傳組合。[1]

傳統印度社會分成四個種姓，按由上而下的地位次序，分別為婆羅門（祭司）、剎帝利（統治者、管理者和士兵）、吠舍（農人、銀行家和商人）和首陀羅（勞工和僕役）。每個種姓都各有階級分明的次級種姓位階。在英國統治下，最低的社會族群被稱為最下層階級。這些族群包括賤民，被認為只要接觸就會污染較高的種姓；還有未融入印度和穆斯林社會的原住民族群。

在獨立後，基於社會行動的目的，這些不同的種姓和其他社會族群在印度法律下被歸類為先進種姓（forward castes）、表列種姓（scheduled castes，原本的賤民）、表列部落（scheduled tribes），和其他落後種姓（backward castes）。這次歸類是根據英國 1931 年的人口普查。雖然這次歸類廣泛地與社會地位相關聯（如圖 8.1 所示），但許多並非特別弱勢的群體卻被歸類為表列種姓或其他落後種姓。[2] 被法律定義為表列種姓族群的成員身分，現在一律從

1　這種說法產生一些爭論，但《自然》（Nature）期刊的一篇論文主張「印度族群間的對偶基因（allele）差異比歐洲的大，反映奠基者效應（founder effects）的印記因為同族通婚而維持了數千年」（Reich 等，2009）。對照之下，第 13 章說明英格蘭和愛爾蘭的次階級（subcastes），如旅人族（Traveller），其基因與一般人口無異。

2　表列種姓的名單最早在 1936 年由殖民政府公布。印度政府在 1953 年大體上沿用英國的分類，建立起目前的保留制度（Jadhav 2008）。

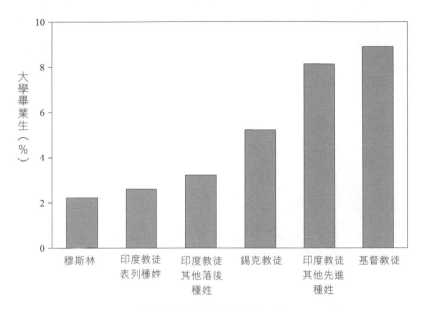

圖 8.1　印度各社會族群大學畢業生比率，2000 年

繼承而得，不受社會地位影響。但其他落後種姓族群，也就是在印度法律下被形容為「奶油層」（creamy layer）的較高社會地位者，卻被排除在福利外。因此這個族群必須取得一項「非奶油層」（noncreamy-layer）的地位證明，才能擁有福利資格。

圖 8.1 顯示 2000 年印度 23 歲的大學畢業生，按這些種姓和宗教分類的比率。數百年前決定的種姓根源，仍強力地預定目前的教育結果。

但有一項預期可提升流動性的因素是保留制度。從獨立以來，保留的名額和符合保留資格的族群數量不斷增加。多達半數的教育名額和政府職務現在被列為保留。[3] 如果種姓制度綁住許多現代化

3　印度最高法院判決，保留給弱勢族群的職位不得超過一半，但一些省份有更高的配額。例如塔米爾那都省（Tamil Nadu）保留了 69% 的職位。這些配額的合法性仍在爭訟中。

前的低社會地位人才，那麼現代的保留政策很可能快速提升社會流動性。由於圖 8.1 暗示持續的嚴重社會不公平，因此在印度的社會政策下，我們不確定應該期待今日的社會流動率會是高或低。

表 8.1 顯示 2012 年獲准攻讀全印醫學院（All India Institute of Medical Sciences）醫藥學士學位的各類申請類別錄取人數，以及他們在入學考試的排名。在 72 名獲准入學的考生中，只有半數完全根據入學考試分數而被錄取。考試的非保留類錄取學生的最低排名為 36，相較於保留類學生最低排名為 2,007。

表 8.1　新德里全印醫學院按保留制度分類的錄取名額，2012 年

類別	人數	入學考試排名
非保留	36	1–36
表列種姓	11	288–1,164
表列部落	5	177–2,007
肢體障礙者	1	1,201
其他落後種姓階級（非奶油層）	19	41–116
全部	72	1–2,007

對印度社會流動性的正式研究出奇的少，[4] 因此前言中提到兩項近期的國際社會流動性研究，一項針對所得、一項針對教育，並未包括印度。[5] 不過，近日有一項研究估計印度的代際所得相關性為 0.58，使印度成為全世界社會流動率最低的國家之一。[6]

不過，研究中估測的所得持續率 0.58，也並不比英格蘭（0.5）

4　龐大的農業人口使職業地位難以分類。根據職業的流動性研究因此難以詮釋，也難以與更開發的經濟體做比較。參考 Nijhawan 1969; Kumar, Heath, and Heath 2004; Hnatkovska, Lahiri, and Paul 2013。

5　Corak 2013; Hertz et al. 2007.

6　Hnatkovska, Lahiri, and Paul 2013.

或美國（0.47）高很多。在印度，歸因於繼承父母的下一代所得變異率仍然只有（0.58）[2]，或 0.34。這意味即使在印度，個人的所得地位並非主要來自繼承。因此根據主流估測，現代印度已變成一個快速社會流動的社會，只要三到四個世代就可能看見千年歷史不平等模式的所有痕跡被抹除。

1860-2011 年孟加拉的社會流動性

本章檢視孟加拉從 1860 年至今的社會流動性。在 1947 年印度分割時，這個地區被劃分為巴基斯坦的東孟加拉省（East Bengal，今為孟加拉國〔Bangladesh〕）和印度的西孟加拉省（West Bengal）。西孟加拉今日人口有 9,100 萬人，是印度較大的省份之一，其人均所得僅整體印度的約三分之一，因此也是印度最貧窮的地區之一。我們選擇此區是因為有西孟加拉省最大城市加爾各答（Calcutta）的選舉登記資料，可估計各姓氏的相對人口比率。而該市有多樣的種姓和宗教，足以代表整體印度，因此也可以預期對其他條件具有代表性。

對孟加拉的上層階級來說，家族姓氏可以追溯至 18 世紀英國人到來或更早。在 18 世紀末，向孟加拉東印度公司法院請願的人通常有姓氏，而這些姓氏在今日的孟加拉仍舊很常見：班納吉（Banarji）、巴蘇（Basu）、查塔吉（Chattarji）、達塔（Datta）、高希（Ghosh）、哈爾達（Haldar）、卡恩（Khan）、米特拉（Mitra）、參恩（Sen）。[7]

如果孟加拉有足夠的社會流動性，就算是高達 0.6 的持續率，

---

7 Government of Bengal, Political Department 1930.

那麼經過兩百年（七個世代）後，18世紀的高地位姓氏應該也會迴歸到在社會頂層或底層只有平均水準的代表性。但常見姓氏在現代孟加拉菁英的相對代表性差異極大。圖8.2顯示西孟加拉的醫師和法官中，六個姓氏群組的相對代表性。這些姓氏群組列在下面。由於它們的社會地位差異很大，我們可以和其他情況一樣，用來估計社會流動率。

在孟加拉的婆羅門中，最高的次種姓是庫林（Kulin），應該是在大約10世紀或11世紀從印度北部遷移至此。有七個姓氏與這個群組有關：班多帕德亞雅（Bandopadhyaya）／班納吉（Banerjee）、巴塔恰亞（Bhattacharya）／巴塔恰吉（Bhattacharjee）、恰克拉波提（Chakraborty）／恰克拉瓦提（Chakravarty）、恰多帕德亞雅（Chattopadhyaya）／恰特吉（Chatterjee）、甘哥帕德亞雅（Gangopadhyaya）／甘古利（Ganguly）、高斯瓦密（Goswami）／高薩因（Gosain），以及穆可帕德亞雅（Mukhopadhyaya）／穆克吉（Mukherjee）。[8]這些「庫林婆羅門群組」的姓氏列於圖8.2。

庫林婆羅門姓氏是現代孟加拉菁英的所有姓氏中，代表性最高的姓氏。近幾十年來，它們在醫師登錄中出現的頻率是一般人口的四倍多。這些姓氏對於任何認識在美國執業的印度醫師、教授或工程師的人，應該都很熟悉。

其他與高地位孟加拉婆羅門和卡亞斯塔（Kayastha）種姓有關的姓氏，代表性也都偏高，雖然比不上庫林婆羅門姓氏。這些姓氏包括巴蘇（Basu）／博斯（Bose）、達塔（Datta）／杜塔（Dutta）、高希（Ghosh）、昆杜（Kundu）、米特拉（Mitra）和參恩（Sen）或參古普塔（Sengupta），都是19世紀的高地位姓氏。這些來自「其他菁英印度教徒」群體的姓氏列於圖8.2。例如，巴蘇、高希和米

8　這些姓氏與庫林婆羅門次種姓的關聯，可藉由檢驗婚姻網站上自稱為庫林婆羅門的登錄姓氏來驗證。不過，其他婆羅門的次種姓也有這些姓氏。

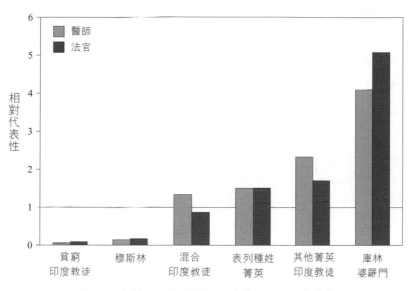

圖 8.2 各姓氏群組在醫師和法官間的相對代表性

特拉與庫林婆羅門次種姓有關聯，它們在現代化前的孟加拉，地位僅次於婆羅門。和所有婆羅門一樣，庫林代表一個優越的次種姓。

對照之下，穆斯林人口的姓氏在醫師和法官中代表性都極低。穆斯林在獨立前占孟加拉人口的一大部分，到現代的西孟加拉省仍保持如此。由於穆斯林和印度教徒姓氏差別很大，1860-2011 年期間在孟加拉穆斯林醫師的比率很容易估算。

此處涵蓋的一些印度姓氏代表性也很低，因為它們在獨立前沒有，或只有極少醫師。這些姓氏主要是蕭（Shaw）／修（Show），占加爾各答（Kolkata）投票登記男性的 3.7%。其他姓氏還有勞斯（Rauth）／羅斯（Routh）、巴斯旺（Paswan）、達努克（Dhanuk）、巴爾米基（Balmiki）、馬哈塔（Mahata）／馬哈圖（Mahato）。這些姓氏總共佔西孟加拉人口的7%。構成圖8.2裡的「貧窮印度教徒」姓氏群組。

另外兩個中間社會地位的姓氏群組也在追蹤之列，第一個是與表列種姓（有資格申請保留職位）有關的姓氏，取自西孟加拉當地大學入學名單，和錄取加爾各答警察工作的候選人。這些姓氏是巴曼（Barman）／波曼（Burman）、畢斯瓦斯（Biswas）、哈爾達（Haldar）／哈爾德（Halder）、曼達爾（Mandal）／孟達爾（Mondal）和納斯卡（Naskar）

第二個中間群組是「混合印度教徒」姓氏。所謂混合指的是它們經常出現在一般大學入學和錄用警察的名單中，但在表列種姓名單中也有相當多的數量。這些姓氏包括達斯（Das）／達斯古普塔（Dasgupta）、穆姜達（Majumdar）、雷伊（Ray）／羅伊（Roy）、薩哈（Saha）和薩卡（Sarkar）。

圖8.3總結這些姓氏在五個世代醫師間的相對代表性。1910-2011年期間的醫師資訊來自印度醫師登錄，其中包括1915年後孟加拉登錄的醫師。在1910年以前，姓氏出現在醫師間的頻率是根據1903年孟加拉省的醫師登錄名冊，和在比哈爾（Bihar）與奧里薩（Orissa）登錄的醫師，以及在孟加拉接受訓練、並於1930年在緬甸登錄的醫師。這份名單包括1904-1909年間首次登錄的醫師。

就穆斯林人口來說，相對代表性是以與整體人口的比較來呈現，且一直都很低。穆斯林占醫師的比率，相較於他們占人口的比率一向很小。孟加拉1947年分割成印度教徒占大多數的西孟加拉，和主要為穆斯林的東孟加拉，因而大幅減少西孟加拉的穆斯林人數。包含很少數醫師的大部分穆斯林人口遷出後，造成1947年後所有印度教徒姓氏群組在醫師中的相對代表性下降。隨著他們的人口比率顯著提高，他們占醫師的比率也小幅上升。由於這個由政治

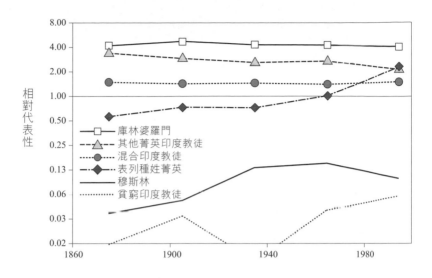

圖 8.3　1860-2011 年各姓氏群組社會流動性概要

導致的相對代表性下降，給人虛假的社會流動印象，所以此處所列
其他群組的相對代表性，都只以非穆斯林人口來計算。

　　根據這個標準，孟加拉的印度教徒姓氏自 1860 年以來的社會
流動極低。婆羅門的姓氏群組 1980-2011 年在非穆斯林人口中偏高
的地位代表性，與 1860-1889 年間幾乎完全一樣。其他菁英印度教
徒姓氏的地位呈緩慢的下降速度，但屬於中等菁英的混合印度教徒
姓氏，其相對代表性沒有改變。而最有潛力迴歸至均數的 19 世紀
貧窮印度教徒姓氏，相對代表性也改變不大。地位有顯著改變的唯
一群組，是與大學和警察保留名額的表列種姓有關的姓氏群組。以
今日在醫師中的相對代表性來測量，這個群組已從 1860 年非穆斯
林人口中略微弱勢的族群，變成最菁英的姓氏群組之一。

　　表 8.2 總結了與這些群組有關的持續率。表中的數值顯示這些
群組的地位往人口均數移動的速率。在各世代地位變異維持穩定的

表 8.2　各群組在各期間的代際持續率（b）

姓氏群組	2010 年人口比率（20-29 歲）	持續率			
		1860–1947 全部	1950–2009 全部	1860–1947 非穆斯林	1950–2009 非穆斯林
穆斯林	31.1	0.91	1.20	—	—
庫林婆羅門	3.4	1.05	1.05	1.03	0.97
其他菁英印度教徒	5.0	0.87	0.85	0.86	0.85
最貧窮印度教徒（1947 年之前）	7.0	1.01	0.85	1.02	0.83
表列種姓菁英	3.8	—	—	0.84	—
混合印度教徒	11.8	1.10	1.70	—	—
全部平均		0.99	1.13	0.91	0.88

情況下，它們也代表地位的代際相關性，此時它們的數值將介於 0 和 1 間。不過持續性參數往往大於 1，代表這些群組有些背離均數而非趨向均數。表列種姓姓氏的持續率，在 1950-2011 年甚至無法計算，因為它跨越均數，從低於平均的地位移到超越平均的地位。

穆斯林人口

人口普查報告提供了孟加拉和西孟加拉從 1871 年後，每個十年的穆斯林人口比率，因此可以正確測量從 1860 年後在孟加拉醫師間的相對代表性。值得注意的特點之一是，各段期間穆斯林在醫師間的代表性都很低。在英國統治下，穆斯林呈現很小的向上流動性。地位的隱含持續性很高，估計的代際相關性為 0.91。

但從 1970 年代直到最近，西孟加拉的穆斯林社群在醫師間的代表性持續下滑，未出現迴歸至均數的現象。的確，從 1947 年獨立後開始執業的世代算起，隱含持續性係數為 1.2，顯示穆斯林社群進一步背離均數。

孟加拉為弱勢種姓和部落保留教育名額和就業機會的制度，明確排除了穆斯林和基督徒——只有印度教徒、錫克教徒和佛教徒有資格。西孟加拉和其他印度省份不同，還沒有為「其他落後階級」實施保留教育名額的做法，這類把穆斯林涵蓋在內的措施要到 2014 年才會實施。[9]

因此自從獨立後，穆斯林在進入孟加拉的醫師這行業上，比印度教徒、錫克教徒和佛教徒人口弱勢。他們可以在平等條件下競爭醫學院的非保留名額，但保留制度提供給其他弱勢族群的優勢，無異於懲罰穆斯林。這種情況有助於解釋近幾個世代穆斯林社群出乎意料的負隱含社會流動性。但下面將討論即使去除保留制度的不利效應，穆斯林社群的向上流動性還是很低。

有可能因為穆斯林醫師人數很少，所以這個職業無法提供測量整體穆斯林社會流動率的標準。但穆斯林在其他較不菁英的職業，也有類似代表性低落的情況。例如圖 8.4 顯示穆斯林 2009 年在加爾各答警察機構小隊長和副小隊長職位的相對代表性，並比較他們在 2000-2011 年期間擔任醫師的相對代表性。這些低階警察是許多人稱羨的職位，只要高中學歷就能擔任。穆斯林在較高階的警察職位如督察上，也呈現類似的代表性不足。因此醫師職業代表了更普遍的模式。

---

9 2013 年通過一項法律，保留了國立大學 17% 的名額給其他落後階級。

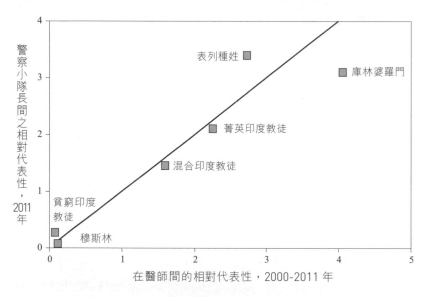

圖 8.4　姓氏群組在醫師和警察小隊長間的相對代表性

婆羅門人口

　　七個庫林婆羅門姓氏一直在孟加拉的醫師間有著高代表性。自獨立以來，他們平均占醫師的比率逾 16%。1860-2011 年的婆羅門姓氏人口比率估計，顯示在〈圖表資料來源〉圖 8.3 的註解中。圖 8.5 則顯示，庫林婆羅門姓氏在英國統治下的孟加拉，和獨立後的西孟加拉省醫師間的隱含相對代表性。

　　相對代表性從 1860-1889 年間的平均 5.8 倍，滑落到 1980-2011 年間的 4.2 倍。這個結果暗示極低的社會流動率。但晚近庫林婆羅門在醫師間的高代表性，仍低於阿什肯納茲猶太人在美國醫師間的代表性，後者的相對代表性為 5.6。因此庫林婆羅門的後代雖然是菁英，但他們在孟加拉的尊貴程度仍低於美國的阿什肯納茲猶太

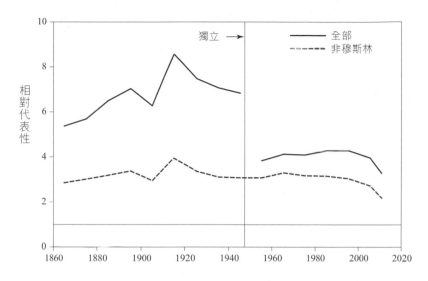

圖 8.5　1860-2011 年庫林婆羅門在全部孟加拉醫師和非穆斯林孟加拉醫師間的相對代表性

人。仍有不少較窮困的婆羅門。[10]

　　不過，如圖所示，庫林婆羅門相對地位明顯滑落主要歸因於1947 年獨立後孟加拉的分割，以及失去一大部分低地位的穆斯林人口。獨立後，這些姓氏在醫師間的代表性呈微幅迴歸均數跡象。一直到 2000 年後，婆羅門過高的代表性才出現滑落，並且這可能只是暫時的。在殖民時期，庫林婆羅門的相對代表性持續上升，雖然那主要是因為貧窮穆斯林人口的相對成長。

　　只看婆羅門醫師在非穆斯林人口間的代表性（如圖 8.5 中虛線所示），婆羅門的相對代表性在兩段時期都顯示微小的迴歸至均數。即使是獨立後這段期間，持續係數仍達 0.97。出乎意料的，把 28%醫學院名額保留給表列種姓和部落的孟加拉保留制度，只製造出庫

10　近來新聞媒體報導較低階婆羅門的困境，他們在競逐大學名額和政府職位上處於劣勢。

林婆羅門群組從殖民時代以來很小的向下流動性。

但保留制度確實大幅增加了表列種姓相關姓氏群組的代表性，那麼，如果不實施這套制度，婆羅門姓氏的向下流動率會是何種情況？我們假設這套制度導致婆羅門社群損失 28% 就讀醫學院的名額，並據此對資料進行調整。1980-2011 年最末期，該群組在非穆斯林人口間的相對代表性將升高到 4.1，高於獨立前的比率。[11] 這意味著如果沒有保留制度，婆羅門社群在孟加拉從 19 世紀中葉到現在將不會有向下流動性。印度將是一個某些社會族群沒有流動性的社會。

其他菁英印度教徒姓氏

我們取樣的高地位相關姓氏群組，顯示在 1860-1889 年孟加拉醫師間的過高代表性達到近五倍。殖民時期的隱含地位代際相關性，依照以整體人口計算、或只以非穆斯林人口計算而略有差異。但如表 8.2 所示，跨越殖民和獨立時代的相關性達到約 0.86，也是很高的數值（雖然低於婆羅門姓氏群組）。這個群組的社會地位略低於庫林婆羅門，他們似乎面對更激烈地爭取非保留大學名額的競爭。但同樣的，此姓氏群組的隱含向下社會流動性仍然很低，他們占醫師的比率似乎並沒有因為受保留制度影響而下降。和庫林婆羅門姓氏相同，假設沒有保留制度，這些姓氏 1980-2011 年在非穆斯林人口的相對代表性將是 2.2，僅略低於此群組在 1860-1889 年英國統治期間的 2.4。此一群組從 1860-2011 年的根本社會流動率，與 0.95

11　表列種姓和部落的候選人如果在錄取考試的分數夠高，將分配到非保留名額。因此，保留制度因為保留了特定比率的名額，而減少了較高種姓候選人可得的名額數量。

或更高的代際相關性一致。這種根本流動率一樣相當低。

最貧窮的印度教徒群組

儘管設置了保留制度，與殖民時代最貧窮印度教徒族群有關的姓氏，到了今日在醫師間仍很罕見。在非穆斯林人口中，他們出現於醫師間的預期比率為 4%。他們在低地位職業，如加爾各答警察小隊長與副小隊長間，代表性也很低（見圖 8.4）。

如表 8.2 所示，英國統治期間此群組的隱含持續率為 1.01，表示沒有向上流動性。獨立後，估計的持續率降至 0.83-0.85，視參考組而不同。但這個姓氏群組在醫師間的代表性如此低，使測得的流動率改變可能是隨機的結果。

這個姓氏群組的地位雖然有很大提升空間，但從保留制度獲得的利益卻很小。部分這些姓氏如達努克（Dhanuk）雖屬於貧窮族群，卻不符合表列種姓資格，因為英國在 1931 年未將它列入表中。雖然有一些蕭／修氏被列入表列種姓，但許多人顯然未被列入。因此加爾各答警方招募近 500 名職階為小隊長或副小隊長的名單中，4 名蕭氏都列入「一般」類，即非保留類。在 2010-2011 年醫學院入學名單中，3 名蕭氏也被歸於一般類。

表列種姓的菁英姓氏群組

前述所列之表列種姓姓氏的特殊之處是，雖然他們明顯被列入表列種姓名單中，但在獨立前孟加拉的醫師間就已有凸顯的地位。

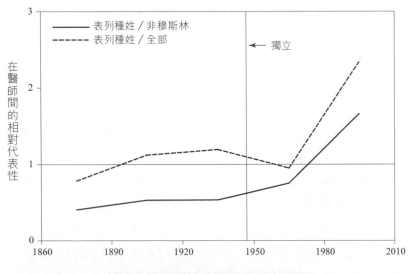

圖 8.6　表列種姓姓氏群組的奇特歷史

如圖 8.6 所示，這些姓氏在獨立前最後一個世代的醫師間的比率、比較其所占人口比率，就已達到充分的代表性。若只看這些姓氏在非穆斯林人口的比率，他們在 1860-1889 年間至少已超過一半的預期代表性，且正朝向等比例的代表性趨近，其持續率為 0.84。

這個姓氏群組在保留制度下的成功，已使它們在醫師和警察招募人員兩方面，都和較高種姓印度姓氏一樣有過高的代表性（見圖 8.2）。由於他們在獨立後第一個世代是從略低於平均代表性開始，所以此群組未呈現隱含的迴歸至均數。他們與第 6 章所提的，預測所有群組都會迴歸至均數的社會流動性定律背道而馳。

這些姓氏晚近在醫師間的高代表性（甚至只看非穆斯林人口），似乎是保留制度所導致。近日一份西孟加拉醫學院入學名單，記錄了部分學生的保留制度類別，這些姓氏占名單中 141 個錄取名額，其相對比率是非穆斯林社群的兩倍。此群組的錄取者只有 30% 屬於非保留名額,其餘的則以表列種姓的身分而獲得名額。[12] 假設沒有保留名額,這個群組只有 58 個人會出現在名單上,而群組的相對代表性將只有 0.84、而非 2.04。[13]

這些結果似乎完全由英國人所訂的原始表列種姓和表列部落名單所決定,該名單甚至把一些小康的族群列為「賤民」,並為他們保留名額。被錯誤歸類的族群因此從保留制度獲得不成比例的優勢。[14]

混合印度教徒姓氏群組

混合印度姓氏群組包括在殖民時代原本屬於菁英、且未呈現迴歸至均數的姓氏。獨立之後,這些姓氏傾向於背離均數,變得比一般人口更加菁英。但只計算非穆斯林人口時,這些姓氏在殖民時代和獨立後的醫師間,呈現出接近平均值的代表性。由於他們已經位於平均值,所以無法為他們估算迴歸至均數的速度。

這個姓氏群組因為保留制度而同時受益和受害。未被劃歸為表列種姓的成員進入大學的機率較低,但被歸入表列種姓的成員則獲得相當的優勢。觀察兩家醫學院公布依照保留制度分類的錄取名單,此姓氏群組有 58% 被錄取者屬於未保留名額。假設沒有保留名額,這個姓氏群組比較其他非穆斯林姓氏的相對代表性,將從略高於 1 下降到 0.8。

12　班庫拉醫學院(Bankura Medical College)2012 年度入學,與卡爾醫學院(Kar Medical College)2010 年度入學的錄取名單上,顯示候選人的保留制度狀態,總共 395 名學生。

13　此處假設如果沒有保留制度,這個姓氏群組在未保留類別的錄取率將維持和現在一樣。

14　蘇珊·貝利(Susan Bayly)指出,英國 1931 年的種姓認定十分廣泛,包括許多未蒙受社會障礙的族群(Bayly 1999, 277)。

沒有保留制度的社會流動率

圖 8.3 和表 8.2 所呈現的怪異聚合與背離模式，似乎是大學入學保留制度的人為結果。表 8.3 顯示這六個姓氏群組，在 2000-2011 年間孟加拉初次登錄醫師間的相對代表性。使用前述大學例子所報告的入學名額之保留制度記錄，我們得以估計各姓氏群組在醫學院保留名額錄取的比率。由於這個樣本很小，所以最貧窮印度姓氏群組測得的只有四個人。

有了這些資訊，我們就能估計如果所有錄取都透過公開競爭，2000-2011 年間各姓氏群組的代表性會是如何。表中的第四欄顯示此種情況下的隱含相對代表性。圖 8.7 顯示，在沒有保留制度的假設下，各群組在 1920-2011 年的估計相對代表性。[15]

從這個非事實的相對代表性估計，進一步估計出 1920-1947 年和 2000-2011 年（七十年後或 2.33 個世代後）的隱含代際持續係數。

表 8.3　2000-2011 年孟加拉醫學院錄取名單在有／無保留制度下的隱含地位持續率

姓氏群組	相對代表性 2000-2011 年	有保留制度 錄取比率 2010-2012 年	無保留制度 相對代表性 2000-2011 年	無保留制度 隱含代際相關性 1935-2005 年
庫林婆羅門	3.96	0	5.49	1.08
其他菁英印度教徒	2.25	3	3.02	1.07
混合印度教徒	1.70	45	1.30	0.87
表列種姓	2.90	70	1.20	—
貧窮印度教徒	0.10	25	0.10	0.77
穆斯林	0.12	0	0.17	0.96

15　1920-1947 年間各姓氏相對持續率的計算，是基於當時穆斯林人口所佔比率和 1980-2011 年期間相同的（非事實）假設。只要把穆斯林人口比率改變對測量社會流動率的影響排除在外，就能做這項計算。

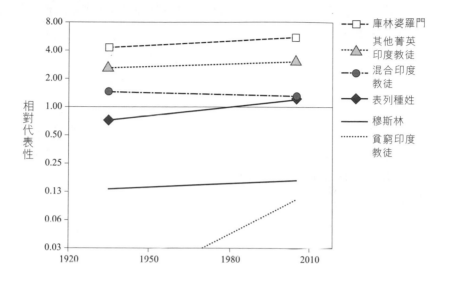

圖 8.7　1920-2011 年無保留制度下各姓氏族群的社會流動率

這些估計顯示在表中最右欄。

　　這些計算暗示，如果沒有保留制度，對庫林婆羅門、其他高地位印度人和穆斯林來說，都只有些微或無迴歸均數。混合印度教徒和最貧窮印度教徒的姓氏群組，將以緩慢速度迴歸均數。但對最貧窮的印度姓氏群組來說，觀察到的醫師人數如此低，以致於這個結果可能是假性的。

　　表列種姓姓氏群組迄今在醫師間，仍顯出從代表不足到過度代表的怪異轉變。但此處對控制保留制度的嘗試只是局部性的：此處並未控制保留制度對前一世代的影響，而這種影響可能已經製造出更多中產階級家庭，其子女較有能力競逐非保留名額。

　　保留制度在 1950-1999 年間的影響無法精確推估，平均而言，該制度可能降低原本高地位群組的持續率，但對為數眾多且持續增加的低地位穆斯林和符合表列種姓地位的貧窮印度人，也產生提高持續率的效應。

我們也不清楚這個制度對於提升緩慢的整體社會流動率有多少效果。從姓氏分布的證據看來，孟加拉非屬保留類別的三分之二人口，在過去兩個世代的相對社會地位似乎變化很小。在保留類別的族群中，有少數幾個族群似乎已獲得不成比例的利益，其餘群組似乎未見明顯受益。因此短期雖有保留制度挹注的代際流動性，但從姓氏群組分析得到的印象是整體社會流動率幾近零。印度似乎是一個獨特的不流動社會。

同族通婚能否解釋低流動率？

上述估計的孟加拉社會流動率是我們觀察中最低的，比工業化前的英格蘭、瑞典或中國還低。它們低於高度不公平的當代社會如智利，當然也低於現代的美國、英格蘭、瑞典、中國、台灣、日本和韓國。什麼原因導致印度不同於這些社會？這個發現是否暗示沒有世界一致的社會流動性？

如第 7 章中的論述，此處偏好的假設是，孟加拉低社會流動率的原因在於，孟加拉傳統菁英與下層階級間獨特的低通婚率。第 7 章主張社會流動性的重要來源之一，是家庭當時的社會與經濟地位所驅動的婚配揀選。在這種揀選下，有高根本社會地位者往往與低根本地位者結婚，而他們的子女因此迴歸至均數。但如果高平均地位的群組只與相同群體裡的人結婚，那麼儘管群體內仍有社會流動性，該群體的平均地位將不會迴歸至均數。如果印度人有符合此種模式的婚配選擇，並設置僵化的障礙來阻止跨越宗教和種姓界線的婚配，那麼宗教和種姓群體將無法迴歸均數。

如果婚姻是同族通婚，那就沒有機制可以去除不同種姓或宗教群體平均能力的基本差異，因此將呈現很少或沒有社會流動性。

雖然宗教和種姓在印度歷史和政治上有其重要性，卻只有少得出奇的研究曾探討印度整體，或特別針對孟加拉不同社會群體間的通婚。直到 1960 年代，種姓同族通婚仍是孟加拉人多數婚姻的通則，正如一項在 1960 年代末針對孟加拉一個中型小鎮所做的深入研究所示。[16] 另一項研究則探究 1982-1995 年間卡納塔克省（Karnataka）和北方省（Uttar Pradesh）的農村婚姻，發現研究中的 905 樁婚姻中，沒有一對夫妻屬於不同的種姓地位。[17] 在 1951-1975 年間，海德拉巴（Hyderabad）的卡亞斯塔人（Kayasthas）中，只有 5% 的婚姻跨越不同的種姓。[18] 有關 1970 年代和 1980 年代（亦即產生最晚近一輩醫師的時期）孟加拉同族婚配比率的資訊，仍付諸闕如。

同族通婚比率的資料來源之一，是 2010 年加爾各達的選民登記名冊，上面記載所有選民的姓氏、名字和年齡。許多名字相當程度專屬於印度教、穆斯林和基督教／猶太教社群。表 8.4 顯示各宗教族群最常見的 10 個女性名字。從另一個族群嫁入這些族群的女性，幾乎總是與出生就屬於這些族群的女性不同。此外，如果與某個族群有關的家庭姓氏被另一個族群同化，那麼基於異族通婚和採用妻方文化某些成分的結果，子女通常也會有不同的名字。

如表 8.5 所示，庫林婆羅門姓氏族群而有非印度教名字的女性比率極小。因為穆斯林占加爾各答人口近四分之一，這暗示庫林婆羅門男性與來自穆斯林族群女性的異族通婚比率極低，大約只有

16　Corwin 1977.

17　Dalmia and Lawrence 2001.

18　Leonard and Weller 1980, tables 1–3.

表 8.4 加爾各答各宗教群體大多數一般女性的名字（first name），2009 年

庫林婆羅門	其他高地位 種姓印度教徒	穆斯林	基督教徒／ 猶太人
Krishna	Geeta/Gita	Salma	Mary
Soma	Krishna	Yasmin	Elizabeth
Geeta/Gita	Soma	Shabana	Maria
Arati	Arati	Asma	Margaret
Swapna	Meera/Mira	Sultana	Helen(a)
Meera/Mira	Namita	Anwari	Agnes
Kalpana	Kalpana	Shabnam	Veronica
Ratna	Anjali	Afsana	Rosemary
Sumita	Swapna	Shahnaz	Dorothy
Anjali	Pratima	Farzana	Teresa

0.1%。其他高階種姓印度教姓氏也有類似的結果。

較多擁有穆斯林姓氏的女性有印度教名字：0.9%。但即使幾乎沒有任何穆斯林女性嫁入高階種姓印度教族群，如果這些發現可當作通婚的指標，她們可能多半嫁入低階種姓的印度教夫家。

基督教徒和高階種姓印度教間的異族通婚似乎較常見。基督教徒姓氏佔加爾各答所有姓氏極小比率，約0.3%，且主要是葡萄牙裔。在基督教人口如此少的情況下，雖然只有很小比率的高種姓印度教姓氏有基督教名字的女性，仍然暗示了高程度的異族通婚。

這些基督教徒女性名字的另一個解釋可能是，高階種姓印度教女性在出生後被取了基督教名字。但基督教徒與印度教徒間大量異族通婚的可能性，獲得一項事實的支持，即有略高於30%有基督教姓氏的女性有印度教名字。此外，近12%有基督教姓氏的女性，有結合基督教名與印度教名的名字。

表 8.5　各姓氏群組的女性名字（first name）來源

類別	在姓氏群組中的比率（%）			
	庫林婆羅門	其他高地位 種姓印度教徒	穆斯林	基督教徒
印度教	99.6	99.3	0.9	30.2
穆斯林	0.1	0.1	98.9	0.4
基督教 ˊ	0.3	0.6	0.2	57.4
印度教與基督教	0.0	0.0	0.0	11.9

　　名字與姓氏的證據暗示，大體上貧窮的穆斯林社群與印度教或基督教族群，都幾乎未有異族通婚。在印度教族群裡，名字證據不足以判斷不同種姓間同族通婚的比率，因為許多女性名字同樣常見於高或低階種姓族群。

　　少數幾個例外之一是曼妮（Munni）這個名字，出現在 0.007%的高階種姓姓氏女性，但在其他印度姓氏群組出現的比率為 0.2%。如果曼妮依比率分布在其餘印度教人口，那麼要保持這個不一致的比率，將需要低於 4% 擁有菁英姓氏的男性娶來自一般人口的女性為妻。這將顯示在菁英人口間有高水準的同族通婚。

　　不過，曼妮這名字在群組中富人出現的頻率卻呈現反比例。在貧窮的印度姓氏群組，曼妮出現的比率為 0.9%。因此，有菁英姓氏的女性很少有曼妮這個名字，可能不是反映這些種姓族群的同族通婚，只是高種姓姓氏男性和低地位女性很少通婚。這類婚配揀選將和在美國、英格蘭和瑞典等社會觀察到的情況一樣，因此不足以解釋印度的低社會流動率。

　　另一個同族通婚長期存在的證據來源是，網站刊登的孟加拉徵婚廣告。我們在其中一個這類網站記錄 200 名經辨識為庫林婆羅門女性的特性。83% 註明她們正在尋找婆羅門丈夫，2% 註明尋找婆羅門或其他高階種姓，只有 15% 註明種姓地位並非潛在婚配的障礙。[19] 但這 15% 中，有 8% 在表格上登錄她們的偏好為「婆羅門、不限種姓」。因此有整整 93% 的登錄者表示自己偏好婆羅門配偶。而會在網站登錄的女性，推想應該傾向是婆羅門社群中最不傳統的家庭。

如果印度的種姓和宗教的同族通婚可以解釋姓氏群組的低平均社會流動性，我們應該會在這些群組內發現較高的社會流動性。例如，同樣擁有班納吉（Banerjee）姓氏之家庭的流動率，將會與任何其他社會一樣。只是班納吉的平均地位不會向蕭氏的平均地位匯聚。我們應該也會發現，長期下來，所有主要庫林婆羅門姓氏將有相同的平均社會地位。這個假設獲得這些姓氏在醫師間出現比率的支持。

此想法暗示，印度姓氏群組的社會流動性估測，正確地計算出族群層次的持續率，但高估了家庭層次的持續率。雖然婆羅門可能幾千年來保持在社會位階的頂層，但婆羅門種姓內的個別家族世系應該呈現出菁英和下層家庭三百到五百年正常的緩慢輪轉。

保留制度的受益者

我們在上面說明了保留制度在錄取大學和政府職位上，對某些家庭助益很大。一些與表列種姓有關的姓氏，例如曼達爾／孟達爾，

19　孟加拉婚姻網站（Bengali Matrimony），日期不明。

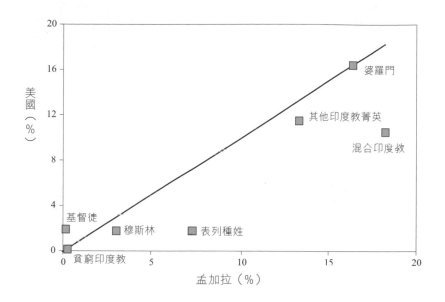

圖 8.8　姓氏群組在孟加拉醫師間所占比率，比較在美國所占比率

　　根據許多標準現在似乎屬於孟加拉的社會菁英。如果保留制度現在就取消，這些姓氏的地位長期下來將如何？他們會不會降回 1947 年的社會地位？如果不會，我們能否下結論說，平權政策能對社會族群的結果造成永久性的改變？而如果平權政策帶來這些效應，這是否證明生物學並非決定下一代社會地位的主要因素？

　　既有的資訊無法回答這些問題。但有一項資訊顯示，印度保留制度對其受益者的整體社會地位，可能不像孟加拉的醫師和大學錄取名額所呈現的那般大。圖 8.8 的橫軸顯示前述六個姓氏群組加上基督教姓氏群組，在 1950-2011 年間登錄孟加拉醫師的比率。大量從孟加拉醫學院畢業的醫師最後移民到美國工作。美國醫學會 2012 年的名錄顯示多達 1,168 名。圖的直軸顯示，這些在美國工作的孟加拉醫師來自六個姓氏群組的比率。

對某些姓氏群組如庫林婆羅門來說，在孟加拉就業的醫師比率和在美國一樣高。其他群組如基督教徒，在美國就業的比率高得多。值得注意的是，透過保留名額進醫學院之比率高達 70% 的群組，他們在美國就業的代表性相當低。他們在美國的代表性，只有在孟加拉的四分之一。混合印度教姓氏群組估計有 45% 因保留名額而入學，他們在美國的代表性比之他們在孟加拉的預期代表性，低約 40%。

這些發現可能有許多解釋，但其中一種可能性是，透過保留制度進入印度醫學院的醫師，發現難以符合在美國執業的條件——通過美國醫藥執照考試，和完成所需的實習醫師資歷。雖然保留制度改變這些個人的社會地位，對於改變這些家庭的根本社會能力卻幫助不大。如果結束保留制度，這些群組測得的社會地位很快也會大幅滑落。但另一個可能性是，從保留制度獲益的群組擁有的資源較少，不足以供應遷徙到美國與在那裡執業所需。但觀察到的模式，並未見與生物學解釋明顯矛盾的證據。

結論

從高地位職業如醫師或法官的姓氏出現頻率測量的印度長期社會流動，比英格蘭、美國和瑞典低。保留制度可能實際上限制了流動性，因為它只幫助少部分下層階級，甚至傾向於使並非特別低社會地位的人受益。但若沒有保留制度，估計的地位持續率平均高達 0.91。

這種一直如此低的社會流動率與第 7 章的論述一致，即同族通婚導致優勢和劣勢階層的高持續率。例如在加爾各答，極低地位的穆斯林社群與富裕的高地位種姓印度教徒和基督教徒，很少或完全不通婚。即使是在印度教徒社群中，網際網路上的徵婚登錄仍然顯示對相同種姓伴侶的明顯偏好。

中國與台灣——毛澤東後的社會流動性

　　截至目前我們檢視過的社會中，就群體層次來說社會流動率都很低——印度則是幾乎不流動。這些社會的體制和社會結構，幾個世紀以來都保持穩定和持續不斷。

　　眾所周知，英格蘭只有一次持久的政治革命，即 1688 1689 年的光榮革命（Glorious Revolution）。[1] 甚至那場革命是由英格蘭社會的上層階級為自身利益而發動，且未涉及英格蘭領土的爭奪。新的國王和皇后被擁戴登基，而失去支持的舊國王逃往國外。結果只有極少數人遭到監禁、剝奪職位或流亡國外。美國則在一場漫長而血腥的革命中誕生，但那是殖民地上層階級對抗外來暴君的革命。

　　在瑞典，有沒有發生過政治革命仍然是爭辯的議題。一位作者指稱：「主流觀點認為，瑞典轉型為民主體系是一個十分循序漸進的非革命過程。」[2] 在印度，英國人被趕走後，1947 年一個新國家在分離的暴力和大規模的群眾運動中誕生。即使如此，印度大部

1　1642-1649 年的英格蘭內戰只是暫時推翻傳統菁英，他們在 1660 年的復辟又全面重掌權勢。

2　Schaffer 2012, 2.

分地區的轉型仍很順利。國大黨（Congress Party）的印度新統治者仍然是同一批婆羅門菁英，他們在英國統治下就是印度文官機構（Indian Civil Service）的管理者。在印度獨立後的六十六年間，有五十年是由婆羅門擔任總理。

對照之下，中國經歷的革命在激烈、血腥、階級仇恨與沒收財產的規模上都史無前例。腐化的清帝國體制在 1912 年崩潰，國民黨雖然贏得 1912 年的選舉，軍閥仍然控制北京的中央政府。到了 1925 年，國民黨在南京建立抗衡的首都，國民黨領導人蔣介石花了十多年時間打敗北方的對手，在 1928 年把中國統一在國民黨的統治下。但在軍閥殘餘勢力、共產黨環伺，和 1937 年與之前已佔領滿洲的日本衝突之情況下，統一脆弱不堪。在共產黨 1949 年取得大權之前，社會已經歷數十年的動盪。

共產黨最後的勝利，製造出史無前例的社會動亂長達一個世代。大約有 100 萬名中國人跟隨國民黨逃往台灣，包括許多來自中層和上層階級的國民黨公務員及支持者。許多上海商人把他們的營運轉移到收留數萬名難民的香港。

在 1946-1953 年的土地革命下，從地主手中沒收並重新分配多達 43% 的中國農地。[3] 過程中，約 80 萬名地主被處死。[4] 這是因為土地改革主要是肅清反對者和潛在反革命份子的政治運動。這些處死的案例可能只佔農民人口的千分之一，但這個數字代表相當高比率的舊菁英。[5]

1966-1976 年的文化大革命，是另一回合凌虐和整肅「階級敵人」的運動——前地主、商人，以及任何具有資產階級背景的人。教師、知識份子，尤其居掌權職位者是主要目標之一。成千上萬人

---

3   Stavis 1978, 67.
4   Moïse 1983, 142; Stavis 1978, 75.
5   Stavis 1978, 75.

圖 9.1 　《黑龍江日報》的主管被員工批鬥走資本主義路線，1966 年

死在共產黨的好戰青年紅衛兵手中。至少有 50 萬名城市人被下放
到農村接受勞動再教育。社會機構陷於停擺——大學、醫院、政府
部會——被反覆無常的青少年革命委員會掌控。到了 1967 年，文
化大革命已陷入一場血腥鬥爭，軍力介入支持與反對紅衛兵的雙
方。全國各地的農村都報告階級敵人被指認、凌虐和殺害（圖9.1）。
文化大革命的大混亂導致的總死亡人數無法確知，但據估計多達
1,000 萬人。

高等教育機構在 1966 年到 1970 年代初期實際上全都關閉，之後有大量都市學生下鄉到鄉間參加勞動，斷絕接受高等教育的機會。據估計多達 800 萬人在這段期間被迫遷居到農村。在 1970-1976 年間進入大學，大體上取決於政治條件和關係——只有不具任何資產階級背景的學生獲准入學。1977 年，全國大學入學考試（全國普通高等考試）恢復舉辦，容許「資產階級」學生競爭大學名額。但直到 1980 年，那些在文化大革命期間下放到農村的人，才獲准回到城市。因此大學實際上對資產階級背景的家庭關閉了十多年。

毛澤東透過文化大革命等運動，對中國社會的長久影響可能比他想像中更大，但他是否透過剷除、壓制和沒收上層和中層階級，而製造出一段社會流動超乎尋常快速的時期？[6]

部分晚近的研究認為，改革後的中國已達成高社會流動率。例如在這段期間，都市所得的代際相關性只有 0.3-0.6。[7] 但這些估計是根據地位的一個面向、且持續只有兩代，而我們從前述檢驗瑞典等例子發現，這種估計可能造成對根本社會流動率極大的誤解。本章同樣採用姓氏群組分析的方法，嘗試得出一個較切合實際的社會流動率估計。

中國的姓氏

以姓氏分布測量中國社會流動性的問題之一是，中國的姓氏較少，且這些姓氏已沿用千年以上。據估計，漢族中國人使用的姓氏只有大約 4,000 個。100 種常見的中國姓氏被約 85% 的人口使用，

6　諷刺的是，毛澤東本人是富農的兒子，所以他本身就是「階級敵人」。
7　Guo and Min, 2008; Gong, Leigh, and Meng 2010. 不過，Wu 與 Treiman（2007）指出，把城鄉不平等考慮進去，所得的代際相關性將大幅提高。

圖 9.2　1873 年帝制時代的廣東科舉試場有 7,500 個小房間

其中三種最常見的中國姓氏——王、李、張——使用者超過 2.7 億人（占人口）。[8] 此處以「三大」姓氏作為姓氏在菁英群體中平均代表性的基準。對照之下，在英格蘭和威爾斯，2002 年五千多萬人使用的姓氏有 27 萬個。由於幾乎所有中國姓氏都很常見，它們通常不帶有擁有者社會地位的資訊。

　　不過，我們仍然找得到 13 個相對罕見的姓氏，它們在清朝科舉考試制度通過最高等級進士考試的頻率高得不尋常。所有清朝進士的名單都經公告。北京孔廟的前院確實有數百座石碑，刻上超過 5 萬名元朝、明朝、清朝的進士。從 1820-1905 年帝制科舉結束這段期間，這 13 個菁英姓氏在清朝進士間的相對代表性至少是三大姓氏的四倍。[9] 雖然以中國標準來看屬於罕見姓氏，但這 13 個菁英姓氏在今日的擁有者將近 80 萬人。[10] 因此有很多證據可以用來判斷這些姓氏目前的地位。

8　推測這些姓氏甚至在宋朝（960-1279 年）出現的頻率就已這麼高。
9　普遍的假設是，在 1645-1905 年期間，這些姓氏的相對頻率與 2010 年時相同。
10　但這些姓氏只占現代人口的 0.055%。

帝制科舉是官僚體制下人才晉身高階職位的途徑。從不同等級的這類考試可獲取巨大的利得，因此為了防止舞弊和裙帶關係，必須在嚴格的監督下進行，參加者在兩到三天的考試期間被隔離在分開的隔間（見圖 9.2）。個人的試卷都給予編號，應試者的作答都由專人謄寫，使評分者無法辨識應試者的字跡。應試者苦讀多年，參加不同層級的考試。通過考試的利得不只是在朝廷服務的薪水，還包括脫穎而出者的家族可獲得與進士等級相應的保護和商業利益。因此親族在協助最有學術能力的親人考上科舉時，也有連帶的利益。

　　地理位置在中國對於社會地位仍然有影響，會在全國的層次上減緩流動性。擁有 13 個清朝菁英姓氏的人口都集中在長江下游流域。這些姓氏在帝制時代通過科舉者與現代中國菁英中，都有過高的代表性。此處為排除地理造成的地位持續性，社會流動率都以相對於長江下游常見姓氏的方法測量。若不排除流動性中的地理因素，現代中國的流動率估計將更低。

　　這 13 個清朝菁英姓氏在現代菁英中的相對代表性，是以比較三個在長江下游只有一般地位的地區常見姓氏——顧、沈、錢等「地區三大」——做比較計算而得。這三個姓氏現在擁有者超過 1,000 萬人，是一個龐大而穩定的比較群組。

　　圖 9.3 顯示清朝菁英姓氏在不同的現代中國菁英間，比較「三大」和「地區三大」姓氏的相對頻率。現代菁英採用的是 1912-1949 年期間中國國民黨政府的高級官員、2012 年中國最知名十所大學的教授、2006 年登錄資產 150 萬美元以上企業的董事長，以及 2010 年中央政府行政機構的官員。相較於三大姓氏，13 個清朝菁英姓氏在晚近中國菁英間的代表性，幾乎和婆羅門姓氏在印度菁英間一樣顯著。但正如前面提到，地理是此種效應的重要因素。

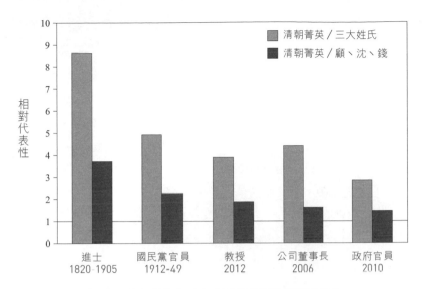

圖9.3　清朝菁英在現代中國菁英間的相對代表性

　　若與地區三大姓氏（顧、沈、錢）比較，13個清朝菁英姓氏的代表性降低些，但在清朝和現代仍然很凸顯。他們在高階國民黨官員的相對代表性為 2.28，在 2006 年菁英大學教授間為 1.88，在企業董事長間為 1.62，在政府官員間為 1.46。如果這些姓氏到今日已下降到平均地位，所有相對代表性的測量應該是 1。

　　2006-2012 年間的教授、公司董事長和政府官員，幾乎全部是1940 年以後出生，且因此是在共產主義下受教育的人。（只有 60歲以上的人，才會在文化大革命和 1966-1976 年間高等教育機構中斷以前完成教育。）繼 1912-1949 年國民黨高階官員之後，觀察這三個菁英群體的時間大約是七十五年，相當於 2.5 個世代。假設國民黨官員是同樣特殊的菁英，那麼這些姓氏群組從民國時代之後到2006 年的地位代際相關性，在教授間為 0.9，在公司董事長間為 0.8，在中央政府官員則為 0.74。

假設 1820-1905 年的進士菁英，和 1912-1949 年的國民黨官員也是地位相當的菁英族群，那麼我們也可能計算這兩個時期的流動性。[11] 13 個清朝菁英姓氏在國民黨官員間的相對代表性下降程度，暗示地位的代際相關性為 0.8。

這些結果得到 2003-2011 年清華大學錄取學生資料的支持。中國十大頂尖大學之一的清華大學也是菁英的代表，位於教育分布的頂端。13 個清朝菁英姓氏的相對代表性，即使是與三大區域姓氏比較，也高達 1.62。由於這些學生進入大學的年齡為 18 歲，距 1912-1949 年國民黨官員足足有三個世代，所以這數字同樣意味著代際相關性為 0.83。儘管經歷內戰、土地改革和文化大革命的破壞，這項資料顯示，清朝菁英在共產黨中國期間的地位下降十分緩慢。

這些結果都受隨機誤差影響，因為部分菁英的樣本規模不大。樣本包括 9,363 名清朝進士、26,738 名國民黨官員，和 26,429 名菁英大學教授。三類樣本分別只有 39、62 和 51 人擁有 13 種清朝菁英姓氏之一。因此清朝菁英姓氏可能大幅偏離這些樣本的根本趨勢。因此從這些樣本獲得的代際相關性估計都不可靠。各樣本的真正數值可能大幅偏離估計。

儘管如此，從這些樣本可明顯看出，13 個清朝姓氏今日仍然是菁英。還有另一項樣本大到可以絕對確認他們持續的高地位——2008 年所有 13 億中國人的戶口登記詳細內容。這個資料庫記錄個人是否取得大學學位。擁有清朝菁英姓氏的人口，有 29,604 人有大學學位。這個樣本的誤差微乎其微。

戶口登記透露，2012 年全中國有 2.6% 人口擁有大學學位；就地區三大姓氏來說，這個比率為 3.5%。清朝菁英姓氏獲得大學學位的比率，比三大姓氏高出 58%，比之地區三大姓氏則高出 30%。清

11　根據每年登錄的數字，進士的人數比國民黨高階官員多。

朝姓氏在大學畢業生的相對代表性，低於在教授間的相對代表性，但由於大學畢業生整體來看的菁英程度遠低於教授，所以這是可以預期的結果。

取得學位的人數在過去十年迅速擴增，所以授與學位的平均日期是在 1998 年。因此這些人與 1912-1949 年國民黨菁英相隔了三個世代。在這種情況下，加上現代大學畢業生的低排外性，使跨越這三個世代的隱含代際相關性為 0.78，與較小的更菁英樣本之隱含相關性很相近。

與較小樣本的國民黨官員有關的隨機誤差仍然存在，這可能導致低估或高估 1912-1949 年與 2008 年間社會流動率的估計。把這一點納入考慮後，我們可以有 95% 的信心指出，共產黨中國的地位代際相關性介於 0.71-0.92 間。即使是落在這個估計範圍的低端，對一個經歷劇烈動亂和共產黨統治初期反菁英運動的社會來說，這也是相當可觀的菁英地位持續性。

「祖籍地—姓氏」識別

其他共黨中國社會流動率的證據，可從與姓氏合併使用的祖籍地識別獲得。由於中國大多數姓氏都很常見，不管在帝制或民國時代的家族與世系，都在姓氏上冠以家族的祖籍識別，例如寧波范氏、海寧查氏、常熟翁氏等。姓氏本身——范、查、翁——在全國層次的社會地位屬於中等，但這些特殊的姓氏與祖籍地合併代表一個帝制時代的菁英，其後來的迴歸均數可加以測量。

此處在用這種方式測量社會流動性時，把焦點放在長江下游的兩個地區，分別位於上海以北和以南的江蘇南部和浙江北部（見圖

9.4）。這裡向來是中國經濟最發達的地區之一。測量地方性的流動性，必須知道這些地區各個「祖籍地─姓氏」合稱的出現頻率，以及這些合稱在不同的地方菁英群體間不同時期的頻率。

在估計祖籍地─姓氏人口所占比率時，我們以 1933-1936 年和 1945-1949 年的內戰，以及 1937-1945 年和 1950-1953 年對外戰爭中死亡的 2 萬名長江下游的軍人記錄為來源。[12]（現代人口普查可能是估計人口比率的較好來源，但現代人口統計無法計算以祖籍地─姓氏區別的人口比率。）我們假設死於 1933-1953 年間的軍人姓氏比率代表這些地區整體的人口比率，且姓氏的人口比率長期維持不變。[13]

同樣的，此處使用通過清朝帝制的考試來辨識這兩個地區的早期菁英祖籍地─姓氏合稱，並使用人數較多的舉人考試記錄，也就是通過帝制科舉省級考試的人。1871-1905 年，出現在舉人間的頻率超過預期頻率五倍的祖籍地姓氏，被歸類為地方姓氏菁英。

要追蹤這些群組到今日的地位，我們必須知道各類晚近菁英成員的祖籍地。這個資訊在民國時代仍可獲得，因為它們記錄於大學和校友名冊中，包括 11 萬名學生的資料。

在共產黨統治下，這類身分辨識已較少見。畢竟，共產黨希望再造社會，不讓成功的古老家族世系延續。幸運的是，共產時代的兩個來源仍然在縣級層次記錄家庭的祖籍地。現代的浙江省檔案館登錄了 1930-1990 年的知名浙江人士，包括祖籍地資料。這份名單涵蓋一系列職業，例如企業家、藝術家、教授和政府官員；這些人中只有具大學學歷者被計入菁英中。這份知名人士名單也包括遷移

12　這些軍人中有 12,737 人來自江蘇南部，8,907 人來自浙江北部。
13　這個假設似乎很合理，因為有證據顯示，長江下游地區的常見姓氏比率從 1645-2010 年間並未改變。而且從其他地方來源的死亡軍人發現之常見姓氏比率也相同。

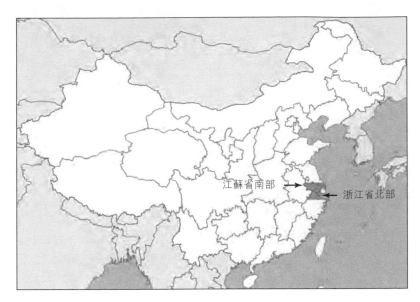

江蘇省南部　　　　浙江省北部

圖 9.4　「祖籍地—姓氏」流動性測量採用的長江下游地區

出該地區者。

　　後期江蘇南部菁英的資料取自南京大學檔案，其中記錄學生的姓名、祖籍地，畢業的年份從 1952-2010 年。這所大學在中國大學中排名第三，學生有五分之三來自江蘇省。要想進入這所大學，學生必須在全國高考的成績達到頂層的 3% 到 5%。由於各世代參加共黨時代這項考試的人數不到一半，所以南京大學學生代表江蘇省南部學術成就分布的頂層 0.6% 到 2.5%。

　　比較 1871-1905 年進士菁英在兩組民國時代菁英（1912-1949 年的學生和政府官員）間的相對代表性，估算出的民國時代持續率為 0.78-0.81，與許多其他社會的估計一致（見表 9.1）。

　　浙江省南部在共黨時代的隱含社會流動率並沒有高出許多——持續率仍達 0.74。不過這個流動性的估計，包括在浙江省出生並移

表 9.1　1871-2010 年長江下游地區的持續率

期間	姓氏群組	浙江北部	江蘇南部
1871–1949	舉人、大學生	0.78	0.81
1930–1990	知名人士	0.74	—
1952–2010	南京大學學生	—	0.66

居台灣、香港或美國，但仍登錄在知名人士檔案的資料。

在江蘇省南部，根據 1952-2010 年南京大學學生的記錄，共黨時代的社會流動率比以前高。但祖籍地—姓氏在 1952 年的過高代表性，與在 2010 年的過高代表性間仍有明顯的關係。（同樣的，由於樣本規模較小，這些估計可能存在相當的抽樣誤差。）

整體來說，雖然這些地方性的估計確實顯示共黨時代有較高的社會流動率，但它們也暗示在革命狂熱和消滅「階級敵人」浪潮衝擊的時代中，社會地位仍然保持相當高的持續性。

國民黨統治下的流動性——台灣 1949-2012 年

戰敗的國民黨政府帶著超過 100 萬名支持者，在 1949 年撤退到台灣。這些大多數屬於大陸菁英的人，很快地在撤退前只有 600 萬人口的台灣形成一個新的政治與社會菁英階級。移民菁英的到來，對 1949 年後的台灣社會流動率造成什麼影響？

基於政策的理由，台灣政府並未蒐集或公布現代台灣本地人與大陸人後代相對地位的資訊。但根據郝煜（Yu Hao）在近日完成的博士論文指出，利用姓氏有可能辨識不同社群裡的群體。[14] 郝煜使

14　Hao 2013.

表 9.2　1949-2012 年台灣的持續率

群組	持續率	
	未調整	調整大陸菁英移民後
國立台灣大學學生	0.55-0.66	0.61-0.72
醫師	0.53-0.65	0.59-0.71
企業領導人	0.58-0.62	0.64-0.68

用 1956 年的人口普查資料統計各種族的姓氏總數，辨識出 300 個擁有者比率超過 95% 為大陸人的姓氏，以及 30 個擁有者至少 98% 是台灣本地人的姓氏。這些姓氏在各自的社群都位於平均地位。

然後郝煜使用大學生、醫師和企業領導人的記錄，估算台灣從 1949-2012 年的社會流動率。台灣在 1990 年以前與大陸隔絕，甚至到今日仍禁止中國大陸學生進入台灣的研究所（編按：已於 2011 年開放），這意味我們可以相當確定今日在台灣 300 種大陸姓氏的擁有者，都是上一世代擁有這些姓氏者的後代。

表 9.2 總結郝煜對三個不同菁英族群（國立台灣大學學生、醫師、企業領導人）在過去兩個世代的持續率估計。這些估計的背景值得注意的是，個人層次的估計顯示，台灣有高代際所得流動性。其代際相關性估計在 0.17-0.24，和北歐國家一樣低。[15]

和其他例子一樣，表 9.2 的估計顯示個別家庭的持續率遠高於個人的持續性。但這些介於 0.55-0.64 的估計，比其他姓氏研究所見的結果低。諷刺的是，它們確實顯示 1949 年後，充滿階級的台灣社會流動性，反而高於毛澤東所建立的沒有階級的社會。

但在 1950 年代後，有許多人從台灣移民到美國和加拿大，主要是受較高教育的大陸人。在美國，這些移民及其後代是大學畢業比率最高的社群之一。這些移民現在在美國人數約 70 萬人，約占

15　Hao 2013, chapter 2.

台灣人口的 3%。由於移民去掉了台灣人口中的大陸人菁英，也提升了台灣島內的社會流動率估算。國立台灣大學學生或擔任醫師和企業領導人的大陸人因此而減少。相對的，出身於 1949 年前、較低階級家庭的本土台灣人，占有這些地位的比率變高。

既有的資料不容許郝煜估計若沒有這些移民的真正持續率。他無法確實觀察這些移民有多菁英，以及多集中在大陸人。不過，我們可以確信表 9.2 所列的流動率，高估了真正的社會流動率。

郝煜假設性地估算，此效應可能導致教育地位的持續率降低 0.06。[16] 表 9.2 顯示往上調整後的估計持續率。測得的平均持續率為 0.66，比其他國家發現的估測低不了多少。但正如前述，移民的效應難以估算。

結論

這項資料中出乎意料的觀察是，共產主義下中國的社會流動性，即使在處死和放逐大量中層和上層階級後，仍然和未曾經歷如此動盪的國家一樣低。清朝的菁英在中國社會頂層仍有過高的代表性。即使在中央政府的機器下，13 個清朝菁英姓氏的凸顯程度仍超過預期。儘管毛澤東努力嘗試，「階級敵人」仍頑強地集中在今日中國的共黨政府中。

這些結果與一些較主流的現代中國社會流動性研究一致。根據第 6 章對社會流動性的解釋，按家庭社會背景分類來檢視社會流動性，應該會顯示比晚近主流流動率估計所預期低得多的結果。這類研究之一是華爾德（Robert Walder）和胡松華（Songhua Hu），按

16　Hao 2013, chapter 3.

1949 年前舊菁英（地富反壞右，即地主和商人）的後代分類，或舊貧民（貧下中農，即 1949 年以前的佃農和工人）的後代。舊菁英的後代在 1949 年後必須往職業生涯發展而不得從政，因為他們受到共黨的差別待遇。儘管如此，他們在獲得教育上仍保持優勢。等到共黨的差別待遇在 1976 年正式結束後，他們在所有職業上的相對表現，都優於舊貧民的後代許多。[17]

這種現代的低流動情況，呼應了帝制時代類似的低社會流動率（參考第 12 章）。儘管何炳棣的經典研究主張，中國在科舉時代擁有快速的社會流動和開放的英才教育，但姓氏分布暗示了菁英姓氏在通過科舉考試者間的高持續率。[18]

部分學者如康貝爾（Cameron Campbell）和李中清（James Lee），解釋中國菁英的此種緩慢流動和長期持續，反映宗族網絡和家族策略的重要性。[19] 在帝制時代，省級和國家級科舉考試通過的比率極低（省級考試的通過比率，通常 200 人不到 1 人），一個核心家庭很難連續幾個世代產生舉人或進士。對任何個別的孩子來說，運氣在決定考試成功上和才能一樣重要。[20] 因此最好的策略是宗族領導人集中資源，嘗試確保每個世代最佳的應考者通過考試。成功的應考者，必須回報協助他們通過考試的宗族。

這種宗族策略以許多種方式進行。宗族分派一部分土地作為「學田」，租金用於支付教育和準備考試。這些基金支持了「族學」，讓宗族中最有學術才能的小孩，在其中接受能找到的最好老師的教導，為考試做準備。為了分散風險，其他孩子則指派從事不同的職

17　Walder and Hu 2009.

18　Ho 1964.

19　Campbell and Lee 2010, 2011. 在近日的一篇論文，Avner Greif、Murat Iyigum 和 Diego Sasson 主張，宗族網絡在工業化前中國的重要性，足以解釋中國科技發展為何比歐洲慢許多（Greif, Iyigun, and Sasson 2012）。

20　Elman 1992.

業。

通過考試不僅光耀應考生宗族的共同祖先，也確保整個宗族群體的財產權獲得保護。隨著宗族累積愈來愈多土地和財富，投資於教育的資源也愈來愈多。因此資源的聚集讓宗族地位歷經許多世代後，比個別家庭更穩定。[21] 就此詮釋來看，宗族網絡解釋了清朝菁英、民國菁英和共黨中國下，部分家族姓氏的高持續性。

然而，在中國觀察到的地位持續性不管現在或過去，都未高過一些高度個人主義社會如瑞典、英格蘭或美國。在西方社會，宗族網絡的援助有限且稀少，因此宗族網絡並非解釋緩慢社會流動性的必要因素。第 6 章提出的流動性定律，是假設沒有旁系親族轉移的核心家庭。因此較嚴格的假設是，中國發生的情況和世界其他國家所見的相同，同樣是強力的根本社會能力傳遞，而宗族的協助對進一步降低社會流動率只有少許影響。

21　Hymes 1986.

日本和韓國──社會同質性與流動性

　　主流研究主張，現代日本是一個社會流動和英才統治的社會。根據這個觀點，雖然日本在 1868 年的明治維新前是一個劃分階級的僵化社會，但 1868 年和 1947 年的改革已將它轉變成一個平等主義、同質且沒有階級的社會。像日本這樣擁有高度文化同質性的社會，社會流動性會不會比美國這種充滿宗教、族群和人種差異的社會高？韓國是一個具有類似文化同質性的社會，在第二次世界大戰後，從根本重建為一個被認為現代和同質的社會，因此也同樣可以問這個問題。

日本

　　日本最大的傳統菁英是昔日的武士階級（圖 10.1）。到 1868 年，他們大多已演進成官僚和行政官員。由於當時他們占人口比率 5%，經濟狀況差異很大，但平均而言仍然屬於菁英階級。明治維新

圖 10.1 日本戊辰戰爭時代（1868-1869 年）的薩摩藩武士

後，武士失去幕府時代享有的法定特權。不過，新政府確實曾以政府債券的收入來補償他們世襲的土地。1871 年，政府下令所有武士交出他們的武士刀，容許平民自由與武士通婚，並廢除對武士可從事職業的限制。1872 年推出一套新教育制度，承諾透過競爭性的考試決定進入高等教育機構的資格。於是武士在快速現代化的日本經濟中，很快地喪失所有階級特權。

明治政府嘗試執行一套共同的文化認同與文化實踐準則，作為現代化計畫的一環。改革後的教育制度，推行全國一致的標準日本語。這個運動因為日本的語言、文化甚至相貌的同質性原本就很高，而獲得助力。

明治維新後，新領導階層在推行西化的計畫中，把京都的古代宮庭貴族「公家」（kuge）與封建諸侯「大名」（daimyo）合併為新的貴族階級。新的華族（Kazoku）貴族階級，初期只包括 427 個家族，不過明治政府又增添其位階，封賞給對國家有貢獻者，因而

表 10.1　1884-1946 年華族家族的數量和位階

年份	公爵 / 侯爵 / 伯爵	子爵	男爵	總數
1884	111	324	74	509
1887	117	355	93	565
1899	144	363	221	718
1907	151	376	376	903
1916	155	380	398	933
1928	166	379	409	954
1946	—	—	—	1,011

擴大了華族。如表 10.1 所示，從 1884-1907 年，其成員快速增加。因此，華族家族主要代表日本在 1907 年以前的財富與地位菁英，雖然直到 1928 年後都還有新家族加入。

除了明治時期之前擁有的私人財富外，華族還有幾項特權。部分家族獲得國家給予的世襲年金。頭銜和年金透過繼承傳給長子。只有頭銜擁有者被視為華族的成員；其他子女沒有特殊地位。華族從同輩推選代表，擔任貴族院的議員。

1947 年的新憲法取消了帝國菁英；華族遭廢除，這些家族都成了平民。因此在過去兩個世代，日本是一個社會同質性特別高的社會。可見的少數族群和種族很少，他們包括阿伊努人（Ainu）、一些島民，和殖民時代韓國移民的後代。社會政策甚至及於看不見的部落民，即封建時代從事被視為卑賤與污穢職業的賤民階級後代。宗教的少數族群如基督教，仍占人口的一小部分。而整體來說，現代日本人在世界價值觀調查（World Values Survey）中，被視為世界上最世俗（secular）的人口。[1]

社會學研究支持日本是一個高代際流動社會的說法。例如有項

1　　Inglehart and Welzel 2010, 554.

研究探究三個橫切面的父親與兒子的職業，分別為 1965 年、1975 年和 1985 年。[2] 如果我們指定每個職業的所得水準，就可以把這些結果轉換成代際所得相關性。使用職業的平均所得可算出三個年代的隱含持續率為 0.3。[3] 一個更晚近的代際所得流動性研究發現，隱含代際相關性為 0.3-0.46。[4] 因此，根據主流的測量，日本有很高的代際流動性。

明治時代武士階級的社會流動性

身為官僚和朝臣，昔日的武士在明治時代初期擁有相當的優勢，這反映在新設立的大學和技術學院的入學上，武士階級的後代有極高的代表性。表 10.2 顯示武士和平民 1890 年和 1900 年在主要高等教育機構的比率。由於武士後代只占人口的 5.3%，因此 1890 年時，武士畢業於帝國大學的比率是預期比率的 12 倍，平民則只有預期比率的不到一半。[5]

表 10.2　1890-1900 年大學畢業生的階級地位（％）

	1890 年		1900 年	
	武士	平民	武士	平民
帝國大學	63	37	51	49
其他大學	62	38	48	42

不過，平民在大學的比率很快攀升，到 1900 年，武士畢業比率降至只有預期比率的 9 倍。但由於武士在初期過度代表的倍數如

2　Jones, Kojima, and Marks 1994.
3　Clark and Ishii 2013.
4　Ueda 2009.
5　Amano 1990, 192.

表 10.3 1890-1900 年武士的隱含持續率

	相對代表性			隱含持續率
	1890	1895	1900	
帝國大學	11.9	11.1	9.6	0.72
高等教育學校	11.6	11.2	9.0	0.66

此之高，如果我們計算其隱含持續率，將發現他們的優勢下降速度仍然很緩慢。表 10.3 顯示武士在大學的隱含相對代表性，以及隱含教育地位代際相關性。

這個分析假設大學生代表頂層 1% 的地位分布，以及直到 1890 年武士的根本社會地位與一般人口有相同的變異數。隱含的代際相關性達相當高的 0.66-0.72。以更全面高等教育課程為基礎的更廣泛估計，顯示這段期間的平均持續率為 0.73。[6] 因此雖然表 10.2 的原始資料可能暗示高社會流動率，實際上卻暗示了明治時代的低流動率。

這個地位代際相關性的計算，是假設武士占大學年齡人口的比率在 1890 年和 1900 年保持不變。我們有理由相信，他們占人口的比率在當時逐漸下降。例如，1881 年的武士與平民人口資料來源估計，武士家庭的平均人口數為 4.54 人，平民則為 4.78 人。[7]1890 年和 1900 年，年輕人口中武士的比率下降，代表武士在大學和職業學校的相對代表性也會跟著下降，因此持續率將更高。

哈路圖尼安（Harry Harootunian）提供了 1872-1882 年中央和地方政府中，具武士家世背景的政府官員比率。[8] 這些發現總結在

6　Clark and Ishii 2013.
7　Sonoda 1990, 103.
8　Harootunian 1959.

表 10.4　1872-1882 年武士擔任官員比率和持續率

年份	中央政府	地方政府
1872	78	70
1876	78	—
1882	61	58
隱含持續率	0.71	0.72

表 10.4。1872 年武士在政府官員所占比率，也遠超過他們在總人口的比率。但和大學畢業生一樣，這個比率很快開始下降。不過，同樣的，下降的速度與 0.72 的高持續率一致。（這個持續率的計算，同樣假設武士人口比率長期保持不變。）因此儘管日本在明治時代歷經許多社會與經濟改變，昔日武士的向下流動率也是同樣的標準比率。這又是另一個社會革命出乎意料地，對社會菁英無甚影響的例證。

現代武士菁英

1947 年後，日本的資料來源不再按照武士或華族世系來為人口分類。這些早期的種姓和特權階級區別，已淹沒在受薪員工的世界。但我們同樣有可能藉由與武士和華族世系有關的罕見姓氏，來測量這些早期菁英的命運和他們的社會流動性。

我們從政府在 1812 年蒐集的武士家族宗譜，列出一份武士姓氏清單。[9] 同樣的，從華族後代編寫的宗譜，也得以整理出一份華族擁有的完整姓氏。

9　Takayanagi, Okayama, and Saiki 1964.

1898 年，日本的姓氏已依照嚴格的世代傳承，菁英的罕見姓氏幾乎不可能被較不顯貴的家庭改用。1898 年的戶籍法要求每一戶家庭有供子女繼承的姓氏，已婚的婦女必須改從夫姓。[10] 收養的子女採用戶長的姓氏。[11] 1947 年的戶籍法規定，只有戶長可以申請改變姓氏；如果申請獲准，適用於全戶人口。改變姓氏只有在「迫不得已的理由」下才會獲准。我們因此假設 1947 年後很少有改變姓氏的例子。

以日本菁英的姓氏測量地位的傳承，因為上層階級的收養很普遍而可能遭遇困難。在日本，沒有男性繼承人的高地位家庭，招贅女婿來傳承家族姓氏和世系很常見。晚近數十年的成人收養數字確實顯示，有多達 10% 的男性被另一個家庭收養，而這個模式從至少 1955 年以來就很盛行。[12] 傳統上沒有兒子的武士和華族家庭大規模採用這種做法。[13] 例如一項針對德川時代武士階級的研究顯示，成年男性的收養比率很高。[14]

由於男性至少要在社會上略有成就才會被收養為兒子，使得收養可能出現估計持續率的向上偏誤。不過，這種偏誤的影響可能不大。舉例來說，假設有四分之一的高地位姓氏繼承者是收養的兒子，再假設這類情況下，兒子的地位和養父一樣高。如果真正的地位代際相關性是 0.75，和我們在前述的社會觀察到的一樣，那麼在日本估測的代際相關性向上偏誤將是 0.06。因此即使是大規模的選擇性成人收養，對測量的持續率只會有輕微和可預測的影響。

原始的姓名清單包括許多常見的姓氏，為了縮減清單到與華族

10　Ando 1999, 259.

11　Kitaoji 1971, 1046.

12　Mehrotra et al., 2011, table 1. 1955 年的成人收養數字顯示，約 7% 的各男性世代在成年時被收養。

13　Lebra 1989, 106–32.

14　Moore 1970.

表 10.5　罕見姓氏樣本

姓氏擁有者估計人數	華族		武士	
	姓氏數量	隱含擁有者人數	姓氏數量	隱含擁有者人數
0–99	59	1,658	68	1,638
100–199	15	1,890	18	2,450
200–399	19	5,940	19	5,714
400–999	33	24,098	69	48,480
1,000–1,240	7	7,757	15	16,514
總數	132	41,343	189	74,797

和武士更緊密相關的姓氏，我們用來測量流動性的清單僅限於較罕見姓氏。此處較罕見姓氏的定義，是現在每百萬人擁有者不到 10 人的姓氏（總共 1,270 人，或更少）。和中國不同，日本的姓氏繁多，估計有 11 萬個日本姓氏。因此與這些早期菁英有關的罕見姓氏數量不少。

　　這個方法的困難之一，是日本姓名的羅馬拼音化。兩種菁英姓氏資料來源都以日本漢字呈現。這些姓氏的現代頻率來源，是網路姓氏資料庫「公共側寫員」（Public Profiler）的「世界家族姓名」（World Family Names）。這個資料庫的日本資料，取自 2007 年日本估計總共 5,200 萬個家庭中 4,500 萬個家庭的姓氏。但這些姓名都根據拼音加以羅馬字化，使得現代姓氏難以和原始的漢字姓氏互相對照。[15] 表 10.5 顯示兩個原始姓氏樣本的組成數據。

　　罕見菁英姓氏的相對代表性，是根據多種現代日本的高地位職業來估算：1989-1990 年的醫學研究人員；[16] 1987 年的律師；1993 年的公司經理人；2005 年的大學教授；以及 1990-2012 年的學術作

15　見 Clark and Ishii 2013。
16　並無只提供一般醫師名單的來源。

者。在所有例子中，這些姓氏相較於他們在總人口的頻率都呈現過高的代表性，如圖 10.2 所示。華族姓氏的平均代表率，是預期代表率的 3 倍；武士姓氏則是預期代表率的 4.3 倍。

因此，這些罕見姓氏平均而言，在現代日本許多種高社會地位職業都有過高的代表性。有趣的是，武士姓氏雖然是從 1812 年的宗譜挑選的，在現代五個高地位群體的代表性，仍遠高於華族姓氏。

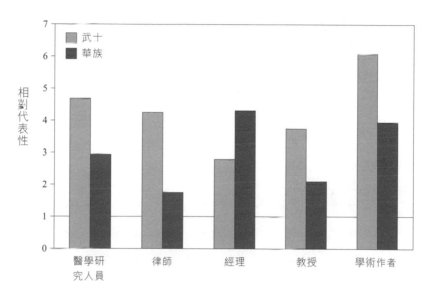

圖 10.2　1989-2012 年日本罕見姓氏在高地位群體間的相對代表性

依照推測，今日的姓氏愈罕見，擁有者確實是武士或華族後代的可能性就愈高。因此姓氏愈罕見，他們在菁英間的估測代表性過高的程度就愈甚。圖 10.3 顯示不同罕見程度姓氏的相對代表性。第一，姓氏愈罕見，確實其相對代表性就愈高。最罕見的姓氏代表性為 12-16 倍，而最常見的罕見姓氏則只有 2-4 倍。但此種效應有一

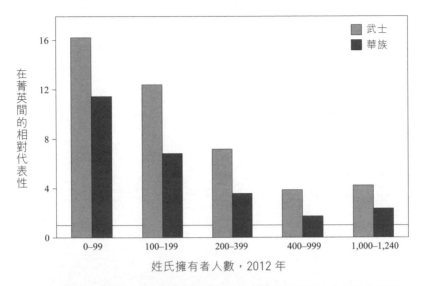

圖 10.3　以大約 2007 年日本人口的估計姓氏頻率，測量武士與華族姓氏的相對代表性

部分可能是統計的人為結果。由於這些姓氏的頻率只根據日本家庭姓氏的一個樣本（雖然樣本很大）計算出來，它們並非各個姓氏在整體人口中的完美測量標準。因此被劃歸最罕見群組的姓氏，在更廣泛人口中真正的頻率往往更大。其他國家的經驗顯示，這類罕見姓氏的真正頻率，至少比報告中的數字高出四分之一。

　　但最罕見姓氏的代表性，高到即使它們真正的頻率是報告中數字的兩倍，其過度代表的程度也已經很大。這支持了今日華族或武士姓氏愈罕見，其擁有者愈可能是真正華族或武士後代的說法。

　　第二，和前述一樣，即使控制武士姓氏出現頻率的條件，今日它們在菁英間的代表性，仍高於華族姓氏。如果武士後代從未與平民後代通婚，那麼假設生育率一樣，他們的後代如今將占人口的5%。但圖 10.3 顯示，武士後代在現代日本菁英的過度代表性可能

圖 10.4　從武士到白領上班族

高達 10 倍。這個比率暗示，現代菁英有半數是武士的後代。通婚將大幅擴增武士後代占現代人口的比率。但若武士在現代菁英間的過度代表性真的達到 10 倍，通婚勢必有限；因此他們的後代占現代人口的比率不超過 10%。

　　追蹤最常見姓氏，證實了武士和華族後代在現代日本菁英間的代表性仍然極高（圖 10.4）。大多數平民從 1868 年後才有姓氏，當時政府規定，所有家族使用姓氏以利於徵兵、徵稅和郵遞。許多之前的高地位姓氏被平民採用。因此源自中世紀權貴家族的姓氏「藤原」，現在擁有者超過 30 萬人。可以確定的是，每個日本常見姓氏在明治時代的平民擁有者數量，一定都高得不成比例。因此如果我們檢視大多數常見姓氏的地位，就可以判斷 1868 年平民的後代在現代日本的相對地位。

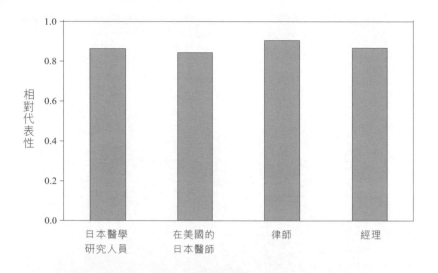

圖 10.5　1980-2012 年日本常見姓氏在菁英間的相對代表性

　　選取 50 個日本最常見姓氏（總共占人口的四分之一），我們發現它們的在日本菁英的相對代表性一直低於 1。通常這些姓氏的出現頻率，只有其人口比率預期頻率的 85%（見圖 10.5）。有趣的是，它們在日本的醫師與在日本接受訓練、現於美國執業的醫師之間，都呈現同樣的代表性不足。

1900-2012 年的社會流動率

　　要計算華族和武士姓氏從 1900 年以來在菁英間的相對代表性，必須知道這些姓氏的早期世代占總人口的比率。有若干證據顯示菁英的生育率較低，這暗示菁英姓氏在早期的人口比率較小。例如在1940-1967 年，高教育丈夫或妻子間的婚姻帶來的生育，比低教育

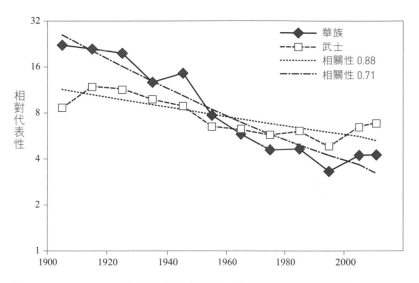

圖 10.6　1900-2012 年華族與武士姓氏在學術出版品作者間的相對代表性

夫妻少了五分之一。[17] 但菁英間成人男性收養的盛行，會為菁英姓氏人口比率增加製造抵銷的效果——如果被收養者原本擁有的是平均地位姓氏。由於缺乏更好的資料，我們假設這些姓氏在 1900 年占人口的比率，和 2007 年相同。

「Google 學者」（Google Scholar）搜尋服務，提供 1900-2012 年間與武士、華族和常見姓氏相關的出版品數量資料。[18] 但要計算這些姓氏在日本作者的出版品間之相對代表性，必須估算這類出版品在每個十年期間的總數。這些總數可藉由計算 10 個最常見日本姓氏的作者，在每個十年的出版品而獲得。[19]

圖 10.6 顯示武士和華族罕見姓氏，自 1900 年起每個十年在學術出版品作者間的相對代表性。武士和華族姓氏在早期幾個十年的

17　Hashimoto 1974, S184.
18　Clark and Ishii (2013) 詳述進行這項工作的一些難題。
19　這個出版品總數向上調整了 13%，以考量常見姓氏在作家等菁英群體間預期的代表性不足，見圖 10.5。

代表性都很高，在日本的出版比率分別是一般人的 11 倍和 21 倍。這個相對代表性後來逐漸下降，但 1990 -2012 年間兩個群組的倍數仍超過 4。的確，兩個群組在 2000 年代和之後的相對代表性都呈現上升。

出版品比率的隱含代際相關性，在假設標準的三十年一世代下，華族為 0.71，武士則為 0.88。1947 年的改革後，並未出現任何流動率提高的跡象。同樣的，成年男性收養可能使這些估計產生多達 0.06 的偏誤。但即使如此，日本的社會流動率顯然和研究過的其他國家一樣低，而且 1900 年後及明治時期初期也同樣低。

學術出版品作者結果的數量和模式，獲得這些姓氏在醫學研究人員間代表性的印證。日本 1965-1966 年和 1989-90 年的醫學研究人員名錄可以取得，兩段時期間隔二十五年。表 10.6 顯示華族和武士罕見姓氏，在不同年份於醫學研究人員間的相對代表性。這些姓氏一樣明顯呈現過高的代表性。表中最後一行是調整至一個世代三十年的隱含持續率，其數值略低於出版品作者的結果，華族姓氏為 0.63，武士姓氏則為 0.82。但這個差異，可能是因為機率。由於有這些姓氏的人口很少（在約 1990 年分別為 4.1 萬人和 7.5 萬人），

表 10.6　1965-1989 年武士和華族在醫學研究人員間的相對代表性

年份	武士	華族
1965-1966 年的觀察人數	30	13
1989-1990 年的觀察人數	70	23
1965–1966 年	5.99	4.95
1989–1990 年	4.69	2.94
隱含持續率	0.84	0.64

因此在各期觀察的醫學研究人員數量也很少。

　　另一個日本社會流動性的估計，來自 2012 年美國醫學會名錄，登錄逾 1,000 名在美國執業、但於日本訓練的醫師，其中有五分之一屬於 50 個最常見的日本姓氏之一。美國醫學會的資料也包括各登錄者的畢業日期，這些日本醫師因此可劃歸兩個世代，分別為 1950-1979 年畢業者，和 1980-2012 年畢業者。這些擁有常見姓氏且畢業於 1950-1979 年間的醫師，在此群體的相對代表性為 0.77；畢業於 1980-2012 年的相對代表性則為 0.85。因此，我們再度看到迴歸均數的跡象。但假設醫師代表社會頂層 0.5% 的人，這個匯聚速度隱含的持續率即為 0.65。此一估計有很高的潛在測量誤差，但它是另一個跡象，顯示現代日本的社會流動率遠比主流估計來得低。

武士與華族的流動率比較

　　1900 年以後華族的持續率估計為 0.64-0.71，而常見姓氏的持續率則為 0.65。這與其他國家類似，或可能略低一些。不過，武士相關姓氏的持續率則為 0.84-0.88，高於其他國家。也有證據顯示，武士姓氏現在的菁英程度超過華族姓氏，雖然在 1900 年左右華族是日本社會最菁英的群體。為什麼華族在各項測量標準的迴歸均數速度，比武士的後代更快？

　　這兩個群組有一項有趣的差異是，所有武士姓氏被認為至少屬於一個 1812 年的武士家族，而華族姓氏則被定義為屬於 1869-1946 年間增添至華族的家族之一。只有 42% 的華族源自世襲貴族，其餘 58% 是在 1869-1946 年間因為在軍事、行政、商務和其他職業的傑出貢獻，受到肯定而被授與頭銜。

根據第 6 章提出的理論，從任何面向觀察到的地位，都只與帶著某種程度誤差的根本社會地位有關，而根本社會地位則以緩慢速度迴歸至均數。當我們利用「Google 學者」觀察武士 1900 年以後的出版品比率時，為取得所觀察地位的測量標準，姓氏的選擇是根據 1812 年的武士姓氏。因此根本地位的預期值與 1900 年以後的觀察地位相等。出版品比率是整體武士地位的精確指標，我們因此從出版品比率觀察根本地位的迴歸速率；雖然出版品只是一個局部指標。

不過，在華族這方面，許多華族直到 1880 年以後才功成名就，而這些人構成了這個菁英群體初期的世代。他們當中在 1900-1949 年間（甚至 1950 年代和 1960 年代）成為作者的人，有許多是因為在學術或技術領域的榮譽，而被增封為華族。因此對這個群組來說，與觀察地位（以出版品數量為測量標準）相對於根本地位有關的預期誤差，平均來說是正值。觀察地位所觀察到的迴歸均數，因此大於根本地位的迴歸均數，因為在後續的各世代，連接出版品比率到根本地位的平均偏誤同樣是 0。

儘管華族呈現更快速的迴歸均數，但 1947 年後的華族和武士後代社會流動率可能沒有根本上的差異。不過，如果真是如此，我們可以預期到 1970 年代，當第一世代的華族都已死亡後，兩個群組迴歸均數的速度應該相同。不管依任何根本地位的測量標準所得的觀察地位，有關的預期誤差現在在兩個群組都是 0。但即時是在這個較晚的時期，武士後代迴歸均數的速度仍比華族後代來得慢；此一差異的原因仍是個謎。

韓國

　　韓國和日本一樣，自 1948 年以後歷經根本的政治與社會再造，取消了昔日菁英享有特權的社會地位。1910-1945 年的日本殖民統治，以及北韓政權在 1945 年後造成的破壞，到了 1948 年時，已導致長期統治的朝鮮王朝傳統菁英徹底瓦解。緊接著是一段持續快速工業化的時期，大量人口移居都會地區。韓國也和日本一樣，是人種和文化高度同質性的社會，此一事實同樣讓我們預期南韓在 1948-2013 年間，會有相當高水準的社會流動性。根據主流的測量，韓國似乎也是一個高社會流動性的社會 ——根據一項近日的跨世代所得流動性研究，持續率為 0.35。[20]

　　韓國剛開始似乎不像一個適合以姓氏研究社會流動性的社會。韓國三個最常見的姓氏——金、李、朴——為五分之二的人口所擁有。但和中國一樣，缺少多樣的姓氏，導致傳統上以姓氏加上祖籍地來辨識人。因此就擁有者占所有韓國人四分之一的金氏來說，在韓國 2000 年人口普查中記錄了 348 個不同的宗族。這些宗族的成員資格是父系的傳承。宗族身分在韓國對尋找可能的婚姻伴侶很重要—— 傳統上，通婚必須與宗族以外的人。直到 1997 年，韓國宗族內的通婚是違法的。

　　這些祖籍—姓氏總共提供了 2000 年時 3,783 個不同的宗族。雖然有人曾主張，宗族成員的資格應嚴謹地透過父系傳承，但 19 世紀有許多從低地位群體崛起的暴發戶，偽稱與顯貴世系宗族有關係。但即便如此，宗族的傳承仍是正確的，因為在 1898 年日本戶籍法的規定下，韓國的所有家族姓氏都已底定。因此現代的姓氏—宗族合稱，乃精確地反映了一百多年前出生者的親屬關係。

20　Ueda 2013.

白克里（Christopher Paik）在近日的論文中，以本書的方法使用這些姓氏—祖籍地合稱，估計南韓在 1955-2000 年間的教育流動率。[21] 南韓和中國一樣，在朝鮮王朝時代（1368-1894）也有全國性的科舉制度。在這些考試中，有大量通過考試的應考生姓名記錄。白克里從這些記錄給每個姓氏—宗族（取自 1985 年人口普查資料）一個加權平均通過考試率，加權則依據考試的高低等級考量。這些加權平均率，可能從零到大邱徐氏的高達千分之 36（大邱徐氏是1985 年占韓國人口 0.34% 的宗族）。韓國今日最大的祖籍姓氏原始群體是金海金氏，有將近 1% 的韓國人口屬於這個宗族。但他們的通過考試率只有千分之 0.05。

1985 年和 2000 年的兩次韓國人口普查，記錄了全國所有 192個區的姓氏—宗族頻率。白克里因此可以計算每個區內姓氏的平均考試地位。1955 年、1970 年、1985 年和 2000 年的普查，也記錄各區 25-39 歲人口接受教育的平均年數，白克里得以評定各區在這些年份的標準化教育成就分數。

如果 1898 年以前的家庭歷史對目前的結果沒有影響，那麼各區的平均考試地位評分和目前的教育成就應該沒有相關性。但白克里檢視這四個年份，發現有很高的相關性。[22] 區內一般姓氏的考試地位傳承相關性愈高，各個普查年份 25-39 歲群組獲取的教育就愈高。

但白克里也觀察到，考試地位與區內 25-39 歲世代教育水準的相關性，在 1955 年最強、2000 年最弱。相關性變弱的原因是社會流動性。從相關性下降的速度，有可能推論現代韓國的根本持續性參數。從 1985-2000 年的隱含代際持續率為 0.86，1970-1985 年為0.86，1955-1970 年則為 0.74。平均而言，1955-2000 年韓國教育地

21　Paik 2013.
22　1970 年和 1955 年各區的考試地位，被假設與 1985 年相同。

位的隱含持續率為 0.82。

因此儘管韓國社會的高同質性，以及過去一世紀許多時期的大規模社會體制改造，韓國的社會流動率並未比其他國家快，甚至可能更慢。與瑞典、日本一樣，韓國展示了主流的社會流動性估計和根本社會流動率有多大的差距。

結論

武士和華族在現代日本社會菁英中呈現出乎意料的高持續性，儘管武士在 1871 年就已喪失所有法定特權，而華族也在 1947 年失去特權。特別是，如果武士後代占現代日本人口的 5%，他們還能占現代日本菁英人數的 20% 到 50%。日本社會的同質性，也未能將社會流動率提高到超過人種、族群和宗教更多樣的社會，例如美國。另一個高度同質化的社會韓國也強化了這個發現，同樣呈現出其社會流動率並未超過美國這類社會與種族更為歧異的地方。

智利——寡頭間的流動性

　　智利現在是南美洲最富裕的經濟體之一，人均所得和阿根廷同等，雖然仍只有美國的三分之一。但和其鄰國一樣，智利的所得與財富不平等，仍名列世界最高的國家之一。衡量所得不平等的吉尼係數在智利為 0.55，相較於瑞典只有 0.26（參考圖 1.3）。儘管智利有相對算高的平均所得，貧窮卻處處可見，從圖 11.1 所示瓦爾帕萊索（Valparaiso）港市的貧民窟可見一斑。

　　現代有關流動性的討論中，有個說法是「不平等助長不流動」。對世界各國不平等與流動率關聯性的實證研究，似乎證實了這個主張。在這些研究中，南美洲國家呈現高度不平等和低水準的社會流動性。[1]

　　不過，可能解釋不平等與不流動實證關聯的機制迄今仍不清楚。其中的一種解釋，是這樣的推論——經濟階梯的梯級差距愈大，底層的人爬上階梯就愈困難。但此推論作為低社會流動性的論證卻是繆誤的。在美國或智利這種所得階梯差距更大的社會，和瑞典一

1　學界對智利的社會流動性與其他南美洲國家的比較存有爭議，但低於北歐國家則沒有疑義。

圖 11.1　智利瓦爾帕萊索的貧民窟

樣的職業流動率，會製造出遠為明顯的所得改變。因此正常的職業流動過程，會帶來同樣比例的所得朝向均數移動，正如在所得階梯差距較小的瑞典所見的情況。如果美國或智利的所得階梯差距較大，可能透過職業流動爬升的梯級間距也相對較大。所以推論的階梯間距，並未對社會流動率做出任何解釋。

　　第6章討論到不平等—不流動的關係，是一般社會地位測量（例如所得）所製造的錯覺，只顯示帶著某種程度偏誤的真正根本家族地位。在像瑞典這類社會，所得和財富的範圍被壓縮了，這些測量尤其不是根本社會地位的好指標。其結果是，這些社會看似有很快的社會流動率。

　　對照之下，在所得和財富不平等十分嚴重的社會，如智利，這些因素是真正家庭社會地位的好指標——所得流動性較適合用來測量真正的根本社會流動率。本章探究像智利這樣的不平等社會，其社會流動率是否真的低於較為平等的瑞典。

2004 年智利選民登記

智利提供一個可用以估算過去六十年社會流動性的好工具——2004 年的選民登記。這項資料提供了所有選民的全名、生日、職業以及居住地，總共超過 800 萬人。利用這些登記資料，可以把人口劃分為兩個出生世代——1920-1949 年和 1950-1979 年——以及兩個世代的平均社會地位。根據這樣的劃分，最年輕的人口在普查時的年齡為 25 歲，因此已經有了職業。另一個方法是，劃分為六組出生時間、每十年為一組，從 1920-1929 年開始，最晚則是出生於1970-1979 年的群組。

選民登記並未提供所得與財富。但知道個人的職業，便可從這些職業的平均所得來估計（可獲得的職業平均所得資料有 300 種職業）。[2] 知道各地方的平均所得，也可以根據選民的居住地估算每個人的所得。這些「地方所得」提供絕佳的職業所得驗證，因為一些職業類別（例如「員工」、「商人」或「農人」）的職業—所得測量牽涉許多誤差。以多重方法、根據不同誤差來源估計所得，可以讓結果更正確。

這些職業和地方所得的估計極具參考價之證據，呈現在圖 11.2 中。聯合國發展計畫在 1990-1998 年的智利經濟研究中，對智利的每一個自治市鎮（comuna）做了人類發展指數（HDI）的平均估測。[3] 這個估測將智利的自治市鎮歸為五個類別，指數分別從 0.5-0.6 到

2　學生、退休者和家庭主婦不算在內。智利社會保障部（Ministerio del Trabajo y Previsión Social），2008 年。

3　智利規劃與合作部（Chile, Ministry of Planning and Cooperation），2006 年。HDI 的測量內容容包括預期壽命、教育和所得。

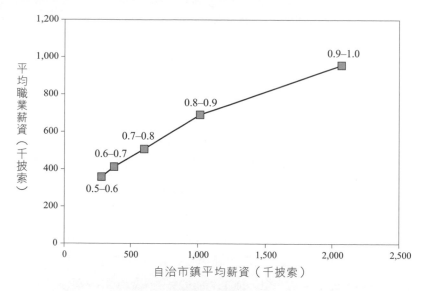

圖 11.2　按聯合國人類發展指數分項的自治市鎮薪資水準

0.9-1.0。利用 2004 年的選民登記，計算出每個自治市鎮群組的平均職業所得，呈現在直軸上。由於已知各地方的平均所得資訊，因此也可以計算每一個自治市鎮的平均所得。數字顯示兩套推算的所得測量具高度相關性，而且這兩種所得測量也與自治市鎮廣泛的 HDI 估測有高度相關性。因此從選民登記可獲得的有用資訊不僅可以測量隱含所得，也可測量更普遍的隱含生活情況。

下層階級與菁英姓氏群組

　　和前面章節所述相同，估計智利社會流動性的方法是，從選民登記資料辨識 1920 年以前有高或低地位的姓氏，然後測量這些姓氏的平均地位有多快迴歸均數。

智利人口的普遍特性之一是，社會階級和原住民血統程度呈反相關性。研究顯示，上層階級有 73%-91% 的白種人血統；中層階級為 68%-70%；下層階級則有 41%-48%。[4] 因此可預期智利主要原住民馬普切人（Mapuche）乃位處社會階層的最底層。

西班牙人初抵智利時，馬普切人已經抵抗印加人入侵數十年。馬普切人在智利南方從塔爾卡（Talca）到瓦爾迪維亞（Valdivia）佔領大片土地，自然資源富饒的地帶，讓他們得以維持估計多達數十萬的人口，同時維持打獵—採集的生活方式。西班牙人最後承認比歐比歐河（Bio-Bio River）為西班牙人控制區和獨立馬普切領土的邊界。在西班牙人的影響下，馬普切的經濟轉變為自給性農耕和牧牛。

從 1861-1883 年，智利政府逐步征服馬普切領土，並將土地連同馬普切人併入智利。到 1900 年，馬普切人僅擁有其原始土地的十分之一。他們缺少技術和知識，無法在他們被迫加入的新經濟環境中競爭。他們背負債務，變成大地主的低技術勞工來源。

有 4% 的當代智利人口是馬普切裔。馬普切人有特殊的姓氏，可辨識的超過 400 個。[5] 這些姓氏代表智利技術層次最低和最弱勢的社群。雖然曾經是農業人口、侷限於智利南部，但今日近半數的馬普切人居住在智利最大的城市聖地牙哥（Santiago）。

在殖民時代，社會尺規的另一端是封君（encomendero），他們原本是被指派來保護原住民人口的歐洲人。但事實上，這些西班牙大公專事剝削子民的勞役。封君獲得的獻貢和利益，在各個年代不同；但無疑的，他們代表兩極化社會居支配地位的社經菁英。[6] 此處使用的封君姓氏清單由歐雅山（Oyarzun）、烏烈塔（Ureta）和伊帕拉基瑞（Iparaquirre）等組成，全都至少有一位封君擁有，但

4　Cruz-Coke and Moreno 1994, table 2.
5　Galdames（2008）使用語音抄本編纂一份馬普切人姓氏集，此處即使用這份姓氏集。
6　Gonzalez Pomes 1966.

在 1853-2004 年的擁有者都少於 50 人。[7] 這是殖民時代最早的寡頭。

另一群位高權重的富裕殖民菁英是巴斯克（Basque）族群。西班牙統治下，有相當高比率的總督姓巴斯克。在 1800 年，四分之一的智利人口為巴斯克裔。巴斯克人擅長貿易與商務，以及運用他們歐洲親戚的重要關係。他們最後與定居殖民地的菁英通婚，形成卡斯提爾—巴斯克（Castilian-Basque）貴族階級，在智利歷史上扮演重要角色。為追蹤他們的社會地位，我們隨機取樣 1853 年普查出現的巴斯克姓氏群組，它們大部分是罕見姓氏。[8]

另一個辨識菁英的方法，是看擁有的土地。為了決定如何課徵土地稅，智利 1853 年編纂了一份農業收成報告，[9] 內容包括大批地主的記錄，他們總共持有近 1.5 萬筆土地。罕見姓氏的擁有者（在 1853 年普查中，只出現 3-30 次的姓氏）被挑選出來，並分成四個財富群組。區分的標準，是擁有之土地平均每年的披索價值——350 以下（小）；350-1,499（中等）；1,500-4,999（大）；以及 5,000 以上（極大）。最後一個群組，代表智利在 1853 年的地主菁英。

在 1920 年代，瓦連瑞拉（Juvenal Valenzuela）編列一份智利主要農業財產的詳細清單。[10] 他訪問地主，並估計土地品質及灌溉區域，以計算每一筆財產的價值。他在 1920 年發現，10% 的地主擁有 90% 的土地，並列出頂層 1,000 名地主。我們從這份名單選擇在 2004 年選民登記中最早出生的世代，且出現頻率為 3-30 次的姓氏。這些姓氏的擁有者，是 1920 年最大的地主。

另一群財富類的菁英，是一組 19 世紀富人的罕見姓氏。在獨立後的 1830-1930 年間，智利經歷一段領土擴張和經濟成長期（加

7　封君姓氏取自 Amunategui Solar 1932 和 Gongora 1970。

8　巴斯克姓氏取自 Irigoyen 1881 和 Narbarte 1992。

9　Chile, Estado que manifi esta la renta agrícola 1855.

10　Valenzuela O. 1923

上社會動亂和頻繁發生的內戰），部分原因是礦業資源的開採。人口隨著經濟成長擴增為四倍，擴張的利益被認為主要由菁英獲得。從比亞拉洛波斯（Sergio Villalobos）和雅烏馬達（Ricardo Nazer Ahumada）的著作和其他來源，可列出一份 19 世紀商務與礦業菁英的罕見姓氏清單。[11]

另一個 19 世紀的菁英群組是義大利移民。1853 年進入智利的義大利移民，有半數從事商務或技術專業。1865 年的義大利移民有超過 80% 能讀能寫，相較於非移民人口的比率為 35%。[12] 2004 年智利選民登記中，有 60 萬名義大利裔智利人。最成功的義大利家族姓氏取樣，來自 1926-1927 年智利義大利殖民地的工商普查，從中選擇牙醫師、醫師、珠寶商、工廠業主的姓氏。[13] 這些姓氏大多數屬於罕見姓氏。

德國人是智利較晚近最凸顯的移民群體，一方面因為他們的人數較其他群體多，另一方面是他們在經濟、軍事和社會菁英中的影響力。最重要的早期德國移民浪潮，發生在 1845 年實施選擇性移民法後，對較高技術和較富裕的德國人與奧地利人提供特別誘因。這項法律，是想藉由增加智利中南部的人口，以促進經濟成長；其目標是奠定西方工作倫理和文化的基礎，稀釋本土的影響。合格的移民可以獲得五年貸款、牲口、土地和全部家人免費前往智利的運輸。因此所有移入智利的德國人，有 54% 是技術工人、工匠或商務人士，其中逾 82% 的人能讀能寫。

大約 1920 年的成功德國人士名單取自 1920 年《智利南部地區公報》（*Gazette of the Austral Region of Chile*），該公報登錄了商業和工業公司及其業主，與從事服務業的專業人士、旅客登錄，以及一份姓

11　Villalobos 1990; Nazer Ahumada 1993, 2000.
12　智利人口普查局（Oficina del Censo），1866。
13　Pellegrino 1927.

氏來源的系譜彙編。[14] 大多數德國姓氏在智利都很罕見，雖然這些姓氏並非根據此標準挑選。

智利的法國移民集中在 19 世紀末。1930 年，有遠超過 2 萬名法國移民有記錄可查。和義大利人與德國人一樣，法國移民大多數是商人、工匠和專業人士，識字率超過平均水準。此處使用的法國姓氏，取自一份駐智利法國領事的報告，上面有逾 500 名重要法國商人和創業家的名錄，記錄的時間介於 1907-1920 年。由於這些姓氏在智利大多很罕見，這份名錄提供了約 1920 年時富裕法國移民的姓氏清單。[15]

表 11.1 總結這些姓氏群組於 2004 年普查時，出生於 1920-1949 年和 1950-1979 年的人數。較晚期和較早期出生人數的比率，透露

表 11.1　2004 年智利選民登記中的姓氏樣本

群組	註	各出生期間人數		比率（1950-1979 / 1920-1949）
		1920-1949	1950-1979	
封君	早期菁英	839	1,557	1.86
馬普切人	原住民	7,036	17,389	2.47
巴斯克人	早期菁英	8,755	17,841	2.04
法國人	1920 年菁英	1,402	2,494	1.78
德國人	1920 年菁英	2,452	4,337	1.77
義大利人	1920 年菁英	1,132	1,981	1.75
地主				
1853 年小地主		15,988	36,070	2.26
1853 年中地主		824	1,731	2.10
1853 年大地主		1,874	3,580	1.91
1853 年極大地主		857	1,621	1.89
1920 年大地主		1,680	3,069	1.83
19 世紀富人		1,058	2,012	1.90

14　Valenzuela O. 1920.
15　Sloan, n.d.

表 11.2　取自 2004 年選民登記的姓氏群組之職業與地方所得代際相關性

群組	職業所得相對於出生期間平均		職業所得隱含相關性	地方所得隱含相關性
	1920-1949	1950-1979		
封君	1.54	1.45	0.76	0.83
馬普切人	0.68	0.75	0.79	0.63
巴斯克人	1.35	1.27	0.75	0.79
法國人	1.57	1.51	0.88	1.01
德國人	1.63	1.56	0.93	0.86
義大利人	1.67	1.53	0.85	0.89
地主				
1853 年小地主	1.01	1.01	—	—
1853 年中地主	1.41	1.27	0.70	0.85
1853 年大地主	1.59	1.53	0.92	0.82
1853 年極大地主	1.74	1.71	0.95	0.81
1920 年大地主	1.79	1.73	0.92	0.81
19 世紀富人	1.61	1.54	0.90	0.86
平均	—	—	0.84	0.83

出這些群組的相對社會地位。就智利全國的人數來說，比率為 2.3。最低地位的群組馬普切人，其比率是較高的 2.47。這個差距反映了貧窮群組的生育率可能較高，以及老年世代的壽命較短。

　　這個比率與地位密切相關，其證明來自 1853 年的地主姓氏。以土地價值漸增的順序分等級，其比率分別為 2.26、2.10、1.91 和 1.89。因此在一百五十年後的 2004 年，1853 年地主的地位仍繼續影響結果，意味智利有相當高的代際持續性。

　　表 11.2 顯示各姓氏群組的平均職業所得，比較所有 1920-1949 年和 1950-1979 年出生者的平均所得。同時顯示的是平均所得的隱含代際相關性。個別的估計從 0.70 到 0.95 不等，平均則為 0.84。使用地方估計平均所得測得的相關性，顯示在最後一欄中。個別估

計的持續率不同，但平均為 0.83，很接近職業所得的估計。

和其他國家一樣，此處估計的社會流動率比主流方法的估計低得多。例如，南尼茲（Nunez）和米蘭達（Miranda）用主流方法測得的所得與教育持續率，只有 0.52-0.67。[16]

表中最貧窮群組馬普切人的代際相關性估計，在各方面都低於平均：職業所得為 0.79、地方所得則為 0.63。這些結果可能反映馬普切人的社會流動性高於其他社會群體——正如前面已提到，馬普切人大量從農村地區遷移到聖地牙哥。但這些數字可能也反映，對這個還以務農為主的族群，估計職業和地方所得的困難度較高。

這些相關性估計很有可能存在系統性的向上偏誤。每一種職業的所得差距極大，菁英群組，如 1920 年地主的後代，可以擔任律師、且所得超過一般律師；或者擔任醫師、且所得超過一般醫師。隨著這個菁英群組迴歸均數，群組中從事高所得職業的成員，其所得也會迴歸均數。因此菁英和下層階級群組有第二種未反映在職業所得平均數字上的迴歸。報告的代際相關性，代表所得以及根本地位的上界（upper bound）。

截至目前的分析顯示，現代智利的根本社會流動率確實很低。殖民時代的高地位姓氏，例如封君和巴斯克人的姓氏，在 1950-1979 年期間出生的世代仍然保持高地位。菁英姓氏群組辨識的方法，並不影響測得的社會流動率。如果它們以族群來定義——義大利人、法國人、德國人、馬普切人——會顯示出各自的平均社會流動率。如果菁英姓氏純粹根據早期的財富來定義，例如 1853 年或 1920 年的地主，或 19 世紀的財富，那麼流動率也很相近。

因此在智利使用姓氏觀察到的低流動率，不是因為種族群體自我封閉並且只與同族通婚的結果。根據財富定義的姓氏群組只使用

16　Nunez 與 Miranda 2007。這些主流估計數字比起北歐國家，甚至比起加拿大、英格蘭和美國仍然很高。

罕見姓氏，因此此處測得的流動率，是針對地主或工業家的個別家族，他們並未呈現更快的社會流動率。在種族群體如德國社群中，也未出現較快的個別家族流動性，而只是群體內每個家庭都迴歸至相對較高的德國人職業地位均數。流動性普遍很低。

不過，沒有證據顯示智利的社會流動率與美國、英格蘭、瑞典、甚至於共產中國有任何差別。智利反而證實了這個假設——社會流動率主要取決於大體上不受社會體制影響的家庭。

十年期的流動性

上述的流動性是以世代來測量，但若以十年為期來考量流動性也很有趣，雖然這種方法會因為資料量較小而出現隨機波動。這個

圖 11.3　1973 年智利政變期間總統府遭到攻擊

方法對智利有其價值，因為智利在 20 世紀後半發生相對短期、但激烈的社會動亂。1964-1973 年，在弗雷（Eduardo Frei）和阿連德（and Salvador Allende）擔任總統期間，政府積極嘗試改善智利社會貧窮地區的教育。這場社會實驗以皮諾契（Augusto Pinochet）1973年政變的災難收場。在皮諾契的獨裁統治下（1973-1990 年），公共教育和針對貧民的計畫支出縮減，私人部門在高等教育的支出則擴增。如果公共支援對社會流動性有任何影響，那麼我們將預期，1950-1959 年這十年間出生的人，有許多受益於弗雷和阿連德的社會計畫，而接受中等和大學教育，他們的流動性會較高。對照之下，出生於 1970-1979 年的人，大多在皮諾契統治下受教育，他們的流動性應會受限。

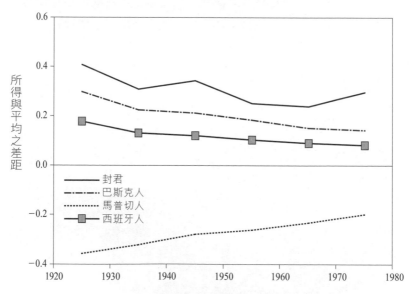

圖 11.4　1920-1979 年殖民菁英與下層階級按各姓氏群組、各出生十年期的所得變異

圖 11.4 顯示殖民時代的姓氏群組（包括封君和馬普切人）相隔十年的職業所得。這些所得顯示他們高於和低於各十年期間該職業所得平均數的變異。[17] 數字的遞增和遞減意味，正如線條斜度呈現的社會流動率。可以明顯看出，1964-1973 年和 1973-1990 年的政權對社會流動率並沒有多大可觀測的影響。儘管在弗雷和阿連德期間，貧民的教育機會提升了，但 1950-1959 年間出生者的流動率未見系統性的增加；1970-1979 年間出生者的社會流動率，也未見系統性的下降。封君姓氏的職業地位確實呈現明顯上升，但這是根據小數量的結果，可能受抽樣誤差影響。

　　圖 11.5 顯示其他菁英姓氏在各十年期的職業所得變異：法國裔、德國裔、義大利裔，以及 1853 年中等地主及大地主的罕見姓氏。

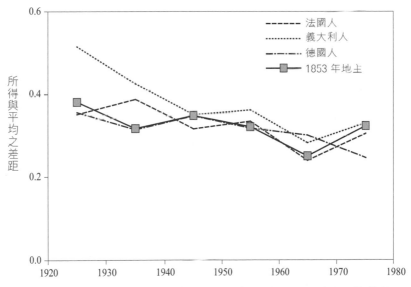

圖 11.5　1920-1979 年後期社會菁英按各姓氏群組、各出生十年期的所得變異

17　就技術上而言，這些數字顯示各姓氏的平均對數所得減去智利人的平均對數所得。

同樣的，此處也未見 1950-1959 年的出生期間有任何系統性的流動性提高跡象。但在皮諾契時代，受教育者的向下職業流動性有略微減緩的情況。

因此，智利的例子似乎凸顯了前面各章節的主題：社會和政治運動出乎意料地對社會流動性的影響很小。在發生當時看似嚴重、強烈和關鍵性的社會影響因素，卻僅對客觀的社會流動率留下令人驚訝的輕微痕跡。阿連德嘗試改造智利社會，並在軍事干預摧毀他的夢想時壯烈犧牲，數以萬計的人在皮諾契殘酷的軍事政權下，遭囚禁、刑求和謀殺。但如果社會流動率是過去數百年智利歷史唯一的記錄，我們將絲毫看不出這些事件的印記。儘管有那麼多人的哭泣、受苦、憤怒和奮鬥，社會流動性依然持續緩慢地移向均數，無視於那些深深影響智利人民生活的事件。

社會流動性定律和家族動力

　　第 6 章推論所有社會流動性都受一個簡單的根本法則支配，不受社會結構與政策影響：

$$x_{t+1} = bx_t + e_t$$

x_t 代表一個家庭在世代 t 的根本社會地位，e_t 代表隨機成分，而 b 則介於 0.7-0.8。[1] 出乎意料地，這個簡單的流動性定律能預測所觀察之早期社會菁英和下層階級在任何時候的結果。

　　任何個別家庭的社會地位，可能在許多世代經歷任何可能的路徑；但當我們觀察一個家庭在某個較早的時期（例如 1800-1829 年）有高地位或低地位時，此流動性定律暗示了以平均而言，後代的地位會逐世代向社會的均數移動。當持續率 b 高達 0.8 時，代表這是一個緩慢的過程，要花數百年時間才能讓原本很高或很低地位的家庭移至均數。當我們檢視大群體的高或低地位家庭時，平均移向均

1　記住此處社會地位是以平均為零來測量。

數的速度，就變得可以確定和預測。

不過，這個流動定律對當前的菁英和下層階級之歷史，有一種反直覺的意義。因為它預測以平均而言，一個家庭偏移和迴歸向均數的路徑將是對稱的。此流動定律暗示我們可以推論富裕和貧窮家庭的平均歷史，其正確性就如我們可以預測它們的未來。

我們都對白手起家的故事很著迷。例如狄更斯（Charles Dickens）的傳記很少不提到他有悲慘的童年，9 歲就被迫輟學，在暗無天日的工廠工作，直到日後他變成 19 世紀英格蘭最有錢、最有名的作家。[2] 同樣的，卡內基（Andrew Carnegie）的傳記作者也往往著墨於他出生在蘇格蘭丹弗姆林（Dunfermline）只有一個房間的小木屋，父親是個貧窮的手工紡織工人。[3]

然而流動性定律告訴我們，白手起家是異常和特例。任何世代的菁英通常只來自略次於菁英的家庭。平均來說，極富裕和最有才華的人，是中等富裕和中等才華者的後代。真正的貧窮和完全缺乏才華的人，則多半是中等貧窮和中等無才能者的子女。

這個定律可用實證來呈現。圖 12.1 顯示家庭的隨機群組移向與偏離較高和較低社會地位尾部之平均路徑，使用前述的等式，並假設 b 為 0.8。[4] 這個數字顯示 500 個家庭在五十個世代期間的模擬。對於在任何世代達到較高或較低地位的任何家庭來說，此數字顯示之前十個世代和之後十個世代的平均地位。即使把隨機誤差納入其中，社會地位的上升和下降仍呈現優美的對稱。高地位群組之前十

2　不過，狄更斯的父親至少是較低的中層階級。他原是皇家海軍的簿記員，因不善於管理自己的財務，結果被判進債權人監獄；小狄更斯則被送入暗無天日的工廠。

3　手工紡織工人在前工業化英格蘭的職業階層，距離底層還很遠。紡織工人是技術工人，通常擁有自己的紡紗機和房舍。但到卡內基 1835 年出生時，手工紡織已因為工廠紡織的競爭而快速沒落。卡內基的父親採取創業家的做法，為了改善經濟前途而舉家移民到美國。

4　為了這個目的，我們定義頂層和底層地位分布為距離平均地位至少三個標準差，大約為頂層和底層的 0.1%。

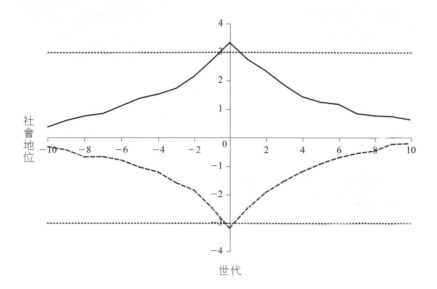

圖 12.1　菁英與下層階級家庭的基準世代經歷 21 個世代的隱含路徑

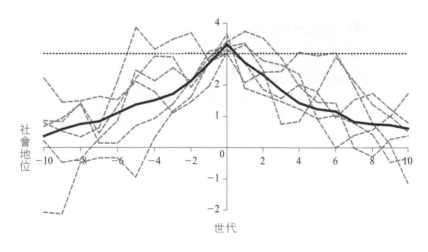

圖 12.2　六個菁英家庭比較平均家庭的路徑

個世代的持續性是 0.81，之後十個世代的持續性則是 0.85 。對低地位群組來說，之前和之後的持續性分別為 0.81 和 0.77。

個別家庭的路徑差異很大，圖 12.2 顯示由圖 12.1 的菁英群組隨機挑選的六個個別家庭之路徑。即使有很大的個別家庭變異，數字顯示在之前與之後四個世代，這些家庭持續擁有高於平均的地位。

圖 12.1 顯示的實證結果，可用數學方法以幾個等式來呈現。[5] 流動率定律暗示，對任何社會群體來說，平均而言（「¯」代表平均地位）：

$$\bar{x}_{t+1} = b\bar{x}_t$$

雖然看似矛盾，但它也暗示了平均而言：

$$\bar{x}_{t-1} = b\bar{x}_t$$

換句話說，如果我們觀察任何目前偏離平均社會地位的任何家庭群體，那麼它們在前一世代偏離平均的程度將較輕微，視 b 而定。對這些群組來說，預期的未來和過去的軌道將呈現對稱。

此種對稱暗示，如果一個群體在目前的世代偏離設定為零的平均社會地位，那麼平均而言它在之前世代的偏離程度將較低，視 b 而定。一個目前有高社會地位的家庭群體，勢必歷經許多世代、透過一連串小步偏離平均來達到現在的地位。矛盾的是，這種上升的路徑長度和速度取決於持續率 b──持續率愈高，趨向菁英的隱含路徑就愈長；趨向較低層階級時也是如此。

社會流動率同樣可透過既有的菁英要花多久時間迴歸到均數，

5　參考附錄 2。

以及他們花多久時間從均數偏離、並獲得目前的地位來測量。

要直覺地瞭解為什麼社會地位的變化會是如此，必須注意社會流動性的基本等式假設任何家庭的根本社會地位有一項決定的成分 bx_t，和一項隨機成分 e_t。b 愈大，典型的隨機成分就愈小；當 b 大時，由均數或均數以下的社會地位要在一個世代就移動到頂端，將需要一個極大的正值隨機震撼。換句話說，那將需要地位的隨機成分抽中一次肥王（El Gordo）彩券。因此如果代際相關性是 0.75，等式預測一個家庭從地位分布的均數，在一個世代移到頂層 0.5% 的機率大約是 5 億分之一。這很可能在英格蘭從未發生。從底層 0.5% 在一個世代移至頂層 0.5% 的機率，基本上是零。這從未在任何社會的歷史中發生過。

對照之下，雖然高地位家庭經常被迴歸均數的力量拉向中等地位，但它們也可能發生一些隨機震撼；且對它們來說，即使是一個相對溫和的震撼也能克服迴歸均數的力量，讓它們在社會階層更上層樓。因此不論在任何世代，典型的菁英階層家庭，都來自前一世代地位略低之菁英的子女。由於這適用於所有世代，所以一個家庭移至目前菁英地位的典型路徑，將涉及經歷許多世代的一連串有利的溫和震撼。

這表示，如果持續率確實是 0.75 或更高，所觀察之任何時期的菁英家庭，皆已在 20 個或更多個世代（六百年）中，位居高於平均的地位。低地位家庭的情況也是如此——它們通常在低於平均的地位，已停留了 20 個世代或更久。高持續率暗示以很慢的速度迴歸均數，也暗示有部分家庭持續位處高或低於社會均數的地位，已有一段長得令人驚訝的時間。

看來似乎有一些強力的偶發機制，持續推升一些家庭至社會地位的上層；看起來也好像我們只要觀察菁英，就會發現他們注定要毀滅，勢必滑落至均數。正如在量子力學中，我們只要觀察就能影響結果。但這兩種印象都不正確。我們觀察到的，只是根本等式的隨機過程預測的模式。雖然我們有可能推論 1850 年的菁英家庭從 1550 年就走在向上的社會路徑，卻無法預測 1550 年的哪一個家庭將加入 1850 年的菁英。

這個結果的實證力量，可以用第 4 章觀察的兩個英格蘭姓氏群組來說明。第一個群組的遺囑都經過 1384-2012 年的英格蘭遺囑法院認證，顯示有較多財富。第二個群組是 1500-2012 年進入牛津和劍橋大學的人，顯示獲得較高的教育。

舉例來說，有一個我們可以從 1384-1858 年一路觀察的菁英群體，即遺囑經最高遺囑認證法院坎特伯雷大主教特設法院（PCC）認證的人。在英格蘭死亡時遺囑經 PCC 認證的比率，於 1680-1858 年間相當穩定，平均占所有成年男性死亡者約 5%。因此我們可以假設這個法院在 1680 年以後認證的立遺囑者，代表英格蘭社會最富裕 5% 的人。但並非全都是男性──1680 年，這個法院認證的立遺囑者有四分之一是女性，通常是寡婦或未婚女性。因此這個地位測量標準，顯示的是家庭財富的繼承，不限於透過男性傳承。

表 12.1 顯示的是第 6 章論及的 1680-1858 年間，各死亡世代的 PCC 認證遺產件數；以及 1858-1887 年間，富裕和貧窮罕見姓氏群組的規模。[6] 把富裕姓氏群組的認證遺囑比率，除以該群組在各世代占人口之比率，我們可以獲得這些姓氏在認證遺囑中的相對代表性。

1858-1887 年，富裕姓氏群組在早期的認證遺囑中向來有過高的代表性。但我們從早期往後看，發現相對代表性從 7.2 滑落至 2.6。相反的，貧窮姓氏的代表性向來過低；但到後來，它們的相對代表

6　　姓氏在整體人口出現的比率，是以它們在婚姻登記的頻率估計而得。

表 12.1　PCC 遺囑認證中罕見姓氏的代表性

世代	所有遺囑認證	富裕罕見姓氏 1858-1887	貧窮罕見姓氏 1858-1887	富裕相對代表性 1858-1887	貧窮相對代表性 1858-1887
1680-1709	56,672	129	26	2.6	0.81
1710-1739	69,899	187	26	3.7	0.58
1740-1769	90,493	223	32	3.9	0.60
1770-1799	108,573	257	25	4.6	0.50
1800-1829	154,137	404	27	5.6	0.40
1830-1858	197,218	602	16	7.2	0.20

性從 0.20 上升至 0.81。

　　圖 12.3 顯示這些群組的相對代表性模式。同時呈現的，是這個模式的最佳擬合持續率所預測之相對代表性。就富裕罕見姓氏來說，這個持續率為 0.85。同樣的，1680-1858 年間預測的迴歸均數速度極為緩慢，而這次是以後期菁英家庭財富增加的速度來測量。對同樣這些姓氏群組在 1858-2012 年間來說，最佳擬合代際相關性是 0.82。這些根據理論所預測的數字並非完全相同，但十分接近。

　　對貧窮罕見姓氏來說，最佳擬合的隱含持續率為 0.71。1858-2012 年間，貧窮群組的估計持續率為 0.64，但這個後期的估計數字很不精確。因此向下流動性與向上流動性接近對稱：降至地位分布底層之家庭經由的路徑，形狀與升至頂層之家庭所走的路徑十分類似。

　　利用 PCC 的記錄，我們也可以對稱地測量 1680-1860 年工業革命時期的向上和向下流動性。它們是否像流動性定律所預測的一樣？從 1680-1709 年開始、到 1830-1858 年結束的各三十年期間 PCC 遺囑認證，可辨識出一群罕見姓氏。這些姓氏的擁有者，其遺

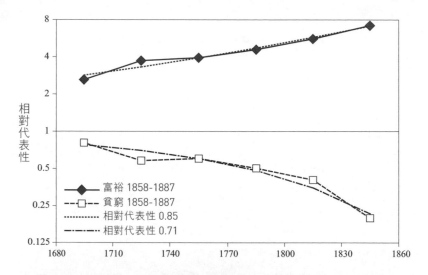

圖 12.3 1858-1887 年富裕與貧窮姓氏群組在 PCC 遺囑認證中的相對代表性

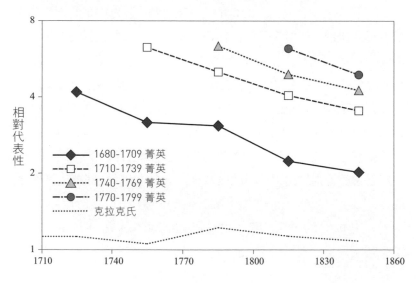

圖 12.4 1710-1858 年菁英姓氏群組在 PCC 遺囑認證的相對代表性

表 12.2　1710-1858 年 PCC 菁英的向下流動性隱含持續率

世代	1680–1709 菁英	1710–1739 菁英	1740–1769 菁英	1770–1799 菁英	平均
1740–1769	0.77	—	—	—	0.77
1770–1799	0.97	0.84	—	—	0.90
1800–1829	0.68	0.83	0.81	—	0.78
1830–1858	0.86	0.88	0.88	0.83	0.86
平均	0.82	0.85	0.85	0.83	0.82

囑在 PCC 被認證的可能性，通常是一般姓氏的 4-6 倍，在此處是以克拉克氏（Clark[e]）為代表，期間是被辨識當時之前或之後緊鄰的世代。[7]

　　圖 12.4 顯示，這些姓氏群組在晚期世代的 PCC 認證迴歸向平均代表性。和前面所述相同，這些模式可用以估計每個這些世代的社會流動性，而這些估計則呈現在表 12.2 中。它們證實了如今已為人所熟知的故事。在整個工業革命期間，向下流動性的平均持續率為 0.82，儘管期間經濟發生了重大結構性的改變。1760 年以後興起的新工業和帶來的新財富，對測得的流動率並未造成影響。昔日擁有土地之貴族的沒落，也未帶來影響。在英格蘭工業革命期間（1710-1858 年），代際財富流動性極低，正如現代英格蘭（1858-2012 年）的情況。其結果是，工業化前英格蘭的高地位姓氏（1710-1739 年），到 1830-1858 年間仍保有相當高的地位——相隔了四個世代，且已經歷工業革命帶來的經濟與社會變遷一段長時間。你可以改變一個社會，但無法改變社會流動性緩慢的步伐。

　　我們可以使用相同的 PCC 資料，透過檢視較晚時期菁英姓氏之相對代表性上升的速率，來測量 1680-1829 年間的向上流動率。

7　它們的相對代表性在被辨識的期間還更高，但在此期間，其相對代表性高於根本社會地位所暗示的相對代表性，是因為正誤差很常見（參考附錄 2）。

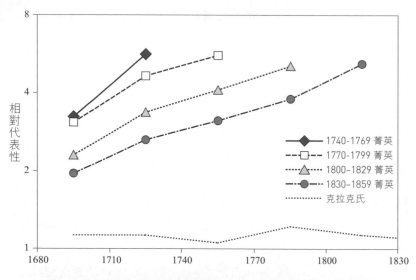

圖 12.5　1680-1829 年菁英姓氏在 PCC 遺囑認證的相對代表性

表 12.3　1710-1858 年 PCC 菁英向上財富流動性隱含持續率

世代	1740–1769 菁英	1770–1799 菁英	1800–1829 菁英	1830–1858 菁英	平均
1710–1739	0.61	0.68	0.65	0.67	0.65
1740–1769	—	0.86	0.83	0.83	0.84
1770–1799	—	—	0.84	0.83	0.83
1800–1829	—	—	—	0.77	0.77
平均	0.61	0.77	0.77	0.77	0.77

圖 12.5 顯示這些模式。如果向上社會流動率與向下一致，那麼相同姓氏在多個世代之相對代表性的向上和向下曲線斜度，就應該一致。圖 12.5 和圖 12.4 間的對稱性很明顯，向上和向下流動性是對稱的過程。表 12.3 總結了較晚期菁英上升速度的隱含持續率。向上流動性的整體平均估計為 0.77，接近向下流動性 0.82。如果把任何

涉及抽樣的測量本來就有的隨機波動納入其中，向上和向下流動性的速率確實很相近。在英格蘭大不相同的時代和社會體制下，社會流動性定律都呈現出相當明顯的穩定和可預測性。

教育流動性

我們可以顯示 1530-2012 年間（17 個世代）的家庭教育流動性，也有同樣對稱的上升和下降，來源是牛津和劍橋學生的罕見姓氏。

第一組菁英罕見姓氏是 1858-1887 年間死亡的富人。圖 5.8 顯示這些姓氏群組緩慢的向下流動性，測量的面向是他們於 1830-2012 年間在大學的相對代表性，其代際相關性是 0.82。圖 12.6 顯示他們從 1530-2012 年在劍橋和牛津的相對代表性。以 1530 年為起始年份，是因為直到 1538 年才能測量姓氏在人口的相對比率，最早的洗禮、結婚和葬禮登錄都從當時才開始。這個姓氏群組從 1530-1799 年顯示出預期的對稱上升，其持續率為 0.83。

第二組菁英罕見姓氏，是 1800-1829 年間出現在牛津和劍橋的人。[8] 圖 12.6 顯示這些姓氏的相對代表性。同樣的，這些模式也一如預期。1830-2012 年相對代表性所隱含的持續率為 0.77，和 1530-1799 年估計的完全相同。[9] 因此，再一次的，地位的流動性定律在英格蘭發生重大社會變遷的五百年間始終如一──這些變遷包括英格蘭的宗教改革、科學革命、內戰、光榮戰爭、工業革命、男性普選、大眾教育以及福利國興起。

對這兩個群組來說，教育與財富的持續性是一致的。在 1680-

8　和以往一樣，我們定義的罕見姓氏是 1881 年普查中擁有者僅 40 人或更少的姓氏。

9　1800-1829 年間未包含在估計中，是因為在這段期間和其相鄰的世代間，觀察到的社會流動性相對於此處探討的根本持續性，屬於一般類型。

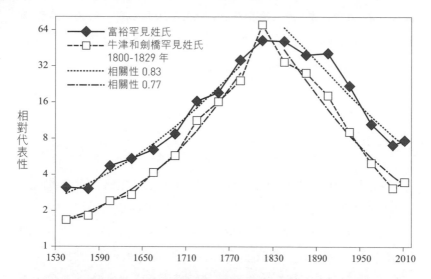

圖 12.6　1530-2012 年富裕罕見姓氏與牛津和劍橋罕見姓氏的相對代表性
及相關性

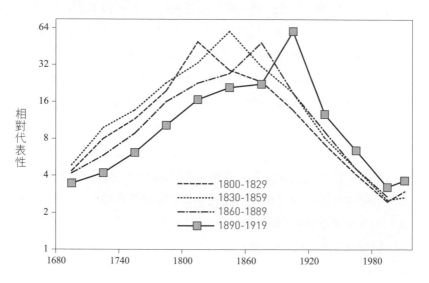

圖 12.7　1680-2012 年罕見姓氏各世代在牛津和劍橋的相對代表性

1858 年間，財富的持續率估計介於 0.71-0.85 之間，教育的持續率則介於 0.77-0.82。

牛津和劍橋大學罕見姓氏在 1800-1829 年間的情況，和罕見姓氏於每一世代的情況一致。圖 12.7 顯示各世代的罕見姓氏在大學的教育地位路徑，包括 1800 年、1830 年、1860 年和 1890 年起始的各世代。它們全都顯示出簡單流動定律預測的對稱倒 V 形。

這些發現說明了兩件事。第一，地位持續率歷經英格蘭 1680-2012 年的各種社會體制，仍然保持穩定。第二，菁英在任何時期都有很深的根柢。例如在 1890 1919 年間有過高代表性的罕見姓氏，在 1680-1719 年時的牛津和劍橋，代表性已經是 3 倍。這個現代菁英群組在大學有淵源流長的過高代表性。

兩個佩皮斯的故事

英格蘭從 1500 年至今的社會流動性，能否都以簡單流動性定律來解釋？即使在整體持續性介於 0.75-0.8 的世界，某些持續性的例子似乎特別凸顯。以導言中提到的佩皮斯家族為例，是我們從 1858-1887 年間死亡的世代中抽樣的富裕罕見姓氏之一。教區的結婚和洗禮記錄顯示，從 16 至 18 世紀，沒有一個世代同時存活的佩皮斯超過 40 人。正如著名的華特森─葛爾頓（Watson-Galton）研究所預測，這類罕見姓氏往往瀕臨滅絕邊緣。2002 年擁有佩皮斯姓氏的只有 18 人，似乎正日漸接近滅絕。

佩皮斯似乎是一個中等世系的姓氏。中世紀的記錄中，沒有任何佩皮斯家庭擁有大筆財產（參考第 4 章提到的《遺產調查》記錄），或曾擔任國會議員；佩皮斯也沒有出現在 1620 年以前的

PCC 遺產認證中。結婚與洗禮記錄只顯示，它源自劍橋和諾福克（Norfolk）的農村地區。佩皮斯氏是土地之子。

然而從至少 1496 年以來，佩皮斯一直是個高地位姓氏。在 1496-1699 年期間，超過 21 歲的男性佩皮斯可能不超過 56 人，但其中有 28 人曾進入牛津或劍橋大學；當時的男性人口中，就讀這兩所大學的比率不到 2%。此家族的大學就讀比率到 18 和 19 世紀已略微下降，但估計 70 位男性佩皮斯中，仍有 22 人進入牛津和劍橋，是一般人口比率的 30 倍。到了 20 世紀，入學率進一步下滑，但仍維持一般人口比率的二十餘倍。

五百年的教育獲得記錄是否可能完全由隨機因素造成？或者因為特殊的佩皮斯傳統或優勢，例如姓氏的名氣，以致讓尋常人得以出類拔萃？此處的答案是，佩皮斯家族的記錄十分突出，其持續數世紀在牛津和劍橋的過高代表性（持續率高達 0.8），正好是我們預期的結果。圖 12.8 顯示姓氏的地位歷經許多世代的預期起伏。佩皮斯氏沒有特別之處，除了在 1450-1650 年間，他們有許多隨機的好運。

這些隨機幸運帶來了繁衍時基因汰換的好運，以及佩皮斯男性所娶的女性根本特質的提升。佩皮斯氏的崛起並非基於他們技術和能力以外的原因，他們不是國王的庶生後代、贊助的受益者，或種姓特權的繼承者。他們歷經中世紀天主教會、宗教改革、清教徒運動、復辟、光榮革命、進入維多利亞時代，始終維持地位不墜，甚至至今地位未衰。英國的醫事總登錄（General Medical Register）顯示有 4 名佩皮斯氏。

對照於佩皮斯氏成功的長曲線，還有一個很可能與佩皮斯有關係、有著類似罕見姓氏的家族——佩普斯（Peeps）；但並不顯著。和佩皮斯一樣，根據教區的出生和結婚記錄，佩普斯家族源自劍橋。

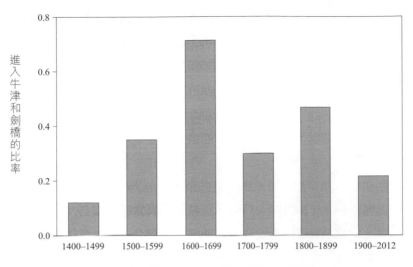

圖 12.8　佩皮斯氏在各世紀進入斗津和劍橋的比率

基於早期發音的不規則，佩普斯和佩皮斯的世系很可能有相同的祖先。兩名佩普斯出現在 1530 年代的劍橋大學記錄，但以後便付諸闕如。這當然不是很顯赫的記錄，雖然 1881 年只有 46 名佩普斯氏，到 2002 年更減少到只有 12 人。1620-1858 年間，PCC 法院的認證記錄有 49 名佩皮斯，但沒有任何佩普斯氏的遺囑認證。

　　然而兩個姓氏世系歷經許多世代的命途大不相同，除了說明隨機震撼影響家族根本社會能力之外，沒有更大的意義。這不是該隱與亞伯（Cain and Abel）被神恩寵與詛咒的故事，這些家族沒有什麼特別之處。他們的軌跡。只是顯示社會流動性的法則往往製造出長期優勢或缺少優勢的曲線，使得不同的人最後落在地位分布的極端。

　　這一切都只是機率的運作。佩普斯氏如果繼續存在，將在未來某個時候等到出頭天；而佩皮斯氏幾乎已注定要回歸平庸。但機率意外的持久效應，會讓許多人感到戒慎。我們 12 個世代前祖先的能力和地位，可以預測我們進入大學、當醫生或變富裕的機率，違背了我們認為一個公平社會應提供目前世代所有人平等機會的想法。這個問題將在後面討論。

中國清朝

關於流動性定律與家族崛起的反直覺效應，還有另一個例子——中國的清朝（1645-1905 年）。利用祖籍地—姓氏的組合，如寧波范氏，我們可以追蹤民國時代（1912-1949 年）和現代的社會流動性（參考第 9 章）。從帝制時代江蘇南部和浙江北部通過省級科舉考試舉人的記錄，這些姓氏可一路回溯至 1645 年和清朝初始。

根據 1871-1905 年間的舉人數量，而被視為菁英的祖籍地—姓氏，它們在更早期（1645-1870 年）的歷史又是如何？圖 12.9 顯示這些江蘇與浙江的姓氏，1661-2010 年間各世代的相對代表性。此圖正確地顯示出流動性定律所預測的更早時期（1721-1870 年）會有的模式。對兩組姓氏來說，過去七個世代的地位呈現近乎對稱的上升。就浙江來說，此種上升隱含的根本持續性為 0.81，很接近民國時期地位下降時估測的持續性參數 0.78。

不過，此一模式與 1661-1720 年間的預測不一致。這些祖籍地—姓氏組合的相對代表性，在 1661-1690 年間仍與 1721-1750 年間一樣高或略高。一個可能的解釋是，罕見姓氏的出現頻率隨著時間下降。由於沒有更好的資訊，此處假設這些祖籍地—姓氏組合，在 1661-1690 年占人口之比率同於 1912-1949 年。根據在英格蘭追蹤

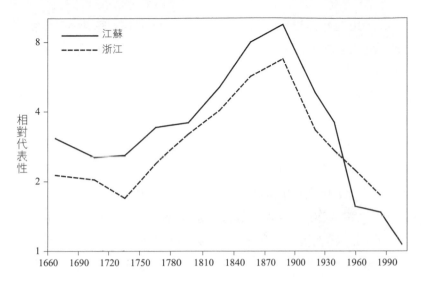

圖 12.9　1871-1905 年江蘇、浙江「祖籍地一姓氏」菁英在舉人間的相對
　　　　代表性，1661-1990 年

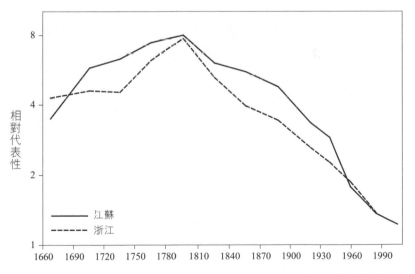

圖 12.10　1781-1810 年江蘇、浙江「祖籍地一姓氏」菁英在舉人間的相
　　　　　對代表性，1661-1990 年

1538-2010 年姓氏頻率的經驗，一個 1912-1949 年的罕見姓氏，往往在 1661-1690 年間的姓氏中，會是較大的姓氏。而 1661-1690 年間出現頻率更低的姓氏，到了 1912 年往往已經消失。如果這些中國的祖籍地—姓氏組合，平均來說在 1661-1690 年占人口之比率為兩倍，那麼這個謎將不存在。

圖 12.10 顯示，根據 1781-1810 年間出現於舉人名單而被定義為菁英的祖籍地—姓氏組合，也有相同模式。我們看到預測的對稱，但其擬合比英格蘭鬆散得多。難以確定這些祖籍地—姓氏組合在各時期所占的人口比率，可以解釋這種擬合鬆散的情況。

因此，清朝舉人的資料提供了夠強的支持，證明菁英家庭的地位動態所遵循的模式，與在英格蘭的發現以及圖 12.6、圖 12.7 所示的模式一致。整體來說，此社會流動性定律簡單而反直覺的預測，是經得起驗證的。

新教徒、猶太人、吉普賽人、穆斯林與科普特人——流動性定律的例外？

　　前面章節檢視的例子顯示，範圍廣泛的各種社會在各個時代，似乎都存在一個社會流動性的通則，所有群體都承受迴歸均數的拉力。社會地位的變異，主要藉由對家庭根本社會能力的隨機震撼來維持。

　　不過，基本的假設是，每個人口群體都有一個既定、類似的才能分布，而菁英與下層階級都是從這個天賦才能的總和汲取能力。在社會中，社會流動性的行為就像一種生物現象，影響流動性的因素似乎是基因遺傳。

　　但部分社會流動的特性，似乎違背了這個簡單的準生物學法則。流動性定律解釋了為什麼個別家庭會變成菁英或下層階級，而此過程出乎意料的動力，在前一章已經說明。但它無法解釋一些大型的社會、宗教和種族群體如何獲得並維繫高社會地位，或長期淪落低地位。這種結果無法以流動性定律來解釋。

　　猶太人如何在中世紀或更早時期的東歐和中東，崛起成為社會菁英？英格蘭的吉普賽人和旅人（Traveller）為何在 16 世紀和 17

世紀，淪落至社會底層？為什麼基督教少數族群在穆斯林世界經常是經濟菁英？

　　菁英社會群體的崛起，經常與他們擁抱的宗教意識形態鼓勵和促進社會成功的態度及渴望有關。因此波提西尼（Maristella Botticini）和艾克斯坦（Zvi Eckstein）主張，公元 70-700 年間猶太人在中東崛起成為高教育菁英，是受猶太教的宗教意識形態興起所驅動；此種意識形態強調所有男人都應學習閱讀摩西五經（Torah），也就是律法之書。[1] 信仰這套興起的宗教訓誡，塑造了猶太人在前工業化世界的歷史，賦予猶太人在商務、財務和學術上的優勢，把他們從農夫變成貿易商、學者和金融家。

　　現代歐洲初期的新教（protestantism），同樣強調人應該要能自己閱讀聖經，不透過教士階級來媒介宗教知識。這個傳統對識字率的影響，被用以解釋為什麼新教徒在前工業化歐洲享有比天主教徒更高的經濟地位。如果這個解釋正確，而宗教或種族的關係確實在家庭的社會能力扮演獨立的因果角色，那麼流動性定律將無法預測許多結果。

　　流動性定律也無法解釋部分群體的地位持續了數世紀，而未迴歸均數。為什麼猶太人在崛起成為突出的群體兩千多年後，在大多數社會仍然是菁英？為什麼婆羅門在孟加拉仍是菁英，而穆斯林還是位處下層階級？中東和北非的科普特人和其他基督教徒，為什麼在穆斯林征服超過一千年後，仍能維繫其高於平均的社會地位？

　　事實上，此處呈現的是，這些結果與前面章節詳述的流動性定律能相容不悖。如果宗教意識形態本身可以改變家庭的社會能力，就會出現不相容的情況。對於菁英和下層階級的出現，另一個解釋是，宗教往往選擇性地（不管是有利或不利的）從既有的社會才能

1　Botticini and Eckstein 2012, 71.

表 13.1　公元 65-1492 年猶太人口占母群體、歐洲、北非、亞洲少數族群、阿拉伯和西亞人口之比率

年份	總人口	猶太人口	猶太人比率
65	55	5.5	10
650	51	1.2	2.4
1170	70	1.5	2.1
1490	88	1	1.1

庫中募集成員。而不同宗教加諸於信徒的責任，可能決定了從才能庫的哪　部分汲取其信徒。

為什麼猶太人特別成功？

　　波提西尼和艾克斯坦強調，到了 1490 年，猶太人口只是遠為龐大的母群體人口後代的一個小次級群體。他們追溯所有猶太男性開始強調識字的年代，約在公元 70 年。假設猶太人在公元 65-1490 年間的淨生育率和周遭的人口一樣，公元 70 年猶太人母群體人口的後代，到了 1490 年將只有 10% 仍是猶太人（參考表 13.1）。其餘的猶太人口已改信其他宗教，或許主要是基督教。此種改變信仰的情況，很少發生在強迫改信的環境。

　　波提西尼和艾克斯坦明確地指出，保持猶太教信仰或改信其他競爭教派的決定是經濟性的。[2] 促成該決定的因素，首先是家庭的職業，因為識字被假設只對商人和工匠有經濟價值。一定有一些信仰或改信的選擇，是根據才能進行的，雖然這一點並未明白地被模型化，且波提西尼和艾克斯坦也未說明此特性在決定改信宗教中的

2　Botticini and Eckstein 2012, 80–94.

重要性。[3]

　　波提西尼和艾克斯坦的主要論點是，強調識字責任的宗教吸引從事商業和製造業等都市職業的信徒。但如果從事這類都市職業的驅動因素，是不同家庭的根本才能（這似乎很有可能），那麼較早期的猶太人口中，最有才能者將保持猶太教信仰。波提西尼與艾克斯坦的大部分證據，符合從猶太教改信（其他信仰）主要是由家庭的社會能力驅動之可能性。他們觀察到，「早期基督教作者和教會宣教者的文章顯示，大多數從猶太教改信基督教者，是文盲和貧民」。[4]

　　根據能力選擇是否塑造了猶太人口的命運？此論點的可能測試之一，是猶太人在現代世界的經濟地位。假設目前的猶太人口只是公元 65 年當時猶太人口後代的隨機子群體，由於現在識字已很普及且由國家大力推行，那麼信仰猶太教應該不再提供經濟和社會的優勢。然而，即使在識字普及實現的數百年後，猶太人口仍高度集中在他們居住的每個社會的地位分布上層。如果不是猶太教選擇性地從母群體人口保留了有才能的人，那麼猶太人在現代世界持久不衰的經濟優勢原因何在？

選擇性的改變宗教信仰

　　宗教往往選擇性地吸引信徒的有力證據，可以從愛爾蘭分治前

3　「有低能力兒子、或兒子不喜歡學習的家庭⋯⋯將比較不願意投資在子女的識字能力上。」（Botticini and Eckstein 2012, 93.）

4　Botticini and Eckstein 2012, 120. 不過，菁英猶太家庭選擇性持續信仰猶太教的模式，會顯示猶太人口在各個不同的地理區相當一致的減少。波提西尼和艾克斯坦也強調，猶太人口在公元 650 年時，已從中東和北非大部分地區消失，存活的人口則集中在美索不達米亞和波斯。

的經驗發現。愛爾蘭社會以天主教徒與新教徒人口長期以來地位不同而聞名。在 17 世紀大體上已奠立基礎的新教徒移民，從 17 世紀直到 20 世紀間都保持著菁英地位。天主教徒與新教徒持續存在劇烈的社會分歧，尤其與來自蘇格蘭的長老會新教徒似乎有無法跨越的交流障礙。自 17 世紀以蘇格蘭新教徒為主的移民抵達愛爾蘭直到今日，這兩個社群顯然在彼此隔絕的情況下發展。因此我們會預期，現在的新教徒人口完全是新教徒移民的後代，而天主教徒人口則完全是本土愛爾蘭人的後代。

　　不過，姓氏證據顯示，兩個宗教群體之間有相當多的人口交流。[5] 如果我們從 1911 年的愛爾蘭普查中，抽樣完全屬於蘇格蘭裔的姓氏並檢視其擁有者的宗教信仰，會發現有整整 14% 是天主教徒。[6] 同樣的，如果我們抽樣一組曾經完全是天主教徒的本土愛爾蘭姓氏，會發現 1911 年的擁有者中，有 12% 是新教徒。[7] 因此在看似無法穿透的宗教分歧中，存在著十分顯著的雙向人口交流。

　　要瞭解推動這些改變的因素，我們可以把愛爾蘭劃分為六個新教徒比率最高的郡——阿馬郡（Armagh）、安特里姆郡（Antrim）、唐郡（Down）、弗馬納郡（Fermanagh）、倫敦德里郡（Londonderry）和蒂龍郡（Tyrone），六個郡合起來形成北愛爾蘭——和其他地區。圖 13.1 顯示愛爾蘭各郡的新教徒人口比率。圖 13.2 顯示 1911 年各地區依宗教信仰和年齡層（0-29 歲和 30 歲以上）區別的各姓氏人

5　　參考 Kennedy、Gurrin 與 Miller 2012。此處的討論只是放大他們的觀察。

6　　以下挑選的是完全蘇格蘭裔的姓氏——伯斯威爾（Bothwell）、布坎南（Buchanan）、凱斯卡特（Cathcart）、富勒頓（Fullerton）、季爾凡（Girvan）、漢密爾頓（Hamilton）、萊爾德（Laird）、麥格瑞葛（McGregor）、歐爾（Orr）和司伯勞爾（Sproule）。

7　　這些愛爾蘭姓氏是：波伊爾／歐波伊爾（Boyle / O'Boyle）、多荷帝／歐多荷帝（Doherty / O'Doherty）、葛拉迪／歐葛拉迪（Grady / O'Grady）、漢納威（Han(n)away）和麥布萊德（McBride）。把漢納威包括在內，是因為那是我外祖父的姓氏，他本人也出現在普查記錄中。

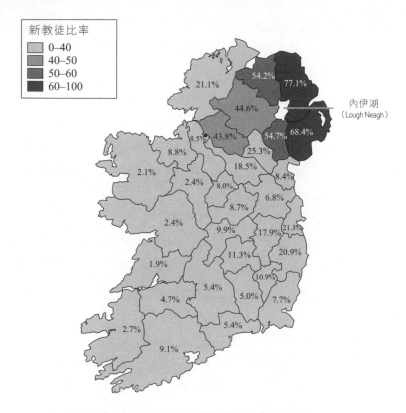

新教徒比率
0–40
40–50
50–60
60–100

21.1%
54.2%
77.1%
44.6%
內伊湖
（Lough Neagh）
8.5% 43.8%
54.7% 68.4%
8.8%
25.3%
2.1%
18.5%
2.4%
8.0%
8.4%
6.8%
8.7%
2.4%
9.9%
17.9% 21.3%
1.9%
11.3%
20.9%
10.9%
5.4%
5.0%
7.7%
4.7%
2.7%
5.4%
9.1%

圖 13.1　1911 年愛爾蘭各郡新教徒分布

口比率。

　　圖 13.2 顯示，這些姓氏逐漸改信在各個地區具有支配地位的宗教。在南部，絕大部分愛爾蘭姓氏仍然是天主教徒，而在六個北方郡，只有三分之二愛爾蘭姓氏仍然是天主教徒。反過來，在北方各郡中，93% 的蘇格蘭姓氏仍然是非天主教徒，而南方有三分之一蘇格蘭姓氏擁有者是天主教徒。圖 13.2 也顯示，這個過程已進行許多個世代。當我們把普查記錄中的人分成兩個年齡群組（30 歲以上和30 歲以下）時，我們發現愛爾蘭姓氏改信新教、蘇格蘭姓氏改信天

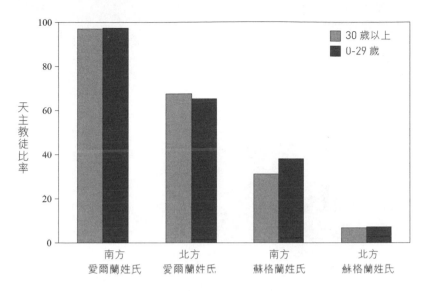

圖 13.2　1911 年天主教徒擁有的愛爾蘭和蘇格蘭姓氏比率

主教的比率，在年輕世代只略高一些。

　　天主教徒與新教徒兩個群體在社交上不相往來。如圖 13.3 所示，天主教徒在全國各地區的識字率都低於新教徒。圖 13.4 則顯示，在全愛爾蘭從事較高技術職業的清教徒也比較多。但這些也呈現出，從一個宗教改信另一個宗教有助於讓兩個宗教的社會地位差異持續不墜。擁有蘇格蘭姓氏的天主教徒，其社會地位比擁有相同姓氏的清教徒低得多，即使控制了區域的差異因素——他們比較可能是文盲，並從事低技術職業。同樣的，有愛爾蘭姓氏的清教徒，其社會地位比相同姓氏的天主教徒高得多——他們比較可能識字，並從事高技術職業。

　　因此愛爾蘭的歷史顯示，即使像彼此敵對的愛爾蘭天主教徒和清教徒群體，不僅可能發生顯著的人口交流，同時能因為這種交流而強化彼此群體中的菁英和下層階級。清教徒姓氏群體中位於社

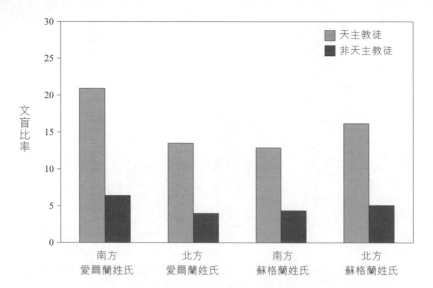

圖 13.3　1911 年擁有愛爾蘭和蘇格蘭姓氏者 16 歲以上男性文盲比率

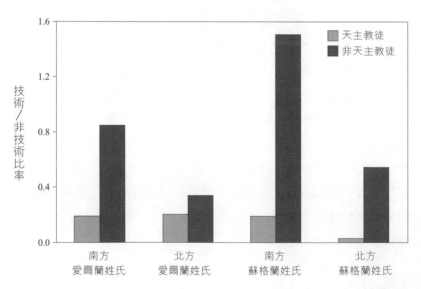

圖 13.4　1911 年 18 歲以上男性從事技術／非技術職業比率（依姓氏類別
　　　　　和宗教區分）

會地位底層的人，較可能在過去三百年的某個時候改信天主教會。
1911 年在愛爾蘭姓氏群體中居於社會地位頂層的人，則比較可能變
成清教徒。[8]

現代猶太人口的起源

假設歐洲、北美和中東的猶太人口與周圍的人口互動，情況就
像愛爾蘭的清教徒少數群體與多數天主教徒互動，那麼猶太人日後
的經濟優勢，有可能以當地人口和猶太人口選擇性的交流來解釋。

不過，傳承自 19 世紀斯拉夫東歐社群為主的現代阿什肯納茲
猶太人口，其起源存在一些謎團。在 1170 年，中東、北非和南歐
的塞法迪（Sephardic）和密茲拉西（Mizrahi）猶太人，代表了當時
已知猶太人口的大部分。到 20 世紀初，塞法迪和密茲拉西人口增
加很少，仍然只有大約 100 萬人。有關他們的起源和世系有很明
確的資訊──塞法迪和密茲拉西猶太人很可能都是 1490 年猶太人
口的後代，加上一些地方血統的混合，並且也因改信其他宗教而
流失了一些人（例如 1492 年後在西班牙）。對照之下，阿什肯納
茲人口據估計在中世紀占所有猶太人口的 4% 或更少，到了 20 世
紀已變成占猶太人口的絕大部分，多達 800 萬人。[9] 儘管發生大屠
殺（Holocaust），據估計阿什肯納茲人現在仍占世界猶太人口逾
80%。

阿什肯納茲人到 19 世紀如何崛起、成為世界猶太人口中的大

---

8 正如 Kennedy, Gurrin, and Miller（2012, p.21）指出，此處有一個因果的問題：「較
低的社經地位是否在融入天主教社群之前就存在，或是同時存在，或者造成了這種
以向下社會流動性呈現的結果，這個問題開啟了值得進一步探究的許多可能性。」
9 Botticini and Eckstein 2012, 40.

多數，仍是一個歷史的謎。諷刺的是，一個早期以鼓勵識字聞名的群體竟沒有留下文字記錄，說明自身的起源及如何移民至東歐。意第緒起源學者金恩（Robert King）指出：「早期猶太人在斯拉夫東歐的遺跡大部分是死者的遺骨。」[10]

　　過去普遍接受而沒有爭議的看法是，阿什肯納茲猶太人是塞法迪社群的分支，在中世紀從義大利移民到德國西部。後來這個族群應該是在 1347 年黑死病後的德國，因受迫害而東移。這是所謂的萊茵蘭假說（Rhineland hypothesis）。但從中世紀到 19 世紀間，需要非常高的人口成長率——持續每年超過 1.5%，或每個世代 50%——才有可能製造出 1900 年估計的 800 萬阿什肯納茲猶太人，遠高於東歐的平均人口成長。然而，這個比率並非難以置信——在工業化前的英格蘭等社會，菁英群體的人口成長率確實高於一般人口。例如在英格蘭，最富裕世系的家庭規模每世代增加 50-100%。[11] 如果阿什肯納茲和塞法迪猶太人源自相同的子群體，且此一子群體的人口不及羅馬帝國內母群體的 10%，則符合此處所主張的生物學地位傳承的假說。

　　但有一些學者質疑，萊茵蘭假說所需的阿什肯納茲人口成長率，是否與其他工業化前猶太社群人口統計的證據一致。[12] 另一個主張是，阿什肯納茲人是 19 世紀大規模改信猶太教的可薩人（Khazars）後代，源自高加索（Caucasus）。可薩帝國在公元 960 年代崩潰後，殘餘的可薩人據說移民到中歐，把猶太教傳給阿什肯納茲人。但此種說法將違背此處主張的來源和菁英人口假說。全部人口改信猶太教不該變成菁英，因為宗教訓誡本身與社會能力無關，除非它們能導致宗教信仰選擇性地吸引教徒。

10　"Scholars Debate the Roots of Yiddish, Migration of Jews" 1996.
11　Clark 2007, 116–121.
12　Van Straten and Snel 2006; Van Straten 2007, 43.

不過，基因證據似乎支持萊茵蘭假說有關阿什肯納茲人起源的說法。[13] 近日針對猶太人口的基因證據調查，包括來自全基因體、Y 染色體和粒線體（Mitochondrial ）DNA 的研究，得到的結論是，阿什肯納茲人確實與其他猶太人口是近親；此外，他們在基因上與義大利、希臘和土耳其的猶太人口最親。這個發現與阿什肯納茲人向歐洲北部移民的主流說法一致。

基因證據也顯示，阿什肯納茲人口有很小群的男性和女性創始祖先，因此勢必經歷了快速擴張而達到目前的規模。例如，四名女性占阿什肯納茲人粒線體 DNA 的 40%，其餘則由少數人貢獻。Y 染色體的證據也顯示只有 5% 到 8% 的阿什肯納茲人，其基因材料來自歐洲男性的混合。[14] 因此阿什肯納茲可能代表一個菁英中的菁英，這個發現將與此處所提的社會流動性假說符合。而阿什肯納茲人長期居住東歐僅得到有限的歐洲 DNA 混合，則符合一個群體藉由同族通婚或選擇性的捨棄低地位成員，來維繫其菁英地位的主張。[15]

穆斯林社會的少數族群

選擇性的與少數人口通婚扮演重要角色的證據，也可能解釋基督教徒、猶太人和帕西人（Parsis）如何在穆斯林支配的社會崛起成為菁英。這個機制是由薩利（Mohamed Saleh）在一項有趣的埃及

13　有人對這點提出不同看法。Elhaik（2013）的報告支持可薩人假說的基因證據。

14　Ostrer and Skorecki 2013, 123.

15　Gregory Cochran、Jason Hardy 與 Henry Harpending（2006）主張，現代阿什肯納茲人的菁英地位來自東歐較聰明的社群成員較成功的繁衍，因為他們的職業集中在金融和商務。這是另一個符合流動性定律的潛在機制。不過，前工業化時代社會菁英較成功的繁衍，並非阿什肯納茲猶太人獨有的模式；例如在工業化前的英格蘭，經濟成功與繁衍成功是相互關聯的（Clark 2007）。

科普特基督教徒研究中提出的。[16] 穆斯林社會有兩項特色：第一，被統治人口未被強迫改信伊斯蘭教；早期階段的穆斯林社會容許宗教少數群體存在。[17] 但根據伊斯蘭律法，非穆斯林男性必須繳納稱作丁稅（jizya〔h〕）的人頭稅。這是容許崇拜其他宗教的規費，此種稅法設計的目的在於鼓勵改信。

人頭稅的課徵有時候採取變動稅率，因此巴格達的首席法官尤蘇夫（Abu Yusuf）於 8 世紀時在他的稅務與公共財政論述中，規定最富有的男性應支付 48 迪拉姆（dirhams），中等財富者應支付 24 迪拉姆，而工匠和工人應支付 12 迪拉姆。但這些稅率對貧窮勞工的負擔，仍然遠超過宗教少數族群中較富裕的成員。[18]

薩利指出，埃及的科普特基督教徒在阿拉伯穆斯林征服前，是埃及社會的多數族群；但在公元 641 年、阿拉伯人征服後的數個世紀，陸續選擇性地改信伊斯蘭教。他發現證據顯示，貧窮的科普特人在丁稅的壓力下改信伊斯蘭教——改信的比率在課徵重稅的地區較高。此外，在改信比率最高的地區，剩餘的科普特人口到 19 世紀時變得更菁英。在拜占庭帝國，科普特人的社會地位最低，低於猶太人和上層階級的希臘正教基督徒；但在穆斯林埃及，其餘的科普特人卻像其他兩個少數族群一樣，也成了菁英。19 世紀，都市和農村地區的科普特人雖然是政治上的少數族群，但其職業地位都高於穆斯林。

埃及的情況，也在其他穆斯林社會發生。例如在伊朗，針對 1966 年普查的分析發現，高所得的首都德黑蘭人口占全國約 10%，卻居住了三分之二的亞美尼亞基督徒和猶太人，以及半數的索羅亞斯德教徒（Zoroastrian）和亞述基督徒。這種情況的解釋是，從

16　Saleh 2013.

17　不過，一旦有人改信伊斯蘭教之後、或出生時就是穆斯林的小孩，改信其他宗教將被處以死刑。

18　根據伊斯蘭律法，穆斯林也必須繳納稅捐，但整體來說比丁稅的負擔輕。

1921 年開始現代化後，許多早期接受西方訓練的醫師、工程師、技工和外語教師，都來自少數族群。德黑蘭是現代化的前鋒，對這類職業有高度需求，因此少數族群被吸引到都市。[19]

不過，即使在 1966 年，伊朗的少數族群只占人口的 1.2%，大量猶太人、索羅亞斯德教徒和基督徒，先前已因為不容於什葉派伊斯蘭教而外移。在黎巴嫩、敘利亞、約旦和伊拉克，基督徒少數族群都在穆斯林征服後變成菁英，可能是因為類似丁稅制度下的改信模式。

伊斯蘭社會中的少數族群一旦變成菁英，便透過高比率的同族通婚維繫他們的高地位超過一千年。一項針對伊朗群體的 ABO 血型研究獲得結論說，猶太人、亞美尼亞人、亞述人和索羅亞斯德教徒等少數族群，在基因上長期與其他伊朗人口隔絕，[20] 但這些族群只占人口的很小比率。所以雖然可以下結論說，他們吸引很少穆斯林族群成員加入，但也不能排除他們折損了一些被穆斯林族群同化的人口。

所有這些創造菁英次群體和維繫菁英地位的經驗，都符合第 6 章提出的簡單社會流動性模式。菁英和下層階級的形成，是因為人口能力分布的若干上層或下層部分選擇性的宗教認同改變。在伊斯蘭社會，對少數族群課稅往往吸引被征服的最低層社經地位者改信伊斯蘭。[21] 菁英和下層階級因為高比率的同族通婚，而保持其地位長達一千三百年。菁英得以藉由避免與劣勢人口通婚來維繫初始的優勢，免於迴歸均數。

19　Firoozi 1974, 65.
20　Walter, Danker-Hopfe, and Amirshahi 1991.
21　無法確定這個機制是否也能解釋英國統治期間印度穆斯林的低社經地位。參考 Eaton 1993。

英格蘭吉普賽人與旅人

　　這些解釋是否也適用於英格蘭過去四百年來的下層階級 ——
吉普賽人或旅人族群？此族群長期以來處於社經階梯的底層。英
國平等與人權委員會（Equality and Human Rights Commission）
指出，他們是「英國最弱勢的族群之一。吉普賽人和旅人男性及
女性的預期壽命，比全國平均壽命低十年。吉普賽人和旅人母
親經歷小孩死亡的可能性，比其餘人口高 20 倍。2003 年，僅不
到四分之一的吉普賽人和旅人兒童獲得五科普通中等教育證書
（GCSE）和 A*-C 等；相較之下，全國有半數學生達到這個標
準。」[22]

表 13.2　旅人的特性與英國弱勢群體之比較

狀態	旅人	對照組
平均年齡	38.1	38.4
曾經就學（％）	66	88
離開學校的平均年齡	12.6	16.4
目前抽菸（％）	58	22
女性平均生育子女數	4.3	1.8
焦慮／抑鬱（％）	28	16
慢性咳嗽（％）	49	17

　　表 13.2 顯示 2006 年針對近 300 名英國成年人和愛爾蘭吉普賽
人／旅人的調查結果。這些人約半數已不再流浪，約四分之一只有
夏季到處旅行。但即使如此，只有三分之二的旅人曾經就學，且他
們離開學校的年齡為 13 歲；近五分之三的人抽菸；有一半人宣稱
長期咳嗽；逾四分之一的人告知為焦慮或抑鬱所苦；女性平均生產 4.3
個小孩，且有些還在生育年齡。

22　U.K., Equality and Human Rights Commission 2009, 5.

圖 13.5　2011 年在艾塞
克斯郡的達爾農場，兩個
旅人族的孩子看著執法官
驅逐未經許可佔用營地的
族人。

　　對照組在保密的情況下組成，成員包含貧窮的英國白人、巴基
斯坦人和源自加勒比海的黑人。對照組呈現系統性的優於旅人人口
的結果。對照組的就學率較高、健康較佳，尤其他們的生育率低得
多。

　　有關吉普賽人／旅人族群的迷思之一是，他們是源自印度的羅
姆人（Roma〔Romany〕）。但有許多證據顯示，這個族群完全源
自英國本土。例如圖 13.5 顯示，在 2011 年艾塞克斯郡（Essex）達
爾農場（Dale Farm）一次旅人驅逐行動中，被趕出非法佔用之營地
的兩名旅人小孩；他們看起來完全不像源自印度。

　　英格蘭吉普賽人和旅人姓氏的證據顯示，他們確實出於本土來
源。英格蘭的其他移民族群，如 17 世紀和之後移民到英格蘭的猶
太人口，呈現出姓氏出現頻率的不尋常分布。圖 13.6 比較出生於
1910-1914 年間的一般人口和取了典型猶太名字（first name）——

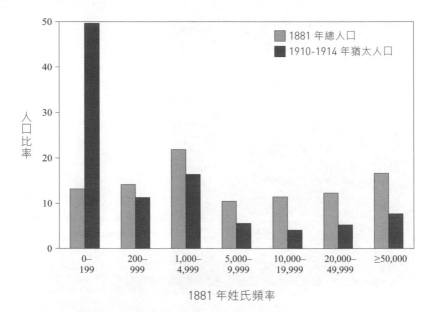

圖 13.6　英國 1881 年總人口以及 1910-1914 年猶太人口中的姓氏出現頻率

如索羅門（Solomon）和高爾達（Golda）——者之姓氏出現頻率。
1881 年本土人口間最常見的姓氏，於猶太人中出現的頻率很低。在
1881 年，有半數猶太人的姓氏，其擁有者少於 200 人。

　　吉普賽或旅人家庭往往沒有類似的獨特姓氏（圖 13.7）。這類
家庭可以從 1891 年的普查中辨識出來——他們的居所通常以「帆
布帳篷」、「篷車」和「公有地」等詞句來描述，職業描述則為「流
動小販」或「雜耍藝人」。除了一個特點，此群體的姓氏頻率與一
般人口沒有差別——這個特點是史密斯（Smith）這個姓氏的頻率出
奇的高。史密斯是英格蘭最常見的姓氏，1891 年時占總人口 1.4%；
在旅人中，它的比率是 7.7%。旅人似乎沒有非英格蘭來源的不尋常
姓氏，他們的姓氏綜合了罕見、普通和常見英格蘭姓氏的代表性樣
本。

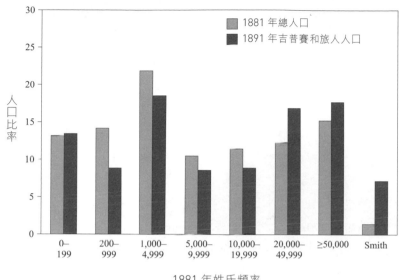

圖 13.7　英國 1881 年總人口和 1891 年吉普賽與旅人人口中的姓氏出現頻率

　　這些發現意味著，英格蘭的吉普賽和旅人人口並非源自歷經數世代位居下層階級的異國羅姆族群，而有完全本土且較晚近出現的來源。[23] 有可能在英格蘭本土人口中，基於隨機的機率，一些家庭淪落至社會邊緣，成為到處流浪的收割工人、小販、籃子編織工和雜耍藝人。但這個邊緣族群有可能從他們遇見的少數羅姆人得到靈感，採用一種浪漫化的吉普賽生活方式，為自己創造了來源的神話。[24]

　　在 19 世紀，吉普賽和旅人為兒童取的名字十分多彩多姿。偏好的男孩名字包括：哥利亞（Goliath）、貝爾徹（Belcher）、丹杰

23　由於我的蘇格蘭和愛爾蘭裔，我從第一手的見聞知道，某種眾人相信的文化傳統實際上可能是現代的發明。

24　與這個假說一致的是，基因檢驗顯示愛爾蘭旅人社群完全源自愛爾蘭（North, Martin, and Crawford 2000）。這篇文章的結論是：「這些資料支持旅人的起源並非一個突發事件；而是逐漸形成的人口。」（p. 463）英格蘭吉普賽人和旅人的起源，則沒有類似的基因研究。

菲爾德（Dangerfield）、吉爾德羅伊（Gilderoy）、納爾遜（Nelson）、奈普圖恩（Neptune）和范德羅（Vandlo）。偏好的女孩名字包括：布莉塔尼雅（Britannia）、仙德蕾拉（Cinderella）、多莉亞（Dotia）、珍提莉亞（Gentilia）、費爾納蒂（Fairnette）、富莉頓（Freedom）、蜜茲麗（Mizelli）、歐辛（Ocean）、蕾塞弗（Reservoir）、辛費伊（Sinfai）和范西（Vancy）。[25] 這些沒有根源可考的名字，是從羅姆人祖先傳承來的嗎？不太可能。如果我們看 1538-1837 年英格蘭眾多的受洗記錄，會發現幾乎所有被認為是吉普賽人和旅人的名字，最早出現在 18 世紀末和 19 世紀。因此，第一個仙德蕾拉受洗的記錄是在 1798 年，第一個哥利亞則出現在 1785 年。[26]（仙德蕾拉較晚出現並不令人意外。因為以法國童話為本的仙德蕾拉故事，1729 年才首度在英格蘭出版。）

因此，名字的證據顯示，許多現代英格蘭的吉普賽人和旅人的起源並非 17 世紀。社會流動的正常過程，應該會把這些後代帶向接近社會均數，然而卻有穩定人口流進和流出吉普賽人及旅人社群。這些在經濟上較成功的社群成員獲得永久的住宅，並從事與絕大多數人口有關的職業。他們在各方面都與本土英國人口沒有顯著差異，因此可以隨時融入較大的社會。但在這些人離開群體的同時，其他社會邊緣者也持續流入。新加入者改採吉普賽人和旅人的生活方式和習俗。例如晚近加入流浪社群的新時代旅人（New Age Travellers）在過去一個世代踏上旅途，他們可能會融入未來世代的吉普賽人和旅人。

這個開放性吉普賽與旅人社群的假說預測，1891 年之前旅人社群的姓氏，如波士威爾（Boswell）、潘福德（Penfold）、羅弗里吉

25　這些名字取自《羅姆人與旅人家族史學會》（*Romany and Traveller Family History Society*），年份不詳。在較後期，這些名字與許多旅人家族擁有的姓氏有關。

26　FamilySearch, n.d.

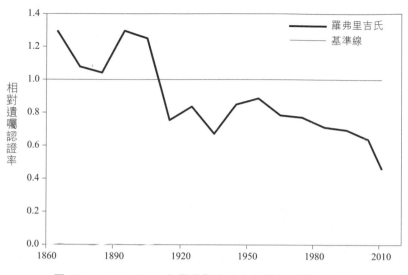

圖 13.8　1858-2012 年羅弗里吉氏在各個十年的社會地位

（Loveridge）、布拉齊亞（Brazil）和畢奈伊（Beeney），應會逐漸
向上移至社會地位的均數。[27] 每個世代有部分這些姓氏的旅人向上
流動並融入定居的社會，因此平均的姓氏地位將上升。但只有未經
歷向上流動者會繼續被視為旅人。因此自認為旅人者，看來似乎是
不受社會流動性影響的少數族群。

　　不過，藉由檢視從 1858 年至今旅人姓氏（例如羅弗里吉）的
社會地位來測試這個假說，並未得到預期的結果。圖 13.8 顯示測量
羅弗里吉氏 1858-2012 年間，在各個十年社會地位的結果。測量的
方法是比較以羅弗里吉為姓氏者的遺產認證比率，相較於整體人口
的遺產認證比率。假設平均地位姓氏的比率為 1，高於平均地位的
姓氏大於 1，低於平均地位姓氏小於 1。有趣的是，直到 1910 年，
羅弗里吉是一個相對高地位的姓氏。但此後其地位持續下滑，以致

27　與英格蘭旅人社群有關的現代姓氏，可以從他們超乎尋常的快速人口成長以及與史
　　密斯氏高比率的同族通婚來辨識，因為史密斯氏在旅人間的出現頻率異常高。

於到了 2000 年，羅弗里吉的遺產認證只有平均的 60% 左右。[28]

這段期間發生了什麼事？雖然罕見姓氏可能因為隨機因素而偏離社會地位均數，但羅弗里吉氏如此常見，以致於這種隨機移動極不可能發生。在 2002 年，英格蘭和威爾斯有超過 5,000 名羅弗里吉。這個姓氏的下滑，是否意味流動性定律有時無法預測社會結果？社會群體的地位是否會出現系統性的下降？

這個謎團並不違背流動性定律，解釋如下。羅弗里吉這個常見姓氏，在 1881-2002 年英格蘭出現的頻率，增加得特別快。在這段期間，一般本土姓氏的人數增加不到一倍，但羅弗里吉增加近 3 倍。不成比例的增加，可能歸因於現代吉普賽人和旅人家庭極高的生育率（參考前面的表 13.2）。這麼高的生育率，會讓旅人人口每個世代增加一倍，而且可以解釋為什麼雖然有一大部分羅弗里吉並非旅人，但這個姓氏的整體人口卻能經歷一段時期後大幅增加。如果某個姓氏的所有低地位家庭生育率比平均高出許多，那麼即使每個家庭都遵循流動性定律，長期下來，該姓氏的平均社會社會地位仍可能從均數向下移動。

此處的意義是，低地位羅弗里吉氏的子女確實逐代迴歸向均數，且他們的子女數比高地位家庭多出許多，以致於這個姓氏群體往地位分布的底端偏離。圖 13.9 模擬這個效應，顯示一群人口的第一世代從平均社會地位出發，並以 0.7 的持續率迴歸向均數。不過，地位分布底層的生育率是平均的兩倍，地位分布頂層則是平均的一半。在這個例子中，平均地位會從均數向下移動，儘管每個家庭仍向均數迴歸。

上述例子的向下流動，將持續直到平均地位達到平衡狀態，即

28　羅弗里吉的低社會地位近幾年來還有其他徵狀。一項針對英格蘭和威爾斯近來逮捕與定罪的網路調查顯示，羅弗里吉出現的次數是巴克萊（Barclays）的 8 倍，雖然擁有巴克萊姓氏的人數比羅弗里吉多出約 20%。

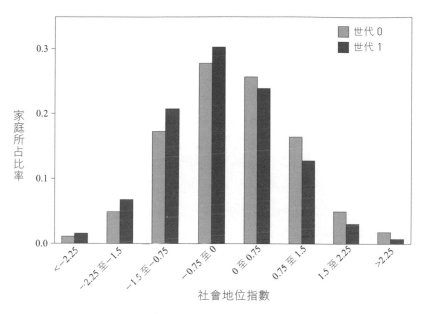

圖 13.9　姓氏群組的社會地位因為生育率效應向下移動的模擬

該群體的均數低到使迴歸均數能彌補地位分布底層的過高生育率。因此，在社會中長期持續之下層階級——即使下層階級與其餘人口存在通婚——的另一種解釋是，下層階級的生育率比整體社會高出許多。異族通婚的影響能把這個群體推升向均數，但也會被群體中貧窮成員較高的生育率抵消。不過，在工業化前的社會，貧窮群體的生育率通常低於富裕群體，因此這個效應只發生在現代世界（在這個例子是 1880 年以後）。

　　羅弗里吉氏的例子確實顯示，在目前的情況下，不管英國地方當局提供多少營地和社會服務，獨特而貧窮的吉普賽人與旅人人口，在可預見的未來將持續存在於英格蘭和愛爾蘭，且不受正常社會流動過程的影響。

現代美國的菁英與下層階級

菁英和下層階級不是由宗教、文化或種族所創造的，這種說法得到美國目前菁英和下層階級人口證據的支持。檢視被認定屬於特定人種和種族群體的姓氏，並計算各姓氏類別每千人在 2000 年登錄為醫師的人數，就可以很快證實這個主張。我們可以把這個數字除以美國 2000 年人均登錄醫師的數字。對全部人口來說，這個數字將是 1。

圖 13.10 顯示以遞減次序呈現的隱含菁英人口。出乎意料的，清單的頂端是埃及科普特裔的姓氏。在 2000 年，這些姓氏的擁有者每千人就有多達 48 名醫師，在醫師中的代表率是美國平均姓氏的 13 倍。其次依序是印度教姓氏、印度基督徒姓氏、伊朗穆斯林姓氏、源自黎巴嫩的馬龍派（Maronite）基督徒姓氏。所有這些姓氏在醫師中出現的頻率，是一般人口的 6 倍以上。他們在醫師間的頻率，甚至高於阿什肯納茲和塞法迪猶太人姓氏。這些美國的新菁英涵蓋三個主要宗教傳統——基督教、穆斯林和印度教。但此處的基督教群體主要是很傳統、未曾改革的教派。例如科普特教會以科普特語（Coptic）進行禮拜儀式，而教徒都已不再說這種語言。馬龍派的禮拜儀式，有一部分使用阿拉姆語（Aramaic），也是教徒不再使用的語言。許多印度基督徒是葡萄牙裔，或是葡萄牙人影響下改信的印度家庭，或源自更古老的敘利亞傳統。今日的美國菁英在背景和文化傳承上，展現令人驚訝的多元性。[29]

其餘的菁英群體是韓國人和中國人，其次為菲律賓人、非洲黑人和希臘姓氏，最後是亞美尼亞人、日本人、越南人和海地黑人。

29　此處測量的群體社會地位，呈現出與其他測量相當一致的關聯性。例如在這些姓氏可辨識其原國籍的情況下，依原國籍區別的平均家庭所得。參考美國人口普查局（U.S. Census Bureau），2010 年。

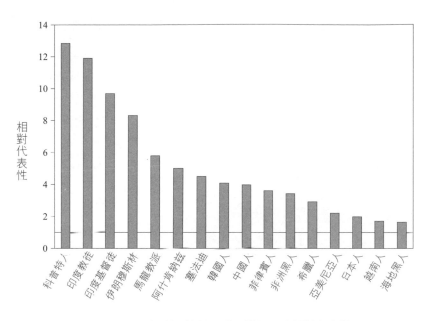

圖 13.10　現代美國菁英群體在醫師間的相對代表性

幾乎每一個主要種族和宗教傳統都包括在內——除了歐洲新教徒以外。

　　這些現代菁英中，很多是美國移民政策的產物。強烈鼓勵高技術移民的政策，吸引了來自遙遠國度的移民。印度教、印度基督徒和非洲黑人菁英姓氏，都可完全歸因於這個因素。但其他菁英群體，則是其他國家事件的結果，導致這些群體的選擇性移民。在伊朗沙王（Shah）統治期間，許多伊朗學生進入美國的大學；1979 年革命後，有許多學生選擇留在美國。另有許多受過高等教育的伊朗人逃離這個新伊斯蘭國家，在美國購置住所。同樣的，在 1975 年越南被共產黨佔領前，少有越南人移民美國。但新政權接管的頭幾年，許多與前政府有關係的人紛紛逃離，包括許多具備技術和受高等教育的家庭。其他群體如科普特人、馬龍派基督徒和猶太人，在自己的社會中原本就是菁英。但對科普特人來說，移民美國是因為移民政策吸引高地位的科普特人，使得這個群體在美國更加菁英。

在近日一項研究中，菲莉希安諾（Cynthia Feliciano）比較美國移民的教育程度與母國的平均水準。她建立一個各移民來源國的揀選指標，其計算方式是美國移民與其母國非移民的相對教育水準。以這種移民揀選指標計算 11 個有全國資訊的國家，測得在美國的醫師頻率相關性為 0.75，如圖 13.10 和 13.11 所示。美國移民與母國非移民之教育水準差距愈大的國家，包括伊朗和印度，在美國的醫師比率高得不成比例也最甚。[30]

對照之下，圖 13.11 顯示在美國醫師中代表性不足的姓氏群體。在根基穩固、大體上為白人人口的群體中，有個有趣的變異，即凱津人（Cajun）與新法蘭西姓氏比之荷蘭與英國姓氏所呈現的代表性不足。[31] 正如第 3 章討論過的，這個發現似乎與法國移民在北美的歷史，以及法裔加拿大人移民美國的負向揀選有關。

其他姓氏代表性嚴重不足的族群，是柬埔寨人、拉丁美洲人、美國黑人、苗人、馬雅人和美國原住民。移民美國之前的苗人，主要在寮國山區從事自給農耕。美國的苗人社群似乎代表寮國苗人的橫斷面，整個社群因為恐懼寮國的共產黨政府而搬進泰國難民營，然後全部獲美國接納為移民。因此整個在寮國處於劣勢的難民社群，被移植到了美國。這個過程的結果之一是，印度教姓氏如班納吉（Banerjee）或甘古利（Ganguly）的醫師比率，是苗人姓氏如侯（Her）、羅（Lor）或王（Vang）的 80 倍。[32]

30　Feliciano 2005, 140.
31　路易西安那州的法裔凱津社群，源於英國人 1763 年從阿卡迪亞（Acadia）驅逐的群體。他們的姓氏有許多與新法蘭西族群重疊，但有些是獨有的。此處我們辨識的方法是以「-eaux」字尾的姓氏（這種字尾在路易斯安那州很常見，但在北美其他地方則不常見），同時具備 2000 年的擁有者中、不到 10% 是黑人的條件。這些姓氏最顯著的是布德羅（Boudreaux），它在路易斯安那州的常見程度，是在美國其他州和加拿大各省的 20 倍；在美國的常見程度，則是在法國的 60 倍。

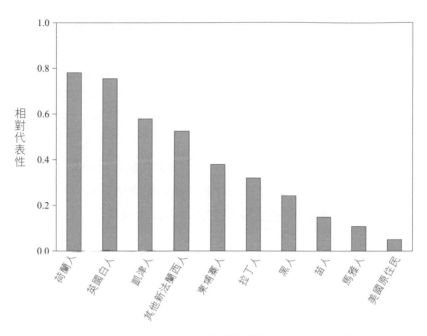

圖 13.11　現代美國下層階級在醫師間的相對代表性

　　對拉丁美洲姓氏群體來說，選擇性的移民同樣是形塑其在美國社會地位的強大力量。拉丁人口主要源自墨西哥和中美洲，有相當大一部分原本是非法進入並居留美國的移民。非法移民並非高教育人口的理想來源，因為在美國的非法地位讓他們處於劣勢。有關墨西哥移民進入美國是否為負向揀選有許多辯論，近日的研究明確顯示，晚近進入美國的墨西哥移民，其教育程度遠低於非移民；且移民前在墨西哥的所得大幅低於非移民。[33]

32　這些姓氏在 6 個主要的苗族安置區密度最高：加州的弗雷斯諾（Fresno）、美熹德（Merced）和沙加緬度（Sacramento）；明尼蘇達州的聖保羅（Saint Paul）和明尼亞波利斯（Minneapolis）；以及威斯康辛州的密爾瓦基（Milwaukee）。

33　Moraga 2011. 2000-2004 年間的男性移民，平均有 7.2 年的求學年數，相較下非移民是 8.5 年；且平均所得只有非移民所得的 71%。女性移民的平均求學年數為 8.4 年，相較於非移民的 7.9 年；但平均所得只有非移民所得的 77%。由於五分之四的移民為男性，淨效應是明顯的負面揀選。（p. 76）

我們在前面的圖 3.3 看到，在美國長期基礎穩固的歐洲裔人口，除了法國裔之外，都傾向有接近平均的社會地位。這些人口抵達美國的時間主要在 1914 年以前的開放移民時代。近日針對該時期挪威移民的調查，發現符合此處的情況，即移民的揀選力量並不強。來自挪威都市的移民確實有負向的揀選效應，但對移民人數較多的農村地區來說，證據顯示揀選效應是正面或負面並不明確。[34]

因此，地理、移民政策，以及世界各國社會與政治事件的意外，都在美國創造出新的上層和下層階級。這些階級在未來許多世代將是美國社會的特色，直到異族通婚最後消弭這些差異。

結論

不同社會的某些群體持續的高地位或低地位，看來似乎違背社會地位的簡單流動性定律。不過，在前面討論的異常例子中，有一些運作的因素確實會在不違背家庭長期趨向均數的通則下，表現出極端的持續性。菁英和下層階級，似乎是由揀選他們成為地位分布頂層或底層的機制所創造。他們也可以透過群體裡高、低地位者的生育率差異而創造，正如英格蘭的吉普賽人／旅人的情況。

一旦建立之後，這些社會地位的差異可藉由同族通婚來維繫，這似乎是穆斯林世界裡基督徒和猶太人的情況；或者也可以透過社會群體的揀選行為來維繫，例如愛爾蘭的天主教徒和清教徒。

---

34 Abramitzky, Boustan, and Eriksson 2012.

流動性異常

追隨征服者（Conqueror）威廉的諾曼貴族，仍然和征服者最晚近的後代一樣，繼續享有同樣尊貴的地位——繼續佔據國會議員的議席，繼續擔任法官，繼續領導我們的陸軍和海軍，並且大體而言，仍繼續控制和指揮大英帝國的事務。

——《諾曼人和他們在今日英國領土和美國的後代》
（*The Norman People and Their Existing Descendants in the British
Dominions and the United States of America*），1874 年

　　前一章舉出一些似乎與社會流動性定律背離，但可以用揀選過程、選擇性加入群體，或群體內生育率差異來解釋的例子。但還有其他的異常情況無法輕易解釋，並且違背所有社會群體有一個根本持續率的假設。

　　這種異常之一，是西敏寺國會裡英格蘭與威爾斯議員的組成。我們已有從 1295 年以後的國會組成記錄，這是一個小群體：在 17 世紀以前，國會議員人數只有 200-300 人；到 1678 年才擴充至 513 人。此後英格蘭和威爾斯在英國國會的議員人數，維持在 485 至

573 人之間，直到現在。國會議員只占人口極小的比率，而且他們的社會地位有些混淆不清。

國會在愛德華一世（Edward I, 1272-1307）統治下定期開會。愛德華一世大舉對威爾斯人和蘇格蘭人用兵，需要國會允許增稅以支應軍事支出。在 1832 年的改革法案以前，國會包括兩類代表：第一，是每個郡的兩名騎士，總共 74 名議員；第二，是各自治市鎮人數不等的代表。在不同時期的英格蘭，有 170 個城鎮有權派出代表進入國會。

郡騎士似乎曾經擁有較高的地位。在 14 世紀，他們出席國會可獲得一天 48 便士的給付，自治市鎮代表僅獲得 24 便士。但在當時勞工一天的薪資不超過 3 便士的情況下，這些人顯然都是高地位的個人。這些代表出自各市鎮和各郡最有影響力的市民，在沒有更好證據的情況下，我們假設國會代表整段期間社會頂層 0.5% 的人口。

根據姓氏群組顯示的教育和財富社會流動性證據（參考第 4 章和第 5 章），工匠姓氏可預期會在英格蘭的國會議員間占有某個比例；但事實卻非如此。圖 14.1 顯示工匠姓氏在國會的比例，並比較他們在牛津和劍橋學生間的比例。這其中會有許多變異，因為早期國會的規模很小，且開會不頻繁。但工匠姓氏呈現系統性的代表性不足，持續到 19 世紀末。

1900 年以前工匠姓氏在國會付諸闕如，正好映照了中世紀菁英姓氏高得出乎意料的比率。例如，圖 14.2 顯示地名姓氏和諾曼姓氏在國會的相對代表性。

諾曼姓氏是最明顯的異常。直到 1800 年，諾曼姓氏出現在國會議員間的可能性，是一般姓氏的 8 倍。這意味 1066 年 10 月 14 日在黑斯廷斯（Hastings）浴血戰場上獲勝的冒險家後代，有著高

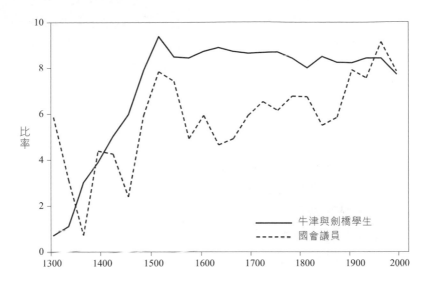

圖 14.1　1300-2012 年工匠姓氏在國會議員和牛津與劍橋學生間的比率

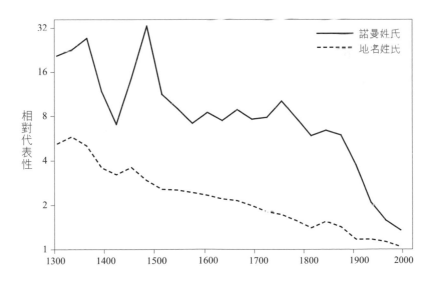

圖 14.2　1300-2012 年諾曼姓氏和地名姓氏在國會議員間的相對代表性

得出奇的政治地位持續率。在七百多年後，其後代在國會的比例仍
然高得離譜。

　　中世紀的高地位地名姓氏，也在國會有著不尋常的高持續性。
1700 年，他們的相對代表性仍是預期比率的兩倍。到 19 世紀，地
名姓氏和諾曼姓氏的持續率已下滑至一般姓氏群組的水準。因此如
圖 14.3 所示，地名姓氏在 1700-2012 年間的代際相關性是 0.84。到
了 20 世紀，地名姓氏在國會議員間的過高代表性已下滑至 10%。
但即使到了 20 世紀，諾曼姓氏在國會的英格蘭和威爾斯議員間，
仍然有過高的代表性。

　　中世紀菁英姓氏在國會議員間的高持續性仍是個謎。不過，這
似乎不受 19 世紀和 20 世紀初國會組成改變的影響。圖 14.3 顯示，
1832 年、1867 年和 1918 年的國會與選舉改革，完全沒有改變國會
議員的姓氏組成。

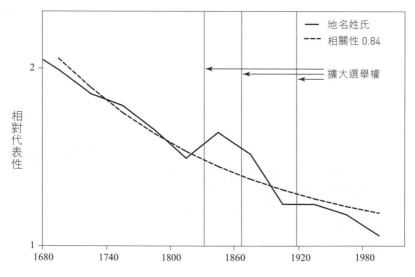

圖 14.3　1680-2012 年地名姓氏在國會議員間的社會流動率

諾曼姓氏在 1369-1453 年間的英國軍隊也有很高的代表性，這是在諾曼人征服三百年後（10 個世代）。這段期間正值百年戰爭（Hundred Year's War），法國和英國王室爭奪英國在法國的佔領區。軍隊組成成分的證據，來自倖存的軍人名冊，上面記載在法國、蘇格蘭、威爾斯和其他地方加入英方的軍人。[1]

表 14.1 顯示英軍不同階級服役者的人數，以及來自第 4 章討論到的諾曼裔姓氏樣本之姓氏比率。當時諾曼姓氏顯然還是屬於菁英階級，社會地位愈高的軍人中，諾曼姓氏的比率也愈高。記錄顯示，在最高階層的伯爵、男爵和主教，約有五分之一是諾曼姓氏；而英格蘭全部人口中，擁有這類姓氏者不到 0.3%。

表 14.1　1369-1453 年英格蘭軍人名冊和大學名冊中的諾曼姓氏

位階	人數	諾曼姓氏比率
伯爵	56	39.3
男爵、主教	153	13.1
騎士	1,729	10.6
紳士	47	0.0
先生	8,463	3.0
披甲武士	17,742	2.5
弓箭兵、弩兵、輕騎兵	58,220	1.0
牛津和劍橋學生	12,640	1.0

不過，令人驚訝的是諾曼人衍生的姓氏在各階層軍隊的高度集中性。即使在最低階的步兵、弓箭兵中，諾曼姓氏的出現頻率預估仍是他們占人口比例的三或四倍。弓箭兵是技術工，薪資與工匠相當，但在社會階層的地位並不特別高。因此，諾曼姓氏在弓箭兵的高比例並不是因為這些姓氏的社會地位相對較高；正好相反，這應

1　這些資料可在 www.medievalsoldier.org/index.php 獲得。詳細結構可參考 Bell 等人，2013 年。

該導致諾曼姓氏在這些軍階中的比例較低。然而這似乎暗示了，即使在征服後的 10 個世代，諾曼征服者的後代仍然對組織化暴力有顯著的偏好和能力。這個假說得到諾曼姓氏在騎士和「先生」這些軍人位階所占比率的支持——3% 至 11%，遠高於諾曼姓氏在同時代較愛好和平的牛津與劍橋學生中出現的比率。

　　諾曼姓氏在暴力領域特別集中的現象，並非此處所提社會流動一般理論探討的內容，因此被視為未能解釋的異常。

PART 3

好社會

流動性太低？──流動性與不平等

　　較早的研究報告指出，即使是在美國和瑞典，真正的社會地位持續率大約為 0.75，這讓許多評論家大感驚駭。[1] 的確，即使是更早的報告主張持續率是 0.5，許多人已經認為美國社會充滿不公平。因此著名的經濟學家赫克曼（James Heckman）在近日以〈促進社會流動性〉（Promoting Social Mobility）為題的文章中說：「在我們慶賀機會公平的同時，卻生活在一個出生即是命運的社會……此種出身對生活機會的強大影響，對生於劣勢者極為不利，對美國社會也不利。我們正損失龐大數量公民的潛在貢獻。這種情況應該可以改善，透過明智的社會政策，我們可以解決有技術者與無技術者兩極化的問題。」[2]

　　這種普遍的憂慮有多重來源。第一，獨立宣言中「人人生而平等」所描繪的美國夢，被認為只有在社會流動率高的情況下才能實現。美國也許是一個殘酷的社會，處於底層邊緣的人僅有極少的安全網；但對許多人來說，快速的社會流動證明了美國人生活在一個

1　例如可參考 "Nomencracy" 2013。
2　Heckman 2012.

機會平等的國家，不管出生的情況如何。它證明不管出生的情況多麼惡劣——以及政治組織對窮人的苦難多麼無動於衷——才能、勤奮工作和創業精神將獲得報償。它也證明上層階級無能或懶惰的孩子，無法只靠繼承的財富和社會關係來確保他們在生活中的地位。

從物質財富、健康和個人安全的條件看，美國社會底層階級的環境可能很慘澹；但如果在快速流動性之下，就沒有人注定永遠生活在惡劣的煉獄中。不過，姓氏—流動性的估計似乎暗示，美國的立國文獻應該這麼寫：「人人生而平等，但有些人比其他人更平等。」

令人不安的第二個來源是，我們能夠在任何個人出生時就相當準確地預測他概略的社會前途。這種預測的能力，似乎否定了人的能力和自由意志。出生時就能預知其前途，暗示了我們可以在某些人五歲時就告訴他：「別浪費精力在教育上，因為我們確信你這輩子會生活在較低階層的社會邊緣。」

第三個令人不安的來源，是關於潛力的浪費。一般的假設是，如果社會流動率低，那麼對某些人來說，若是出生在不同的家庭，會不會有大不相同的人生結果？這是赫克曼在上述引文中的主要論點。即使是在現代美國或瑞典，有潛力對社會做出重大貢獻的人，也往往困在遠低於其能力的非技術工作。

第四個憂慮是，長達一世紀的再分配、公共教育和社會政策，似乎借助於改善社會流動率。現代瑞典的社會流動率並不比美國高，甚至不比工業化前的英格蘭高。

對第一個憂慮的回答是，缺少快速的社會流動性，意味我們沒有證據說美國是一個英才治理的國家。但低流動性本身也無法證明相反的情況——即美國充滿任用親信和特權。下面我們將討論到，一個完全英才治理的社會很可能也是一個低流動率的社會。低流動性本身並不代表僵化的階層社會。

第二個對於個人的努力無法改變前途的憂慮，則是被誤導下的想法。即使代際相關性高達 0.75，整體社會地位的結果仍有超過五分之二的變數無法預測。的確，對位於底層的人來說，在一個世代內攀至頂層的機率微乎其微；但個人仍有很大空間可以改善社會地位，達到比父母更好的境地。並且底層階級者的前景雖然黯淡，但對其前景的整體預測，確實會比他們的父母輩更好。

此憂慮之所以是被誤導下的想法，其第二個理由是，雖然我們可以相當程度預測你人生的成功，但你的任何成功仍必須藉由奮鬥、努力和創造來獲得。我們只能預測，你可能是會努力、承受過程中的挫敗，最後達成社會和經濟成功的類型。即使成功來自遺傳，但預測社會成功並不像預測身高。在高所得社會，個人幾乎無法改變他們先天由遺傳決定的最終身高，但個人的社會和經濟結果則取決於努力。

對於第三個關於潛力浪費的回答，則比較複雜。第 6 章和第 7 章提出的單純社會流動性，是假設流動性由根本能力的高度傳承所推動。如果現有社會流動率暗示社會潛力的損失，那麼將金錢或其他資源轉移給各個家庭，必須要能改善其根本能力；相反的，如果任何干預都無法顯著改善下一個世代的結果，那就沒有潛力被浪費的問題，社會流動率處於最佳狀態。在最理想的世界裡，一切都是最佳的安排。

查爾斯·莫瑞在近來的著作《分崩離析》中，記述了美國白人下層階級的行為，在許多方面不同於白人上層階級[3]：對婚姻的滿意度較低，離婚較常見、較多兒童與雙親之一居住，較少與親生的雙親居住、男性和女性都較少工作、犯罪行為——包括暴力和盜

3　Murray 2012.

竊──較常見、上教堂的比率較低、較少參與投票、對其他人是否公平和誠實的信任感較低。莫瑞傳達的訊息很單純──只要白人下層階級的行為與價值觀不同於白人上層階級，他們的社會結果就會大不相同。

莫瑞訊息中的另一個重點是，在 1960-2010 年間，白人上層階級和下層階級之行為分歧持續擴大，增加了現代美國的所得不平等，強化了優勢和劣勢群體的地位壁壘。然而本書前述的美國社會流動性分析，並未發現社會流動率在晚近數十年有下滑的跡象（參考第 3 章）。

像赫克曼和莫瑞這些思想家主張，聰明的社會政策或加強教育美國建國先輩的清教徒倫理，可大幅改善低地位家庭的結果，進而提高社會流動率──但這些主張有沒有獲得證據支持？測試這類主張的方法之一是，檢驗被收養者的結果。如果地位結果主要取決於社會，那麼被收養者與養父母的相似性，將如同子女與親生父母，並且他們也會與沒有基因關係的兄弟姊妹十分相似。

然而，收養結果的研究強烈暗示，被收養者的結果變異，大多來自親生父母或機運，而非來自養父母。生物學可能無法解釋一切，但可以解釋大部分。不過，收養研究確實不排除社會干預可能改變來自最劣勢背景孩子的結果。

例如智力遺傳的研究發現，養父母對幼齡孩子的結果影響很大；但較接近成人的孩子，其智力則比較類似親生父母。因此，一項在科羅拉多州進行的長期研究，比較被收養的孩子與控制組的非收養家庭孩子，發現在 16 歲時，被收養的孩子與養父母智力的相關性幾乎是零，低於控制組平均的 0.3。圖 15.1 顯示這個模式在不同年齡的變化。[4]

4　Plomin et al. 1997, table 1. 智商與父親或母親的相關性都是一樣的，雖然對研究中 1975-1982 年間出生的孩子來說，母親與孩子的互動多於父親。

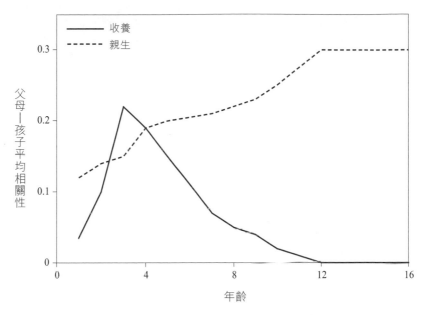

圖 15.1　被收養年齡與智力的相關性

　　不過，收養研究的限制之一是，養父母中的變異並不包括「劣勢壞境的極端因素、忽視和虐待」。[5] 養父母必須經過收養機構篩選，而親生父母無需面對這個程序。因此當我們比較這些研究的先天和後天影響時，實際上已排除後天會發生的一些變異。但科羅拉多收養計畫一系列論文的作者指出，收養家庭「相當合理地代表了中段 90% 的人口」。[6]

　　研究被收養的孩子長大成人後的生活較少見。它們支持先天凌駕後天的看法，但認為後天也有一些影響。其中一項研究由沙塞多提（Bruce Sacerdote）主持，探究韓國被收養者在美國的各種結

5　Plomin et al. 1997, 446.

6　Plomin et al. 1997, 446. 另外兩項分別在明尼蘇達州和德州進行的收養研究發現，養父母和 18 歲孩子的相關性，高於科羅拉多州的類似研究。但這些相關性平均只有 0.12 和 0.06，仍然很低。三個研究的整體平均僅 0.07（Richardson and Norgate 2006, 320）。

果。[7]這些孩子被隨機分派到經過核准的家庭，但教育程度和經濟資源各有不同。收養家庭不包括所得分布的低端──美國法律要求收養家庭的所得，至少要達到貧窮水準的 125%。但在其他方面，

表 15.1　韓國被收養者之結果可歸因於先天和後天的比率

結果	可歸因後天之比率	可歸因先天之比率
身高	0.01	0.86
家庭所得	0.11	0.33
四年大學教育	0.14	0.41
抽菸	0.15	0.27
喝酒	0.34	0.06
優良大學	0.34	0.24

收養家庭跨越廣泛的所得和教育範圍。

　　表 15.1 顯示韓國被收養者和他們的非收養兄弟姊妹間，可歸因於後天而非先天的結果變異。假設家庭的分配確實是隨機的，結果中可歸因於後天的部分，就是無血緣兄弟姊妹間結果的相關性。可歸因於先天的部分，則取決於同一家庭有血緣之兄弟姊妹的相關性有多高。[8] 我們可以看到，身高確實大致上是由先天決定，而酒精消耗量則幾乎完全取決於社會因素。

　　就性格而非身高來說，收養家庭的兄弟姊妹總是有明顯的相關性，雖然他們之間沒有基因關係，但共有的家庭環境產生了影響。不過，家庭環境似乎對孩子日後的所得只有很小的影響。基因遺傳對於孩子所得變異的解釋力，是家庭環境的三倍。圖 15.2 顯示，被收養的孩子成人後的所得，與收養時養父母所得之比較。兩者並無關聯。所以，被收養的兄弟姊妹間的所得相關性，是因為他們有共

7　Sacerdote 2007.

8　其計算是 2 乘以「有血緣之兄弟姊妹間的相關性」，減去「無血緣之兄弟姊妹間的相關性」。

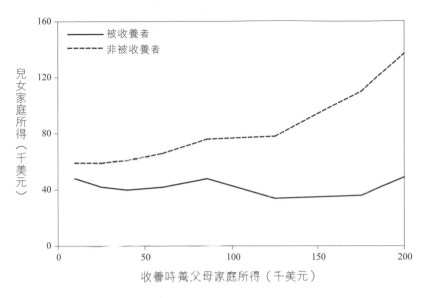

圖 15.2　韓國被收養者所得與養父母所得之比較

同的家庭環境，而非父母的資源。此處並無跡象顯示，給家庭更多所得能帶來下一代所得提高的結果。

就教育成就來說，孩子與養父母的相關性高於所得。但同樣的，可歸因於先天的變異，是後天的三倍。如圖 15.3 所示，母親的教育程度與被收養孩子的結果沒有多大關係。這證實了挪威一項採用義務教育效果的研究發現——父母在義務教育以外的就學年數，本身無法預測其子女也會有較長的就學年數。[9] 同樣的，瑞典的研究也顯示，對於被收養的孩子來說，教育年數可從生父母和養父母兩者來預測。養父母的影響在瑞典的研究中，較韓國被收養者的研究來得強；但孩子的教育成就可歸因於親生父母教育的變異，仍然是養父母的兩倍。[10]

9　Black, Devereux, and Salvanes 2005.
10　Björklund, Lindahl, and Plug 2006.

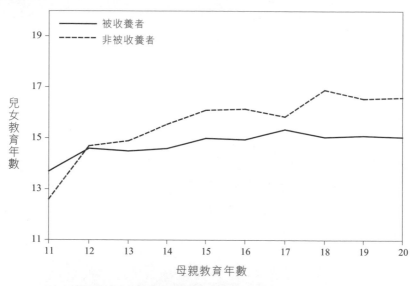

圖 15.3　韓國被收養者與養母教育程度之比較

　　在韓國收養研究中，家庭在教育成就的一個面向扮演重要角色——讓被收養的小孩進入較優良的大學（表 15.1）。在這個面向上，無血緣被收養手足間的相關性很高，基因扮演次要的角色。但所得的結果顯示，進入優良大學對於被收養者未來的所得只有很小的影響，在這方面的相關性便低得多。

　　這些收養研究顯示，即使我們可以讓美國小孩的家庭環境都一致，也只能小幅降低社會結果的代際相關性。此外，我們並不清楚公共政策可以為了影響孩子的社會結果，在改變家庭環境這方面做到多少。公共政策可以改變家庭可賺取的所得數量，甚至改變父母獲得的教育量；但家庭所得和父母教育，在孩子的結果中扮演的因果角色本身就很不確定。父母行為的其他因素無法藉由公共政策來彌補，這可能是關鍵所在；而父母的其他行為，很可能與父母的遺傳有關。要透過政府的措施來降低遺傳決定社會結果的影響，也許

表 15.2　1987-1993 年瑞典不同類型兄弟姊妹之所得相關性

兄弟姊妹類型	一起撫養的預測	一起撫養的觀察	分開撫養的預測	分開撫養的觀察
同卵雙胞胎	g+s	0.34	—	—
異卵雙胞胎	0.5g+s	0.14	—	—
全血緣	0.5g+s	0.15	0.5g	0.14
半血緣	0.25g+s	0.10	0.25g	0.08
收養	s	0.07	—	—

是不可能的事。

近日瑞典有一項有趣的研究，針對不同類型之兄弟姊妹測量的所得相關性，證實了基因可能在結果上扮演重大角色。假設兄弟姊妹間的所得相關性，可歸因於能加以區隔的「共同環境」和「共同遺傳」；再假設所有一起撫養的兄弟姊妹之環境影響因素是 s，而分開來撫養的兄弟姊妹之影響因素是零。對於有共同基因的兄弟姊妹，遺傳造成的相關性以 g 代表。最後，假設婚配並非根據對所得有影響的基因來選擇。

這個模型有兩個高度簡化的假設。假設分開撫養的兄弟姊妹之環境相關性為零並不切實際，但結果證明這並非決定模型擬合的主要因素。非選擇性的婚配這個假設更重要。在這個例子中，它暗示收養的兄弟姊妹相關性應該是 s、一起撫養的半血緣兄弟姊妹（half siblings）是 s+0.25g、分開住的半血緣兄弟姊妹是 0.25g、一起撫養的全血緣兄弟姊妹（full siblings）和異卵雙胞胎為 s+0.5g、分開住的全血緣兄弟姊妹為 0.5g、一起撫養的同卵雙胞胎為 s+g。表 15.2 顯示在這些假設下相關性的預測模式，以及觀察到的模式。作者在報告中指出，根據這個模型的最佳擬合，是家庭環境對相關性的貢獻只有 0.02，而遺傳的貢獻為 0.26。表 15.2 顯示，為什麼這些數值很接近觀察到的模式。這會使遺傳在解釋所得的結果上，比環境重要

10 倍。

此研究的作者指出，就統計上來說，這個簡單的模型未能解釋觀察到的相關性——正確的相關性模式一定不同。但雖然失敗，有趣的是它有多麼接近成功。家庭環境的影響，比這個簡單模型所暗示的更重要；但要解釋這些各類兄弟姊妹的相關性，需要遠比一般認為的更廣大的遺傳成分。

如果社會地位大體上是透過遺傳基因或家庭文化來傳遞，那麼突發的財富應該對跨越多個世代的社會地位只有較小的影響，比不上藉由天生較高的社會能力所獲得的財富。不過，我們很難找到與突發者的特性不相關的隨機財富突發例子，可以讓我們觀察對下一代的影響。芝加哥大學的布利克萊（Hoyt Bleakley）和西北大學的佛瑞（Joe Ferrie）在一項有趣且精心設計的研究中，記錄了這種隨機的財富突發及其世代性的影響。美國東部在 1830 年通過「印地安人移居法」（Indian Removal Act）後，切羅基族（Cherokee）的移居開闢了喬治亞州西北部大片土地供分配。喬治亞州在 1832 年擬訂了一套抽籤辦法，用以分發切羅基郡 18,000 塊各 160 英畝的土地。[11]

喬治亞州至少居住三年的成人都有資格抽取一張彩券，贏家不到成人男性人口的五分之一。分配的每塊土地平均價值，相當於 1850 年喬治亞州的中位數財富。此外，土地可以立即出售——贏家不需要自己持有財產或管理產業。因此，彩券大獎等於是將一大筆現金（相當於今日近 15 萬美元），轉移至隨機挑選出的喬治亞州成年男性身上。[12]

透過 1850 年和 1880 年的美國人口普查追蹤贏家和其子女，布利克萊和佛瑞指出，首先，在 1850 年時，贏家確實平均比輸家富有。

11　但贏家直到 1838 年切羅基族移居才取得土地所有權。
12　Bleakley and Ferrie 2013a.

分配的土地在當時的平均價值為 900 美元，而贏家的平均財富比輸家多出 700 美元。因此，贏家至少在頭幾年還能守住贏得的大部分利益。

不過，當我們檢視贏家的子女在 1870 年和 1880 年的情況時，發現父親輩的好運並未有大幅改變他們生活機會的跡象。他們的識字率未比輸家的子女高，職業地位也無明顯提升。他們的子女（1832 年贏家的孫子），在 1880 年時識字率同樣沒有提高。更糟的是，他們進入學校的比率遠低於輸家的孫子。[13]

抽籤贏家和輸家子女的相對財富較難精確估計，子女財富只在 1870 年有資料可得。贏家子女的財富在統計中並未明顯提高，但變異如此之大，使我們無法排除抽籤的財富所得確實轉移給子女的可能性。我們觀察到的是，重大的財富突發本身，對於改變 19 世紀喬治亞州家庭的社會地位影響很小。

喬治亞州抽籤的一個諷刺對照是，近來印地安人從博弈獲利得到的意外之財。近日針對北卡羅萊納州農村兒童心智健康的調查，在設計時提高了對切羅基族東邦部（Eastern Band）兒童的取樣。自 1998 年起，研究中的切羅基族兒童的父母，每年接受一筆賭場獲利的分配金額。這些家庭的親人平均年所得通常不到 3 萬美元，每年收到的賭場獲利為 4,000-8,000 美元，是一筆大數目，且預期會持續不斷。由於家庭並未因為這些款項而減少勞動力的參與，所以生活條件明顯改善。的確，他們預期的終身利得，在規模上與喬治亞州土地抽籤贏家的利得不相上下。

研究中這些歷經家庭所得增加的兒童，年紀最小的從 14 歲起，有結果資訊的年齡，最高至 21 歲。等他們 18 歲從高中畢業時，本身就有資格領取每年 4,000 美元的賭場收益。[14] 這些款項對這些切

13　Bleakley and Ferrie 2013b, table 6.
14　Akee et al. 2010. 所有切羅基兒童到 21 歲時都有資格領取，不管其教育程度如何。

羅基小孩有何影響？

　　研究的結論是，對於未生活在貧窮的人來說，到 21 歲時的影響有限，可測量的教育結果沒有任何改變，包括高中畢業率──雖然孩子只要完成高中教育就可以立刻領到現金，而且可以持續領三年。受益者較不會犯下輕罪（但不包括重罪）或出售毒品。對於生活在貧窮中的人來說，這項收入補貼比較可能讓年紀最小的群組從高中畢業，而且到 21 歲時完成 1-2 年額外的教育。和來自較富裕家庭的孩子一樣，他們較少犯下輕罪和出售毒品。[15]

　　就某一方面來說，根據作者的描述，這些結果證實了外來重大所得變化帶來的「大影響」。但在其他方面，它們顯示財富對結果的影響有限。貧窮線以上家庭的孩子──占美國孩子的 78%──似乎從家庭外來的鉅額金錢挹注、或完成高中教育的現金誘因受益有限。而雖然對貧窮的孩子來說，家庭所得增加和完成高中教育的額外現金獎勵確實導致更長的教育年數，但我們無法確定對孩子日後的生活條件會有助益。在 21 歲時觀察的結果，仍屬人生週期的較早時期。

　　在所得的各方面都缺乏此種效應的現象，獲得一項研究證實，即針對挪威石油榮景對子女教育結果影響的研究。挪威部分地區的所有家庭在 1970 年代的所得增加，這是因為北海原油的開採，對勞工的需求殷切。這項研究比較出生於 1967-1969 年間、挪威南部海岸大量開採石油的羅格蘭郡（Rogaland）的孩子，與生在國內、未受石油榮景影響之地區的孩子。羅格蘭的所得增加，對當地兒童獲得的教育年數沒有影響。[16]

　　此研究的作者羅肯（Katrine Loken）懷疑，此種差異缺乏是挪威社會福利計畫的結果：「挪威對兒童有很高的公共投資，所有高

15　Akee et al. 2010, tables 5 and 9

16　Løken 2012.

等教育的學生都可獲得政府的助學金和補貼，以提供他們教育的經費……如果去除這些政府干預，有可能家庭所得能影響孩子的教育程度。」[17] 但如果這一點成立，那麼有類似周密教育和社會福利計畫的國家——如現代瑞典——的社會流動率，應遠高於其他國家。但我們已經看到，瑞典的根本社會流動率與較自由放任的經濟體一樣低。

不過，至少有一項研究發現所得劇變對孩子的結果有較顯著的影響。歐瑞波洛斯（Phil Orepoulos）和我的同僚佩吉（Marianne Page）及史蒂文斯（Ann Stevens），探究加拿大一家公司倒閉後，失業父親對子女的所得影響。此種失業對員工未來的所得產生永久性的影響，可視為影響個別員工所得的不利隨機劇變（random shock）。研究挑選的每一名男性員工，都有一個在公司倒閉時，年齡介於 12 至 14 歲的兒子。

研究發現，在公司倒閉六年後，這些家庭的所得仍比倒閉前平均低 9%。因此這些孩子在年輕時經歷了一段較控制組所得為低的時期。到了 28 歲，受倒閉影響的兒子所得，較控制組家庭的兒子低了 8%。所得劇變的影響跨越世代，其代際相關性接近 1。

這是一個很令人困惑的結果。與父母教育、個性、動機和能力差異有關的所得差異，應該與這些孩子只有很弱的傳承關係。父親因為上述因素讓所得增加了一倍，孩子的所得僅增加不到一半。但公司倒閉的隨機劇變帶來的所得改變，只會透過有限的管道（例如教育資金減少）影響孩子，卻幾乎完全被兒子繼承了。[18] 這並非證明所得改變對孩子的前途有獨立的影響力，其中必然有某些所得以外的機制在運作，才導致如此顯著的影響。

整體來看，對地位分布中段的眾多家庭來說，可行的社會干

17　Løken 2010, 128.
18　Oreopoulos, Page, and Stevens 2008.

預如所得轉移或資助教育，似乎不太可能大幅改變孩子的結果。赫克曼和其他人證明了在最弱勢的家庭中，初期的大腦發展可能受到童年環境的重大影響。[19] 社會干預的支持者如赫曼，提出針對兩項著名學前計畫──培瑞學前計畫（Perry Pre-School）和初學者計畫（Abecedarian Project）──影響性的隨機試驗。兩者在統計上和定量上，都顯示對參與者日後成人生活有顯著影響。參與者和社會整體的經濟獲利，以金額來衡量相當可觀。[20]

但不管這些計畫多麼有效果，卻沒有強力證據顯示，廣泛的這類早期干預可以改善地位分布底端者的結果。近日一項針對美國大型「及早開始計畫」（Head Start Program）的評估，合併了前述兩項學前計畫的各個面向，並發現在三年級結束時，隨機挑選的「及早開始計畫」參與者，其認知或非認知成績，並未優於隨機挑選的非參與者。[21] 這項每年約 100 億美元經費的計畫，嘗試改善 100 萬名美國貧民兒童的結果，卻似乎沒有可測得的持久效益。這些計畫還是有可能對成人的結果有影響，但在確實有明顯成人結果的培瑞學前計畫和初學者計畫中，計畫的影響總是在較小年齡時就已清楚可見。因此雖然一些干預可能顯示有其效益，但在美國實際進行的計畫是否有益，仍大有疑問。

假設在「好社會」裡，例如比較像瑞典而非美國的社會，我們給所有孩子比較平等的社會環境。這將製造出一段社會流動性提升，以及地位分布較低層孩子之社經結果普遍上升的時期。教育、所得、財富和健康上的不平等都會縮小。

不過，在這段轉型期之後的新平衡，社會流動率會是如何？上

19　Heckman 2012.

20　Heckman et al. 2010a, b. 但兩項計畫分別挑選了 58 名和 57 名接受研究的兒童，以及 65 名和 54 名控制組成員。這對早期干預之影響性，只提供小規模的證據基礎（Campbell et al. 2012）。

21　Puma et al. 2012.

層和下層階級現在將純粹根據他們的基因遺傳來決定。社會流動率在這個好社會是否會高於我們現在這個不完美的社會？誰也不可能斷言。一切都取決於決定社會成功的基因遺傳有多強，相較於家庭的倫理和行為有多強。但我們無法預測在好社會中，地位的遺傳是否會弱於現在的社會。因此在好社會中，很可能社經結果會和我們在不完美與不公平的社會裡觀察到的一樣可預測。低社會流動率本身，並不是社會失敗或潛在才能錯置的指標。

低流動性與不平等

本書一再談到社會流動性很低，地位透過家庭而強力繼承，並且很少證據顯示我們有能力利用可行的社會計畫來提升流動性。面對這樣的現實，社會應該把重點放在降低繼承的能力、家庭倫理，以及期待社會對具備不同能力者的獎賞。如果這麼多的社會結果在出生時就已決定，那我們可以訴諸於人的正義感，要求更多重分配。例如，有許多人支持必須轉移資源，以確保出生即有生理障礙者不致因此而貧窮。如果社會的成功與失敗在出生時便已注定，那麼，理所當然的，為什麼不提供更多支援給在隨機抽籤中運氣不佳的家庭？

如果我們不能改變家庭社經地位可繼承的優勢和劣勢，我們至少應該減輕這些差異的影響。因為雖然並無證據顯示我們可以改變社會流動性，但卻有許多證據顯示，社會可以降低所得、財富、健康和相對社會地位的不平等。如果低社會流動率真的是自然定律，正如無可爭辯的重力常數，那麼我們應該省下時間，別再操心它們。該操心的，是決定社經結果不平等程度的體制。

當然，部分所得與財富的不平等，是社會體制無法掌控的社會力所造成，但稅制可減輕這些市場力量對報酬分配的作用，且社會可以控制它們在各種社會體制中製造不平等的程度。

部分社會使用公共干預進行某種程度的補償，以減輕貧窮家庭繼承的劣勢。例如，瑞典為貧民家庭採取廣泛且有效的教育與健康干預，超過美國的作為。兩個社會都呈現教育年數與預期壽命的相關性，只是程度不同。在 2010 年的瑞典，高中畢業生和部分接受大專教育者，30 歲時的預期壽命差異不到三年。[22] 然而在 2008 年的美國，若只看白人，此一差距在 25 歲時是七年。[23] 兩國的差異反映出許多人的看法，即瑞典透過全民醫療照顧和其他社會福利，縮小了富人與窮人的生活條件差距。

這類讓生活機會平等化的干預，當然需要透過稅制籌措資源。例如，北歐國家薪資的平均稅負，遠高於較自由放任的盎格魯撒克遜經濟模式國家。據經濟合作發展組織（OECD）的報告，丹麥2012 年包含各類稅捐的平均稅負為 39%、瑞典為 43%，相較於美國的 30% 和英國的 32%。[24]

我們也從前面章節看到北歐國家較為平等，雖然我們仍不清楚，這當中有多少歸功於勞動供給的差異或體制性的選擇。不過，工會化在北歐國家較為普及。據 OECD 的報告，瑞典員工 2010 年的工會化比率為 68%，丹麥則為 69%；相較於英國只有 26%，美國則只有 11%。[25] 雖然丹麥或瑞典都沒有正式的最低工資，工會合約通常為各自的經濟領域制訂相當高的最低工資。

大多數視自由市場為經濟調節器的經濟學家，擔心這種工會和

22　Statistics Sweden 2011a.
23　Olchansky et al. 2012.
24　OECD 2013a, 15, table 0.1.
25　OECD 2013b.

稅務干預會因為製造工作的反誘因、限制生產的經濟安排，而導致生產損失。美國在 2010 年的人均產值為 4.2 萬美元（以 2005 年的幣值計算），確實高於瑞典（3.5 萬美元）和丹麥（3.6 萬美元）；不過，市場較自由的英國，人均產值僅 3.2 萬美元。因此沒有證據顯示，遠為平等化的北歐社會體制會對生產造成顯著影響。[26] 美國的成人工作時數較長，所以如果以工時衡量產值，美國和北歐國家的差距會更小。

社會也做出其他體制性的選擇，擴大或縮小了地位的不平等。以攸關下一代許多人職涯與地位的大學教育為例，包括美國、英國、中國和日本等社會，對於想進入教育機構的學生都進行極端的揀選。最具聲望的大學——哈佛、普林斯頓、牛津、劍橋、北京、清華、東京等——大體上會根據各個社會認定的優點來挑選學生。他們招募的學生來自能力分布的最頂層——而且正如我們前面談到，集中於淵源流長的菁英家庭。在美國，這類大學還可能採取「傳承」入學政策，優待父母也就讀相同大學的學生。

在美國，這些菁英大學的優勢因為來自校友和其他人的私人捐獻而強化。在某種不正常形式的慈善捐獻中，已擁有優勢者得到的更多、劣勢者則無緣受惠。[27] 近幾年來，牛津和劍橋十分努力倣傚美國這種爭取富人捐獻的籌資策略。沒有證據顯示，這種極端的能力揀選對大學體制的運作有建設性。在其他高度成功的社會裡，例如荷蘭或德國，大學對大學部學生的組成寬鬆很多。因此在德國排前十名或二十名的大學，學生的地位或素質差別並不大。著名的學校如海德堡大學（Heidelberg），並沒有對大學生入學特別揀選。

26　Feenstra, Inklaar, and Timmer 2013. 以連鎖購買力平價計算的支出面實質 GDP。

27　2012 年史丹福大學獲得 10.4 億美元捐獻，相當於每名大學部學生獲得 15.7 萬美元（Stanford University 2012）。這筆錢只有一小部分指定花在大學部教育上，但大學部學生也從學校任用之教師的聲望以及完成的研究而獲益。

在海德堡較冷門的大學部主修課程，如經典或古代歷史，仍然開放給所有符合大學資格者，即高中畢業者修習。其他研究課程，如醫學或法律，在入學時有嚴格的挑選程序，但這在許多其他德國大學也一樣。荷蘭在更前進的平等主義嘗試下，自 1972 年以來，醫學院的名額不再純粹由才能決定，例如高中成績；而是透過一種加權抽籤方法，開放給所有符合最低資格標準的學生。

在美國的社會模式下，極端的地位與結果之差異被容許、甚至被鼓勵存在，認為如此可以培養並增進社會流動性。我們已在所有社會群體相互通婚的社會看到，社會流動性最終會使所有社會群體和所有家庭的預期結果趨於相等，但這種流動的速度極為緩慢。因此，北歐模式使用社會體制來降低地位的差異，使菁英和下層階級的結果看起來較為理想。

國家之間的不平等

我們已從許多例子看到代際流動性相當緩慢，尤其是社會群體只有在歷經許多世代後，才會匯聚於類似的社經地位水平，即使最開放的社會也是如此。美國的情況顯示，正向和負向揀選的強大力量，已作用在移民到這片土地的群體。美國的菁英如今包括來自世界各地社會的次級人口——科普特埃及人、印度教徒、伊朗人、馬龍派教徒、非洲黑人等。這些群體可能占美國人口的 5%。有 2% 的人口是猶太人，正如我們討論到的，他們是來自早期揀選過程的菁英。美國的下層階級可能包括來自若干母體人口負向揀選的結果——新法蘭西移民後代、墨西哥裔美國人，也可能包括苗族人；這些群體可能達到美國人口的 18%。

此種情況暗示了美國社會不平等的程度，本就遠高於較同質性的社會，如德國、波蘭和義大利，而且在未來許多世代仍是如此。因此，美國在未來許多世代仍然會呈現更大的社會結果變異。在美國的組成人口長期存在差異，且移民政策將延續此種情況的條件下，美國實有必要思考其容許、甚至助長嚴重社會不平等的社會體制是否恰當。

逃脫向下的社會流動性

大多數父母，尤其是上層階級的父母，十分重視子女的社會與經濟成功。他們在追求這些目標上，耗費了大量的時間與金錢。在這些努力中，他們一切只為了給子女最好的，而不是為了破壞他人的機會。但社會所能提供的地位、影響力和財富的名額有限，因此無可避免地，使父母推著自己的孩子攀爬社會階梯時，看來像是踩在那些從下往上爬的人頭。正如梅朵克（Iris Murdoch）在小說中描述的：「光是成功還不夠；其他人必須失敗。」[1]

例如，進入曼哈頓最好私校的競爭是如此激烈，必須從幼稚園就開始努力。曼哈頓最好的一所常春藤聯盟幼兒學校，位於富裕上東區的道爾頓學校（Dalton School），其幼稚園名額的需求殷切，已經到了 4 歲幼兒必須接受智商測驗和入學申請面談的地步。挑選的過程如此繁瑣，以致於 2013 年的入學申請截止期限是 2012 年 11 月 9 日。因此，近來這所學校嘗試多元化並接受更多「有色」學生入學的做法，很明顯地不受非少數族群申請入學者父母的支持，因

1　Murdoch 1973, 98.

為他們勢必面對更多競爭。[2] 獲准入學將讓父母取得從幼稚園到 12 年級，每年繳納 38,710 美元學費（包含學校供應的午餐）的特權。

一般來說，曼哈頓私立小學的入學考試，光是參加就要花 500 美元，但有一大群顧問和教師可供家長僱用，以確保孩子在進入好學校以及在人生道路踏出成功第一步時，獲得各種優勢。這個補習產業已變得如此專門，使得曼哈頓的私立學校可能很快修正它們對入學考試的依賴，「因為擔心準備考試的補習和教練大行其道，使入學考試的結果失去意義。」[3]

到了大學入學的時候，有另外一大群顧問等著接受召喚，好提高學力評量測驗（SAT）分數、潤飾大學入學作文，以及指導學生選擇適當的課外活動。由於運動提供 SAT 和學業成績平均點數（GPA）不夠理想者進入菁英大學的另一種管道，所以有大批高中生汲汲於參加曲棍球和長曲棍球（lacrosse）等訓練，雖然這些運動似乎只為了大學入學程序而存在。[4]

至少在 1880-1980 年這段漫長的時期，富人和社會的成功階級大幅降低他們的生育率。較少的子女因而比起貧窮、多產家庭的子女，可繼承較多的父母資產，並獲得父母給予更多照顧時間與資源。但是，即使願意投資更多的時間和金錢，我們知道社會流動性定律終將無情地把家庭拉向均數。地位的持續儘管強勁，但平均而言，像英國、美國和瑞典這類社會的頂層階級，無可避免地終將看到其後代的地位逐漸下滑。

此外，社會頂層階級向下迴歸均數的速度是一致的，儘管他們

2　"She's Warm, Easy to Talk To" 2011.
3　"Private Schools Are Expected to Drop a Dreaded Entrance Test" 2013.
4　我在史丹福大學擔任副教授的第二年，被分派指導 6 名新鮮人。每個人在記錄中都展現了對 18 歲的孩子來說，令人難以置信的廣泛興趣——棋藝社、辯論社、歷史研究社、田徑隊、遊民收容所志工。我很快發現，這些表面的興趣只是美國大學入學程序的加工品，用來填補申請格式，等達到目的後隨即被棄之如敝屣。

不惜對子女做大手筆的投資；同時，低階層的向上流動也不曾停止，即使對父母不肯參加學校親師聯誼會的家庭來說，也是如此。

從社會低階層者的觀點看，迴歸均數的力量看起來似乎十分沉緩，但在曼哈頓、格林威治或矽谷的菁英眼中，這些力量緊緊箝制著他們的雄心壯志。這些人向來呼風喚雨、一切得遂所願，為什麼這個最大的心願——讓孩子也能享受和父母一樣優渥的生活——卻注定遭到挫敗？

中等和上層階級父母能否藉由對孩子的支出，大幅提升子女的人類資本和經濟成果？這方面的實驗證據很薄弱，正如布萊恩・凱普蘭（Bryan Caplan）近來在其著作《生更多小孩的自私理由》（*Selfish Reasons to Have More Kids*）中所強調的。[5] 即便是備受呵護的曼哈頓金融領主後代，仍然無法逃脫社會流動性定律。

這與一種說法很一致，即父母一旦投入資源，讓子女達到某個基本水準後（不包括愛因斯坦寶寶玩具、懷孕時為胎兒播放莫札特音樂，或送他們進道爾頓學校），就無法再提升子女的結果。過了這個時點，社會結果可能都已經寫在基因中，在受胎時就已決定；或受到一組根植於父母，並自動傳遞給子女的期望和價值觀所驅動，有如幼兒吮飲母親供給的社會階級母乳。從前述證據可見，很可能大多數地位實際上是由基因決定的。你可能在基因賭場贏得大彩，或輸得一文不名。

對於那些希望子女獲得最好的所得、財富、教育及健康結果的人來說，本書可以告訴他們什麼？我們能提出的科學貢獻之一，是指出慎選配偶可以讓一個家庭避免持續不斷地向下流動。

前面的章節都強調一件事，即緩慢社會流動性的原因之一，就是婚配的揀選。所有社會的人都傾向於與類似社會地位者結婚。查

---

5   Caplan 2011.

爾斯・莫瑞近來主張，婚配已變得更具揀選性，而此趨勢將進一步減緩社會流動性。[6]莫瑞其主張背後的理由是，在較早的世代中，女性未受許多教育，因此潛在的男性伴侶對她們的能力、精力和動機較缺少資訊。但女性教育的興起，允許根據觀察她們的特性而選擇更好的婚配對象，進而減緩了社會流動率。根據此一觀點，即使是美國白人社會，也愈來愈分化成富裕和貧窮的世系。[7]

但不管擇偶的揀選如何發展，向下流動將持續不斷，因為向下流動的驅動力來自一個事實，即人們通常根據可觀察的社會特性——他們達成的教育、所得、職業地位、財富、身高、體重和財富——來選擇與他們相似的配偶。[8]這是他們的社會表型，即可觀察特性的總和。不過，正如前面討論過的，我們也可以思考個人有社會基因型，即根本的社會地位。[9]社會基因型製造出可觀察的表型，但在每一個面向都包含著隨機成分。

這表示目前佔據教育、財富和職業分布上層的顯貴者，往往包括不成比例的幸運者，即受益於幸運意外的人。從體系看，頂層的人總是表型優於基因型。而相對稱的是，底層包括許多運氣不佳、發生意外的人。在底層，基因型比可觀察的表型要好得多。菁英面對的詛咒是，他們的四周圍繞著冒牌貨，可能他們本身亦然；因此上層階級的婚配市場，充滿可能並無能力持續光宗耀祖的人選。對照之下，底層的婚配市場充滿潛力雄厚的人選。這些人只是運氣不佳，而非社會基因型不優，所以下一代的結果往往較好。

不過，當婚姻是一個菁英群體內的同族通婚時，高社會地位就可以永久延續，例如孟加拉省的婆羅門或埃及的科普特人。相反的，

6　Murray 2012.

7　實際上，揀選日益增強的證據很薄弱。例如報告指出（參考 Kremer 1997, 126），1940-1990 年間配偶教育年數的相關性呈現小幅下滑。

8　愛情當然扮演一個角色，但長者的智慧認為，互惠式的愛在社交擇偶中最能開花結果。

9　這並不表示社會基因型真的來自基因，只是它的作用很像基因式的特性傳承。

同族通婚可能讓低地位群體無法翻身，例如使西孟加拉省的穆斯林陷於長期的貧窮。

這些發現暗示，要讓一個社會的流動性最大化，我們必須讓婚配選擇只根據目前觀察的社會地位。如果宗教或種族背景和膚色，與群體層次的社會地位有相關性，而且在宗教、種族和膚色群體內的通婚率非常高，那麼社會流動性就會減緩。

莫瑞關切現代美國社會的婚姻變得愈來愈有揀選性，但與他的憂慮相反，同族婚姻呈現明顯的減少。2001 年的全國猶太人口調查發現，美國猶太人的異族通婚比例增加。在 1970 年以前，只有 13% 猶太人與非猶太人結婚；1991-2001 年間則是 45%。[10] 美國猶太人的異族通婚比率，已達到很高的水準。諷刺的是，美國這個大體上不歧視猶太人的社會，最後將藉由提高猶太人與異族社會通婚的機制，終結維繫近兩千年卓越的猶太社會與學術成就的傳統。以美國人口普查局對人種和種族的定義來看，整體美國社會在 1980-2008 年間，異族通婚比率從 7% 提高到 15%。[11]

如果製造具有最高社會表型子女的方法，是尋找具有最高社會基因型的配偶，那麼對以製造最高成就後代為人生目標的人來說，方向已經很明顯了。你必須瞭解潛在配偶的根本社會基因型，不只要觀察他們的特性，還要觀察他們所有親戚的特性。他們的兄弟姊妹和父母的社會表型如何？他們的祖父母和堂表親可觀察的地位又是如何？

此處所說的，並不是這些親戚會對你子女的社會與經濟成功有任何直接影響。就可觀察的層面來說，他們不會。但親戚的社會地位，表示你的潛在配偶可能的根本社會地位。你的子女會繼承的就是這種社會基因型，而非可觀察的社會表型。

---

10   United Jewish Communities 2003, table 14.
11   Passel, Wang, and Taylor 2010.

親戚地位的觀察，可形成一套具有可預測加權值的總計。如果社會地位主要是由基因性的因素決定，正如身高一樣，我們也可以為了最佳預測來決定每一個親戚的權值。例如，如果擇偶不加揀選，就像表 15.2 所示的簡單模型，潛在伴侶的權值即 1。他們的兄弟姊妹和父母的權值就是二分之一，[12] 祖父母和姨嬸舅叔為四分之一，曾祖父母和堂表兄弟姊妹為八分之一。不過，由於擇偶具有高度揀選性，兄弟姊妹、父母、祖父母、姨嬸、舅叔、堂表兄弟姊妹等共同基因的影響性就比上述情況強。整個世系就變得對潛在婚姻伴侶的根本地位具有強力的預測性。

　　與此種說法呼應的是，近來日本的一項研究檢視祖父母（包括外祖父母）、姨嬸和舅叔的教育程度，對孩子上大學可能性的影響。在控制父母教育的情況下，所有四組親戚的教育水準都和子女上大學的可能性有正向的相關性。[13]

　　正如第 6 章提到，一個有四千多人的英國罕見姓氏群組，我們知道他們在死亡時的財富，以及他們在四個世代（1858-2012 年）中的所有家族關係。這些資料讓我們得以估計死亡時的財富不僅在子女和父母間有相關性，在曾祖父母和孫輩、甚至二代堂表兄弟姊妹（second cousins）間也有關聯。這些財富資訊很神奇的是，與愈來愈遠房親戚間的財富關係仍然持續不斷。父母—子女的財富相關性平均為 0.43，兄弟姊妹的相關性為 0.56。但堂表兄弟姊妹（就基因關係來說，只有四分之一的關係）的相關性仍有 0.34，而第二代堂表兄弟姊妹（血緣關係為十六分之一）仍有 0.22。如果基因是社會地位的根本，那麼擇偶勢必具有高度揀選性。也因此，第二代堂表兄弟姊妹的關係，遠比一般人所預期的密切。[14]

12　基於支配效應，遺傳的特性在兄弟姊妹間的相關性略高於父母和子女之間，因此其權值應該更大些。

13　Aramaki 2013.

14　Cummins and Clark 2013.

這暗示了即使是很遠的親戚，在社會地位上也有令人驚訝的相關性。此種資訊可用來預測一個世系中任何人之子女的可能結果。這個事實，正是第 7 章提到的達爾文家族的情況。達爾文的 27 個成年玄孫輩之顯貴程度，仍然高得令人驚訝。

這些都意味著，如果潛在配偶的親戚加權分數和高地位者不分軒輊，他或她的社會基因型，就會和觀察到的表型一樣好。就製造高品質子女這目的來說——也只能針對這個目的——這個潛在伴侶就是婚姻市場上貨真價實的對象。若是潛在伴侶的親戚加權分數更高，那麼他或她就是婚配的搶手貨。相反的，如果親戚平均來說屬於低地位，這椿婚姻就比較不可能製造出社會潛力和父母一樣高的子女，因為伴侶的社會表型優於基因型。

與子女之可能結果有關的其他資訊，也可以從潛在配偶的種族或社會群體等因素獲得。個人高於族群平均社會表型的正向變異愈大，他目前的地位就愈可能是意外的產物，高過其根本社會基因型。個人低於族群平均的變異愈大，則目前的地位就愈可能是機運的結果；個人的根本社會基因型可能較適於成功。[15]

假設你面對兩個婚配對象的選擇，兩人都有高地位表型，例如兩人都從菁英大學畢業，擁有哲學博士學位；或者兩人都獲得鼻整型醫師證照。但其中一個對象有阿什肯納茲猶太人背景，而另一位是新法蘭西人後裔，那麼如果你選擇猶太人為配偶，子女的預測地位會比較高。

由於科普特姓氏是圖 13.10 所列美國地位最高的群體，在其他條件相同下，如果你希望有高地位的後代，不妨尋找傑吉斯

15　由於上述的發現，顯示遺傳在上層階級子女結果的預測上很重要，同樣的觀念應適用於為人工受孕尋找卵子或精子捐贈者的情況。近日一項針對人類卵子黑市的研究發現，儘管美國生殖醫學會（ASRM）的規範建議給捐贈者固定水準的補償，「以避免對人類配子（gametes）設定價格，或選擇性地為特定人類特性估價」，但捐贈的補償金高低，仍與潛在捐贈者就讀大學的入學平均 SAT 分數呈強烈相關性（Levine 2010, 28–31）。

（Girgis）、包特洛斯（Boutros）或仙諾達（Shenouda）等姓氏的配偶。中國人和非洲黑人姓氏也是顯著的高地位群體，所以同樣的，在其他條件相同下，選擇陳氏會優於邱吉爾氏，歐卡弗氏（Okafer）會比歐爾森氏（Slson）更好。

在《生更多小孩的自私理由》一書中，凱普蘭正確地指出，下層階級的父母盲目地投資太多時間在養育子女上。根據他的觀點，遺傳是最重要的，所以你倒不如生更多小孩，在每個小孩身上投資得較少，仍然享受更多做父母的好處。這聽起來很合理又很人道。

凱普蘭最後提出上述看法的結論。如果遺傳決定了孩子的結果，那麼我們就只能從世系來判斷潛在配偶（平均而言）是否擁有最好的基因。因此目前製造高地位子女的競爭，將被與擁有最佳遺傳潛力者婚配的競爭所取代。一個比現在更好、更人道、較不具競爭性的社會可能存在。但在人們如此強烈渴望子女獲致社會成功的世界裡，我們能否達到這個地步仍是未知數。

測量社會流動性

　　代際社會流動性是社會學與經濟學研究的主要內容。社會學家在研究流動性時偏好的工具是轉移矩陣（transition matrix），因為社會階級不容易賦予地位數值。根據社會階級、職業、所得或財富，將父母和子女劃為分級的群體。例如直到最近，英國還在使用標準的職業分類，把人們分成六類：

A　　高階管理、行政或專業員工

B　　中階管理、行政或專業員工

C1　監工或職員及資深管理、行政或專業員工

C2　技術性勞動工人

D　　半技術性和非技術性勞動工人

E　　零工或低階工人、退休人員，和其他收入仰賴國家者

　　例如，要測量父親—兒子的流動性，每個父親和兒子都被分派一個地位。轉移矩陣顯示每個地位類別父親結果的分布比率，如表

A1.1 所示（表中的數字是假設的，純粹為顯示典型的轉移矩陣而設）。每一行的數值，顯示在已知的兒子地位下，兒子達成特定地位的機率；每一行的數字加起來是 1。表中顯示，在這個例子裡，一個最低階父親的兒子，最終獲得最高階級地位的機會很小（反之亦然）。

表 a1.1　轉移矩陣示例

父親	兒子			
	A	B	C	D
A	0.5	0.2	0.2	0.1
B	0.1	0.6	0.2	0.1
C	0.1	0.3	0.4	0.2
D	0.0	0.1	0.3	0.6

表 A1.2 顯示完全不流動的情況，所有兒子的職業地位都與父親的地位相同。對照之下，表 A1.3 顯示完全流動，兒子職業地位的分布與各階層的父親相同，因此父親的地位完全無法提供有關兒子的資訊。

雖然此種轉移矩陣提供任何社會之社會流動性最完整的描述，但它們卻很難詮釋和比較。例如，表 A1.1 暗示的流動性是多少？它是否很接近表 A1.2 的沒有流動性，或表 A1.3 的完全流動性？另一個測量流動性的方法，通常受到經濟學家和心理學家的青睞，就是對社會地位的各面向——例如所得、財富、教育年數、認知技能和壽命——以數字性的尺規來評量。甚至職業也能藉由指定各職業的地位分數來呈現，例如依各職業的平均所得，或各職業需要的平均教育年數來指定。

如果我們藉由比較父親和兒子的所得來測量流動性，就能看到

表 a1.2　沒有流動性的轉移矩陣示例

父親	兒子			
	A	B	C	D
A	1	0	0	0
B	0	1	0	0
C	0	0	1	0
D	0	0	0	1

表 a1.3　完全流動性的轉移矩陣示例

父親	兒子			
	A	B	C	D
A	0.1	0.4	0.4	0.1
B	0.1	0.4	0.4	0.1
C	0.1	0.4	0.4	0.1
D	0.1	0.4	0.4	0.1

圖 A1.1 所描繪的模式。這個資料模式的最佳擬合線形，將是這種形式：

$$y_{t+1} = a + by_t + v_t \tag{a1.1}$$

其中 y 是地位的衡量，v_t 是一些隨機成分，而 t 是初始世代的指數。然後 b 衡量經歷一個世代的地位持續性。在特定父親和兒子的例子中，b 可能是任何數值。若 b 是 0，代表地位沒有持續性，無法從父親的地位預測兒子的地位。b 愈大，就愈能從父親的地位預測兒子的地位。

不過，如果地位測量有跨越世代的常變異數（constant variance），正如整體社會通常的情況，那麼 b 就具有特殊性質。在這個例子裡，b 也是 y 的代際相關性，數值介於 -1 和 1 之間。在圖

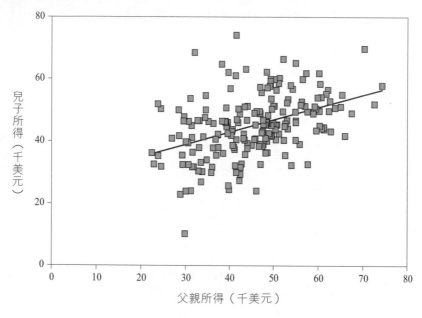

圖 a1.1　父親所得相對於兒子所得

A1.1 中有常變異數，斜線代表這些資料的最佳擬合 b，描述的是所得的代際持續率。在這個例子裡它是 0.4。（1-b）因此是反面的社會流動率。由此可見，若 b 是 0.4，兒子的所得可能與父親的所得有很大差異。對平均所得為 4.5 萬美元的父親來說，兒子的所得範圍是 2.4 萬到 6.3 萬美元。此處 b 正好代表了傳承的系統成分。b 的數值愈低，隨機成分就愈重要。

當地位的測量有跨越世代的常變異數時，b^2 測量了出生時可預測的變異部分。其原因是，如果 σ^2 測量地位數值 y 的變異，且 σ_ν^2 測量地位隨機成分的變異，那麼從等式 A1.1 可得：

$$\sigma^2 = b^2\sigma^2 + \sigma_\nu^2$$

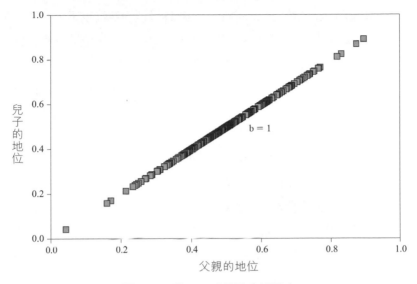

圖 a1.2　當 b=1 時的社會流動率

　　因此隨機成分解釋了目前地位變異（$1 - b^2$）的一部分，而遺傳則解釋了其他部分的變異 b^2。這也是為什麼在這個例子裡，b 必須介於 -1 和 1 之間。圖 A1.2 顯示當 b 接近 1 的情況。這時候，因為地位變異很穩定，地位的隨機成分勢必接近 0。兒子的地位完全可以從父親的地位來預測。

　　這個代際相關性，就是本書各章節採用的流動性簡易測量方法。但如果社會流動率在社會尺度的不同點互異（正如一些人的主張），那就不適宜簡化。但本書的論點之一是，社會流動率似乎在社會地位的所有範圍都相同。此種測量，也需要我們賦予所有社會階層之社會地位一個基本的衡量標準。[1]

　　由於資料的限制，社會流動性的標準測量往往只專注於父親和兒子。然而人一定都有雙親，女性的所得、教育和財富，在晚近世

1　　Long 與 Ferrie（2013b）提出較複雜的測量方法，以處理這類不可能採用基本社會地位測量標準的情況。

代對家庭的社會地位已愈來愈重要，並且母親的地位也對子女的結果有所貢獻，在這些測量中獨立於父親的地位之外。傳統上專注於父親的測量，是否會產生扭曲的代際相關性估計？

假設婚配在社會地位方面具有完全的揀選性，那麼父親和兒子、或父親和女兒之間，在所得、財富和教育方面的代際相關性，將等同於把父親和母親的平均地位作為較早期世代的測量基準。因此，傳統的 b 測量法仍然能解釋整體社會的概況。由於婚配並不具完全的揀選性，這些個別的 b 測量往往高估了社會流動性。不過，即使婚配是完全隨機的，子女特性與雙親平均特性的相關性，也仍然只有個別相關性的 1.4 倍。[2] 假設雙親在任何測量的特性相關性都是 0.5，子女特性和雙親特性平均的相關性，會是單親相關性的 1.15 倍。這只比通常測量的單親相關性略高一些。

本書中使用的簡化測量 b，即特性的代際相關性，讓比較各個社會和各種不同的社會地位測量變得很容易。它也有簡單的自然詮釋。這類代際相關性的主流估計顯示，現代社會在任何一種地位的測量上都呈現高社會流動率。因此這些特性的代際相關性，包括我們認為在高所得社會大體上是生物性遺傳的特性（例如身高），以單親來說通常介於 0.13-0.54 之間。即使擴大到把雙親的遺傳都考慮進來，典型的雙親與子女在所得、教育、財富、智商、身高、身體質量指數（BMI）和壽命的相關性，也只有 0.25-0.75。[3] 這暗示了

2　假設子女與父親、以及與母親個別的相關性一致，並以 ρ 代表，那麼與雙親平均的相關性則為 $\dfrac{\rho}{\sqrt{0.5(1+\rho_{fm})}}$ ，其中 ρ_{fm} 代表雙親之一特性的相關性。

3　在身高的討論方面，參考 Pearson and Lee 1903; Silventoinen et al. 2003a; Galton 1886。討論體重指數：Silventoinen et al. 2003b。討論認知和社會能力：Grönqvist, Öckert, and Vlachos 2010。討論壽命：Beeton and Pearson 1899; Cohen 1964。討論所得：Corak 2013。討論財富：Harbury and Hitchens 1979。討論教育：Hertz et al. 2007。討論職業地位：Francesconi and Nicoletti 2006; Ermisch, Francesconi, and Siedler 2005; Long 2013。

通常這些特性在子女間的所有變異，只有 6% 至 50% 可以從父母的特性來預測。有極端特性的雙親，通常會看到他們的子女大幅度地迴歸均數。

多世代的流動性

當我們考量孫子、曾孫和更晚的世代時，地位的代際相關性又如何？要回答這個問題，進一步的簡化會有幫助——將每一世代的地位測量 y 正常化到零平均（zero mean），使等式 A1.1 簡化為：

$$y_{t+1} = by_t + \nu_t \qquad \qquad (a1.1)^*$$

例如，如果 y 是所得，只要把所得定義為個人所得和平均所得的差異，就製造出這種正常化。

假設所有可用來預測子女結果的資訊都由父母的地位提供，即祖父母、甚至更早的世代對他們後代的結果不提供獨立的資訊。在這種情況下，流動性過程被視為一階馬可夫程序，或 AR（1）。那麼等式 A1.1* 暗示了，經過 n 個世代，地位鏈結的特性是：

$$y_t = by_{t-1} + \nu_t = b^2 y_{t-2} + b\nu_{t-1} + \nu_t = b^n y_{t-n} + \nu_n^* \qquad (a1.2)$$

其中 $\nu_n^* = b^{n-1}\nu_{t-n+1} + \cdots + b\nu_{t-1} + \nu_t$。祖父母和孫子的相關性為 b^2，而曾祖父母和曾孫的相關性則為 b^3。

在這種情況下，若採用以父母和子女間代際相關性的主流估計，長期的社會流動性會很快。即使 b=0.5，b^n 會隨著 n 增加而快

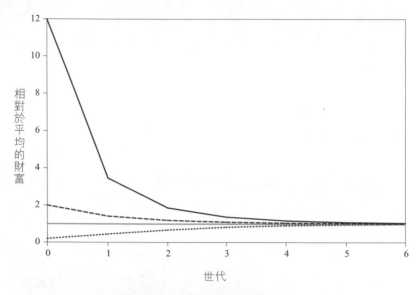

圖 a1.3　財富回歸均數的速度

速接近 0。因此一個世代和他們曾孫輩的代際相關性只有 0.12。這反過來暗示著，曾孫輩結果中的變異僅 2% 可由第一代的特性來解釋。經過 n 個世代後，地位的變異可由現在世代的地位來解釋的部分，將更快趨近 0，因為它是 b^{2n}。圖 A1.3 顯示，如果 b 是 0.5，兩個家庭（初期的財富分別是平均的 12 倍和 1／12 倍）的預期地位，會多快匯聚到均數。[4] 在五個世代內，這兩個初期財富差距為 144 倍的家庭，其後代的預期財富都將在社會平均數的 10% 內。

　　不過，近日對三或四個世代的結果進行的社會流動性研究顯示，祖父母似乎對孫輩的結果有獨立的影響力。在本書中，對代際流動性與持續性性質的假設是，其根本程序實際上是一階馬可夫程序。如果我們擁有父母輩完全的資訊，那祖父母在遺傳上就對孫輩

4　在這類估計中很常見的是，b 是以財富的對數來計算。

沒有影響。因此，如果測量的地位是 y_t，而根本地位是 x_t，則本書假設的社會流動性模式（參考第 6 章）為：

$$y_t = x_t + u_t$$
$$x_t = bx_{t-1} + e_t$$

其中 x 和 y 都正常分布，有均數 0 和常變異數，u 和 e 是隨機成分。再假設在以下擬合的表述中：

$$y_t = \beta y_{t-1} + \nu_t$$

β 的普通最小平方法（ordinary least squares）估計為 $\hat{\beta}$。那麼，如果 $\theta = \dfrac{\sigma_x^2}{\sigma_x^2 + \sigma_u^2}$，其中 σ_u^2 為隨機成分的變異數，而 σ_x^2 是根本社會能力的變異數，則預期的 $\hat{\beta}$ 值將是：

$$E(\hat{\beta}) = \theta b$$

同時，普通最小平方法對於 β_n 的估計預期值——即 y 跨越 n 個世代觀察相關性，$y_t = \beta_n y_{t-n} + \nu_{nt}$——將是：

$$E(\hat{\beta}_n) = \theta b^n$$

如果我們以普通最小平方法估計 $y_t = \beta_{t-1} y_{t-1} + \beta_{t-2} y_{t-2} + \nu_t$（這是在控制父母地位的情況下，檢視祖父母地位的影響）的變數，那麼

$$E\left(\hat{\beta}_{t\text{-}1}\right) = \theta\, b\left(\frac{1-\theta\, b^2}{1-\theta^2 b^2}\right)$$

$$E\left(\hat{\beta}_{t\text{-}2}\right) = \theta\, b^2\left(\frac{1-\theta}{1-\theta^2 b^2}\right) > 0$$

雖然祖父母在孫子的結果沒有獨立的影響力，但根據這些估計，他們似乎有一些影響。如果我們以普通最小平方法估計 $y_t = \beta_{t\text{-}1} y_{t\text{-}1} + \beta_{t\text{-}2} y_{t\text{-}2} + \beta_{t\text{-}3} y_{t\text{-}3} + \nu_t$（在控制父母地位的情況下，檢視祖父母和曾祖父母兩者的獨立影響）中的變數，那麼：

$$E\left(\hat{\beta}_{t\text{-}1}\right) = \theta\, b\,\frac{1-\theta^2 b^2 - \theta\, b^2 + 2\theta^2 b^4 - \theta\, b^4}{1 - 2\theta^2 b^2 + 2\theta^3 b^4 - \theta^2 b^4}$$

$$E\left(\hat{\beta}_{t\text{-}2}\right) = \theta\, b\,\frac{b(1-\theta)(1-\theta\, b^2)}{1 - 2\theta^2 b^2 + 2\theta^3 b^4 - \theta^2 b^4} > 0$$

$$E\left(\hat{\beta}_{t\text{-}3}\right) = \theta\, b\,\frac{b^2(1-\theta)^2}{1 - 2\theta^2 b^2 + 2\theta^3 b^4 - \theta^2 b^4} > 0$$

如果 $b>0$，那麼 $\hat{\beta}_{t\text{-}2}$ 和 $\hat{\beta}_{t\text{-}3}$ 兩者都將呈現正值。即使是曾祖父母通常在曾孫出生時已經死亡，也呈現對曾孫輩的結果發揮了一些獨立的影響。

從姓氏比率估算流動率

當有按照姓氏統計的財富或職業資料時，估算代際地位相關性的程序，便類似傳統流動性研究使用的方法。此時社會流動率的測量，只要計算每一種姓氏類別，在每一世代距離姓氏的平均地位有多遠。

不過，姓氏群組的持續性變數估計，比起家族的根本持續性變異（如果可觀察的話），可能產生趨向零的偏誤。這是因為在姓氏世代中，當我們估算：

$$\bar{y}_{kt+1} = b\bar{y}_{kt} + u_{kt+1}$$

$\bar{y}_{kt}$ 代表根據某種測量方法，估算一群人的平均社會地位，並以姓氏 k 為初始的世代。但有些人沒有子嗣，不包括在家庭內的估算中。並且在任何世代，只有一個子女者的權值和十個子女者相同。這在估算中製造出雜訊，使估算的代際彈性向零偏誤。

不過，對本書中的大部分研究來說，在每一個世代的姓氏群組地位測量，都根據姓氏在菁英（或下層階級）所占比率，與在整體人口中所占比率做比較。這些菁英群體可能是財富擁有者、大學畢業生、作家、醫師、律師或國會議員。

要計算隱含持續率的程序如下：定義每一個姓氏或姓氏類別 z，在醫師等菁英群體中的相對代表性為

$$z \text{ 的相對代表性} = \frac{z \text{ 在菁英群體的比率}}{z \text{ 在整體人口的比率}}$$

就社會流動性來說，在一開始相對代表性不是 1 的任何姓氏，應該會向 1 趨近，而趨近的速度則由社會流動率來決定。

不過，假設所有社會流動性都遵循 $x_{t+1} = bx_t + e_t$ 的法則，便暗示了即使是社會菁英也往往與整體人口有相同的地位變異，只要他們已存在於社會數個世代。因為即使他們一開始的社會地位變異為 0，過了 n 個世代後，根據上述的流動性定律，根本地位的變異將是：

$$\sigma_n^2 = (1 - b^{2n}) \, \sigma^2$$

其中 σ^2 是整體人口的地位變異。即使根本持續率高達 0.75，只要經過一個世代，這個菁英群組的變異將是整體人口變異的 44%。經過四個世代後將是 90%。因此從觀察的姓氏占菁英比率來估算持續率時，我們假設菁英群組的變異與整體人口的變異相同，但均數是向右移動，正如圖 A2.1 所示。同樣的，下層階級的變異被假設與整體人口相同，但均數向左移動。

菁英與下層階級姓氏群組變異相同的假設，在測量他們的地位結果分布時證明是正確的。我們在第 2 章中看到，瑞典貴族姓氏的所得地位情況就是如此。在第 3 章，美國猶太人和黑人姓氏的教育

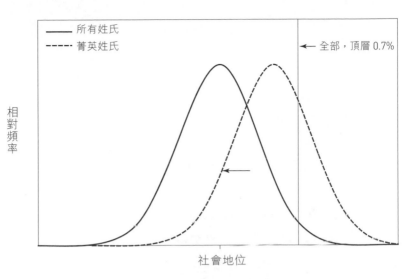

圖 a2.1　菁英的初始地位

地位也證明如此。英格蘭在 1858-2011 年的財富分布情況亦然（參考第 5 章）。在所有例子中，菁英和下層階級姓氏群組的結果都有相當大的變異。

　　這個假設也很符合初始是菁英或下層階級，歷經許多世代後觀察的情況，例如在英格蘭或瑞典。在許多例子中，此一模式都符合菁英和下層階級姓氏群組的演化，估算的持續率下滑幅度都相當小，介於 0.7-0.9。初始菁英群組的地位分布範圍比整體人口狹小的假設，會導致預測的相對代表性路徑不符合觀察的路徑，除非初始世代的持續率與後來世代的差距很大。

　　根據上述假設，當菁英姓氏群組的相對代表性 z，在某個較高層的地位分布（例如頂層的 2%）被觀察到時，我們可以設定這個群組的初始平均地位 $\bar{x}_{z0}$。這個平均地位將根據如下的等式演化：

$$\bar{x}_{zt} = \bar{x}_{z0}b^t$$

其中 t 代表世代數。對於只有兩個世代而言,此程序產生一個明確的估計值 b。對多個世代來說,我們可以估算每一個世代的 b,或藉由將每個選擇的 b 隱含相對代表性中的變異最小化,來擬合為一個 b。英格蘭、瑞典和中國菁英與下層階級的長期一系列相對代表性研究顯示,符合觀察之相對代表性模式的 b,往往跨越 5-10 個世代。

如果菁英人口地位分布假設的的斷開點(cutoff point)被改變了,最符合這項資料的 b 值不會改變很多。因此在第 5 章(圖 5.8),我們估算 1830-2012 年間、就讀牛津和劍橋的罕見姓氏,其教育地位持續性為 0.73。在得出這個估算時,每段期間大學菁英假設的斷開點,是對應於每個世代的學生比率,範圍介於 0.5% 到 1.2%。假設斷開點並非一致的,而是 0.1%、0.7%、2% 或 5%(此處極端的狀況相當不切實際),那麼 b 的估算值會改變多少?表 A2.1 的第一列顯示其結果。在跨越所有世代時採取這些固定斷開點之一,會產生 0.69-0.74 的最佳擬合持續率,與偏好的估算差異不大。

若是移去菁英群體教育結果的變異永遠與整體人口一致的假設,會發生什麼情況?假設其初始變異只有整體人口的四分之一,不同菁英共有的隱含 b 值顯示在表 A2.1 的第二列,其範圍為 0.65-0.71。

表的最後一列顯示,在更為極端的假設下所估算的 b,即菁英姓氏群組在 1800-1829 年初始觀察世代的變異,只有整體人口的十分之一。此時 b 的範圍介於 0.63-0.71。因此,使用姓氏群組測量的教育流動性比主流估計慢的假設,並不受有關菁英群組人口比率假設中的變異,以及菁英人口內地位的變異所影響。

假設菁英的初始教育變異	菁英地位斷開點（人口的比率 %）			
	0.1	0.7	2	5
人口變異	0.74	0.73	0.72	0.69
人口四分之一變異	0.65	0.70	0.70	0.71
人口十分之一變異	0.63	0.69	0.70	0.71

向上流動性

對任何經濟中只憑隨機運氣崛起的菁英群體（例如 1800-1829 年間牛津和劍橋的罕見姓氏群組）來說，第 6 章提出的社會流動性定律對他們崛起至菁英地位的方式也有意義。最主要的意義是，向上流動的路徑與向下流動的路徑是對稱的。第 12 章提出證據證明，這種預測在英格蘭和中國都是正確的，此處則提出這種預測背後的原理。

如果根本流動性取決於 $x_{t+1} = bx_t + e_t$ 此一敘述，我們就可以從實證上估算 b 值，將方根誤差的總和最小化成為：

$$\hat{b} = \frac{\sum x_{t+1}x_t}{\sum x_t^2}$$

不過，假設我們想從 x_{t+1} 回溯估算至 x_t 的關係，也就是說，如果 $x_{t+1} = bx_t + e_t$ 成立，那麼從 $x_t = \gamma x_{t+1} + \nu_t$ 的敘述，可估算的 γ 值會是如何？你可能預期，我們只要改寫 $x_{t+1} = bx_t + e_t$ 的左邊為 x_t，那麼結果將是 1 / b。但情況並非如此，γ 的最小方根誤差實證估算將是：

$$\hat{\gamma} = \frac{\sum x_t x_{t+1}}{\sum x_{t+1}^2} = \frac{\sum x_{t+1} x_t}{\sum x_t^2} = \hat{b}$$

因為就結構上來說，x_t 和 x_{t+1} 有相同的變異。時間往回溯，菁英或下層階級的平均地位同樣迴歸向均數。家庭從分布的極端——富裕或貧窮的兩極——向中間的移動路徑，將與它們較早期從中間向極端的移動對稱。任何在極端觀察到的群體，將不只在未來的世代迴歸向均數，也將以迴歸至均數的相同速度，背離均數達到其極端地位。不過，要注意這個預測只適用於因劇變而達到極端分布的家庭。

發現家庭世系的地位

對於擁有像克拉克（Clark）這類常見姓氏的人來說，探究姓氏的有趣歷史和地理學可能受到限制（雖然 Clark 的拼音變形 Clarke 的地理分布很吸引人）。但有幾個來源，能讓我們從多方面探究罕見姓氏的歷史和地理學。以下我們將說明，在英國、美國、澳洲和瑞典等國家，如何發現任何姓氏有多常見、集中在何處，以及長期以來的平均社會地位有多高。

正如我們已經討論到的，常見姓氏可能從高、中或低地位開始，但最後全部都匯聚到平均地位。不過，罕見姓氏可能走不同的路徑。例如，它們可能有幾段時期位於高地位、迴歸至均數，然後滑落至低地位，最後再度迴歸均數；或者它們可能像佩皮斯氏（Pepys）那樣，維持在高地位數百年。

姓氏頻率和分布

要建立姓氏在不同世紀出現的頻率有一項好用的工具，即世界家族姓名公共目錄（Public Profiler World Family Names）資料庫，這是倫敦大學學院（University College London）的計畫成果。[1] 這個網站提供阿根廷、澳洲、奧地利、比利時、加拿大、中國、丹麥、法國、德國、匈牙利、印度（局部）、愛爾蘭、義大利、日本、盧森堡、荷蘭、紐西蘭、波蘭、塞爾維亞、斯洛維尼亞、西班牙、瑞典、瑞士、英國和美國每百萬人口姓氏頻率的估計。每個國家的資訊也按次級單位提供，規模各不相同，例如在美國是郡。圖 A3.1 顯示李維（Levy）氏的分布，其起源為遍布歐洲的塞法迪猶太人。這個姓氏的廣泛分布，反映出猶太人口很強的地理流動性。

對照之下，圖 A3.2 顯示罕見姓氏波士卡溫（Boscawen）在歐洲的分布。此一姓氏起源於英格蘭西南部，且擴散範圍很小。圖 A3.3 顯示新法蘭西姓氏柏吉隆（Bergeron）在北美的分布，呈現出該姓氏藉由移民到路易斯安那州和新英格蘭州而擴散。從更接近的角度看，我們可以看到在美國各州的範圍內，姓氏於各郡的分布。例如，圖 A3.4 顯示猶太姓氏邰特爾包姆（Teitelbaum）在紐約州的分布。該姓氏在撒塔瑪哈西德教派（Satmar Hasidim）的領袖之間，以及該教派兩大分支目前的拉比（rebbe）姓氏中，都有十分崇高的地位。

不過，這套資料的限制之一是，在部分國家如美國，姓氏的計算是根據電話目錄，導致高地位姓氏的頻率高估，以及低地位姓氏的低估。目前較正確的個別國家姓氏估算包括以下來源：

美國：美國人口普查局（US Census Bureau）於 2000 年普查的姓氏人口統計。此來源登錄美國 2000 年的人口普查中，所有出現超過 100 次的姓氏。它也提供人口普查中各姓氏的種族組成資料（白人、黑人、亞太島民人種、美國原住民，和西班牙

---

1   Public Profiler, n.d.

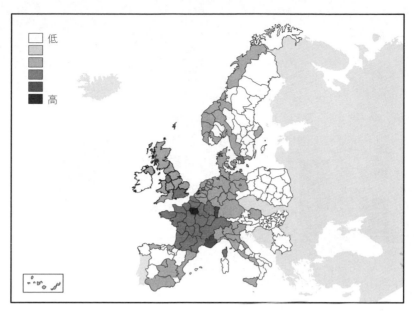

圖 a3.1　李維氏在西歐的分布，2012 年

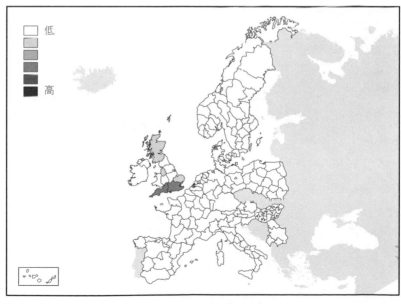

圖 a3.2　波士卡溫氏在西歐的分布，2012 年

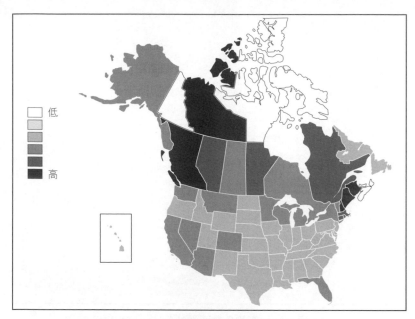

圖 a3.3　柏吉隆氏在北美的分布，2012 年

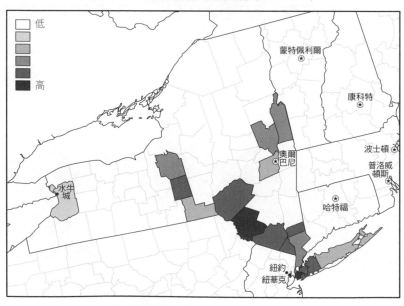

圖 a3.4　邰特爾包姆在紐約州的分布，2012 年

裔）。這些資訊只以一個大 Excel 檔案呈現。[2]

英國：國家統計局 2002 年製作一份英格蘭和威爾斯姓氏頻率清單。此來源提供在英格蘭和威爾斯擁有者至少 5 個人的所有姓氏及其頻率。此處的姓氏資料代表 1998 年的所有姓氏，包括 1998-2002 年間出生的人，但不減去這段期間的死亡者，因此它高估了 2002 年的總人口數。[3]

澳洲：澳洲政府的智慧財產局維護一個可搜尋的澳洲姓氏頻率資料庫，其基礎是選民的登錄資料。[4] 在 2012 年，澳洲登記的選民有 1,430 萬人，代表所有成人的 90%。基於登記的要求，低地位姓氏在這個網站有低估的傾向。該網站可用姓氏的任何字串進行搜尋。

加拿大魁北克：魁北克統計處報告魁北克最常見的 5,000 種姓氏之頻率。[5] 不過，加拿大統計局並沒有為全加拿大製作任何姓氏頻率清單。

瑞典：瑞典統計局有一個可搜尋的資料庫，提供瑞典前一年底所有姓氏的頻率資料，每年以人口登記資料（由瑞典稅務局維護）更新一次。[6] 瑞典統計局也報告 100 個最常見姓氏的清單，以及它們在前兩年的頻率；同樣是每年更新。[7]

2　Ward et al. 2012.

3　U.K., Office of National Statistics 2002.

4　Australian Government, "Search for Australian Surnames," http://pericles.ipaustralia. gov.au/atmoss/falcon_search_tools.Main?pSearch=Surname.

5　Institut de la Statistique Québec, "Les noms de famille," www.stat.gouv.qc.ca/donstat/ societe/demographie/noms_famille/index.htm.

6　Statistics Sweden, "Namnsök," www.scb.se/Pages/NameSearch.aspx?id=259432.

7　Statistics Sweden, "Namnstatistik," www.scb.se/Pages/ProductTables____30919.aspx.

另一個來源由倫敦大學學院的公共檔案小組維護，稱為大英國協家庭姓氏網站（Great Britain Family Names）。[8] 該網站統計 1881 年（從人口普查資料）和 1998 年（從選民登記）大英國協依郡區別的姓氏分布。不過，這些資料只包括 1998 年選民登記中，擁有者超過 100 名的姓氏。

姓氏地位

我們已經知道姓氏的地位往往歷經許多世代而持續不墜。現在有一些方式可以干預目前的姓氏地位。

英格蘭與威爾斯

對英格蘭和威爾斯來說，確定姓氏地位的方法之一是，檢視姓氏在特定時期的遺囑認證比率，相較於所有姓氏平均遺囑認證的比率。對於和較富裕群組有關的姓氏來說，遺囑認證比率會高於平均，而較貧窮的姓氏群組則較低。Ancestry.com 網站列出英格蘭和威爾斯在 1858-1966 年的所有遺囑認證（以後期間的資訊，得親自前往倫敦的遺囑認證登記處才能取得）。利用這個來源可以檢視 1926-1966 年間遺囑認證記錄裡的罕見姓氏，並比較 1996-2012 年間的資料，如表 A3.1 所示。

英格蘭和威爾斯在較早期所有姓氏的遺囑認證平均比率為

---

8   Public Profiler, "Great Britain Family Names," http://gbnames.publicprofiler.org/Surnames.aspx.

表 a3.1　1926-1966 年和 1996-2012 年英格蘭和威爾斯的遺囑認證率

姓氏	死亡 1926–1966	遺囑認證 1926–1966	遺囑認證率（%）	
			1926–1966	1996–2012
所有姓氏	21,129,751	8,228,575	39	42
Smith	299,866	110,929	37	—
Smyth	2,371	1,754	74	—
Cave-Brown-Cave	27	23	85	—
Goodhart	39	43	100	58
Boscawen	30	21	70	—
旅人姓氏				
Brazil	271	88	32	30
Gritt	111	14	13	—
Loveridge	1,365	422	31	28
Lowbridge	168	33	20	—
Scarrott	299	80	27	—

39%。當年史密斯（Smith）姓氏的遺囑認證比率為 37%，暗示了略低於平均的地位。不過，史密司（Smyth）氏的遺囑認證率為 74%，暗示高出許多的地位。聽起來似乎更菁英的凱夫—布朗—凱夫氏（Cave-Brown-Cave），遺囑認證率達 84%。源自 19 世紀初期的菁英姓氏古哈特（Goodhart），則達到表中最高的 100%。（事實上，登錄的古哈特死亡人數有 39 人，卻有 43 份遺囑認證；推想有一些古哈特氏死於英格蘭和威爾斯以外的地方。）康沃爾（Cornish）的波士卡溫（Boscawen）也相當菁英，遺囑認證率為 70%。

　　對照之下，該表包括其他與英格蘭旅人／吉普賽人社群有關聯的姓氏（雖然這些姓氏的擁有者只有一小部分會被視為旅人），它們都有低於平均的遺囑認證率。

　　如前所述，要估算 1966 年後這些姓氏的遺囑認證比率，需要親赴遺囑登記處（是我見過最不友善的資料儲存機構之一，造訪該處要有心理準備）。雖然晚近的資料很難取得，但以遺囑認證檢驗姓氏地位是最精確的可行方法，因為幾乎有近半數的英國遺囑經過認證。因此，這些記錄甚至揭露了相對罕見姓氏的地位差異。但它們只透露人們死亡時的地位。由於英格蘭人和威爾斯人平均死亡年齡為 75-80 歲，這些資料顯示的是比目前早一、兩個世代的地位。

另一個檢驗姓氏地位的便利方法是，比較他們在高地位職業的頻率以及他們在整體人口的比率。醫療專業是這類資訊的好來源，因為它們目前在整體人口和高地位職業都占相當份量的比率。此外，大多數國家都會公開醫療從業者的登記供查閱。

在英國，醫學總會（General Medical Council）管理有執照醫師的登記，[9] 但因為國內登記醫師在人口中每千人只有 2.8 人，這個檢驗僅用於測量較常見姓氏或姓氏群組的地位，擁有這些姓氏者超過 5,000 人。表 A3.2 顯示以 2002 年國家統計局的姓氏記錄為根據，一個相當標準的姓氏克拉克（Clarke）在人口中每千人的醫師數。比較之下，我們可以看到高地位姓氏如史密司（Smyth）的比率就高得多，每千人中有 8.6 人。英國旅人社群的常見姓氏如羅弗里吉（Loveridge），醫師出現的頻率只有總人口的不到一半。所以對擁有者超過 5,000 人的姓氏，或達到相同規模的姓氏群組，醫師登錄大體上是測量目前姓氏地位的有效方法。

這些資料的異常情況之一是，因為來自外國的大量醫師在英國工作，任何在英國以外國家常見的醫師姓氏，可能錯誤地在這個測量中被視為菁英。例如施密特（Schmidt）氏顯示的頻率接近人口中每千人有 30 人，意味施密特在英國是一群菁英。然而檢視這些醫師的姓氏發現，他們主要是德國籍，而且我們可以推論施密特並非德國的菁英姓氏。[10] 不過，表 A3.2 顯示的高代表性考亨氏（Cohen）

9　General Medical Council 2012.
10　這套登錄也顯示醫師在哪裡接受訓練。

表 a3.2 英國各姓氏類別的醫師和護士人數

姓氏	2002 年人口（英格蘭和威爾斯）	2012 年醫師數（英國）	每千人醫師數	護士和助產士（英國）	每千人護士數
Clarke	139,654	385	2.76	1,443	10.3
Smyth	11,050	95	8.60	269	24.3
Cohen	9,495	134	14.11	48	5.1
旅人姓氏					
Beaney / Beeney / Beeny	2,544	3	1.18	18	7.1
Brazil / Braziel	1,605	2	1.25	6	3.7
Gritt	404	0	0.00	4	9.9
Loveridge / Leveridge	5,699	6	1.05	36	6.3
Lowbridge	587	1	1.70	6	10.2
Scarrett / Scarrott	1,508	3	1.99	15	9.9
全部旅人	12,347	15	1.21	85	6.9

確實主要源自英國。護士和助產士也是一個通常要登記的領域，英國護士與助產士協會也保有一套登錄資料。[11] 這套資料在決定姓氏地位的優點是，它的內容更龐大：一般國內姓氏每千人登錄的護士有 10.3 人，而醫師只有 2.8 人。因此對罕見姓氏來說，這個群體在測量地位時較不受隨機波動影響。但缺點是，由於護士並非很高地位的職業，無法清楚區隔高地位和低地位的姓氏。因此我們在表 A3.2 看到，醫師在高地位史密司的頻率高達 3.1 倍，但護士只有 2.4 倍。此外，護士在較低地位的旅人姓氏頻率約為平均姓氏的三分之二，相較之下，醫師的頻率則不到一半。

另一個提供公共登錄資訊的職業是律師，這在英國包括檢察官和人數較少的律師。英國法學會保存了一份檢察官名錄。[12] 對一般姓氏來說，每千名姓氏擁有者約有 1.8 名檢察官。律師登錄在商業

11　Nursing and Midwifery Council, "Search the Register," www.nmc-uk.org/Search-theregister.

12　Law Society, "Find a Solicitor," www.lawsociety.org.uk/find-a-solicitor/?view=solsearch.

名錄中，但每千人只有約 0.3 名律師。[13] 在兩個類別中，史密司的頻率為每千人 3.7 名檢察官，和 0.54 名律師，因此屬於高地位姓氏。表 A3.2 中的旅人姓氏在檢察官中出現的頻率為每千人 0.9 人，只有預期比率的一半。不過，他們在律師間的頻率為每千人 0.4 人，高於平均頻率。此發現彰顯出在檢驗小數字時隨機成分的重要性。

美國

在美國，估計目前的姓氏地位比在英國困難，因為 50 個州對人民生活各層面的管轄權往往大於聯邦政府，因此美國沒有全國性的遺囑認證指標；並且像律師這類典型的職業是由各州登錄，而非全國性的機構。美國醫學會確實保有全國性的醫師登錄，有 100 萬個醫師姓名，但這些姓名在網站上公開的方式很笨拙，基本上無法用於有系統地研究姓氏地位。[14] 美國醫學會出售印刷和光碟版的名錄，提供較有用的個別醫師資訊，例如從哪一所醫學院畢業，以及畢業日期。因此，這是很有用（但很昂貴）的檢驗美國姓氏地位差異之來源。

由於社會地位差異與壽命有強烈的關聯，估計美國姓氏地位高低的快速方法之一是，計算不同姓氏的成人死亡時的平均年齡。Ancestry.com 提供「社會安全死亡指數」（Social Security Death Index），有 9,250 萬筆死亡記錄，從線上可以查詢，同時也提供完

---

13 Legal Hub, "Law, Expert Witness, and Bar Directory," www.legalhub.co.uk/legalhub/app/main.

14 American Medical Association, "Doctor Finder," https://extapps.ama-assn.org/doctorfinder/recaptcha.jsp.

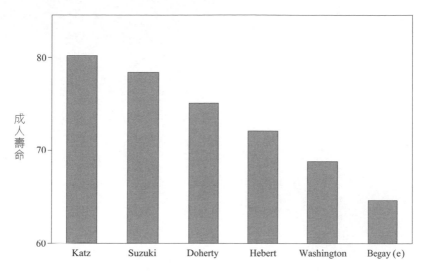

圖 a3.5　美國姓氏的壽命，2012 年

全免費的版本。[15] 這個來源記錄死亡的日期，以及從 1962-2012 年死亡的大多數有社會安全號碼的美國人。因此它記錄了近數十年來所有成人死亡的很大部分。

　　圖 A3.5 顯示，根據美國社會安全死亡指數的計算，死於大約 2007 年的 21 歲以上之姓氏人數，包括卡茲（Katz）、鈴木（Suzuki）、多荷帝（Doherty）、希伯特（Hebert）、華盛頓（Washington）和比蓋（Begay〔e〕）。[16] 這些姓氏分別是阿什肯納茲猶太人、日本人、愛爾蘭人、新法蘭西人、黑人和美國原住民後裔的典型姓氏。注意它們的平均壽命有很大差異。卡茲氏成人的平均壽命為 80.2 歲，相較於比蓋氏為 64.6 歲，相差 15.6 歲。新法蘭西白人姓氏希伯特的

15　參考私營網站「Social Security Death Master File」，http://ssdmf.info/。但 Ancestry. com 網站提供遠為容易使用的資料。

16　壽命的計算以年齡 21 歲以上的人為準，以限制測量壽命時各人口群體生育率差異的效應。生育率愈高，年輕人死亡風險的比率也更高，因此估算的平均壽命會傾向下降。

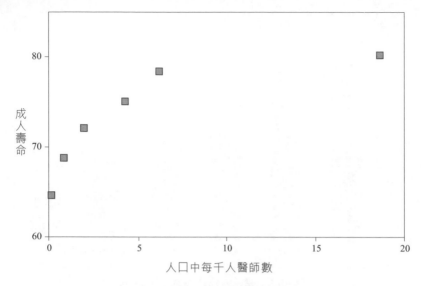

圖 a3.6　美國姓氏群組的壽命相較於職業地位，2012 年

平均壽命，仍然比愛爾蘭後裔多塞特氏少三年。這些壽命差距與社
會地位的整體差距有強烈的相關性。例如，圖 A3.6 顯示，美國醫學
會登錄這些姓氏每千人的醫師人數，比較它們的成人壽命。[17] 壽命
計算法比起職業地位測量，較不易受高技術者移民因素的影響。

澳洲

　　澳洲醫療從業人員監管局（AHPRA）維護的網站，登錄所有
有執照的醫療從業人員：醫師、護士、助產士、牙醫、驗光師、整
脊師、整骨師、物理治療師、心理治療師和足科醫師等。[18] 和英國

17　另一個估算姓氏平均地位的簡單方式是，從 Ancestry.com 可得的資料庫計算直到
　　2005 年的英國人壽命。
18　Australian Health Practitioner Registration Agency, "Registers of Practitioners," www.
　　ahpra.gov.au/Registration/Registers-of-Practitioners.aspx?m=Search. 這個資料庫可用
　　任何字串搜尋，但每次搜尋只列出 50 個結果。

與美國一樣，姓氏類別在醫師間的代表性各不相同。對英國來源的常見姓氏來說，選民登記的人口每千人有 3.5 名醫師。但對純粹的澳洲原住民姓氏來說，比率為零。就猶太人姓氏考亨、卡茲和李維（Levy）而言，平均比率為每千人有 22 人。

使用姓氏研究社會地位史

英格蘭與威爾斯

對英格蘭來說，利用遺囑認證記錄來測量姓氏地位可輕易回溯至 1858 年、甚至可遠及 1538 年，雖然測量的精確度取決於姓氏有多罕見。這個測量地位的簡單方法是，比較一個姓氏的遺囑認證比率與平均姓氏的比率。使用全國性的遺囑認證和死亡記錄時，從 Ancestry.com 就可以追溯任何姓氏到 1858 年。

例如，圖 A3.7 顯示羅弗里吉氏（Loveridge）和多荷帝氏（Doherty/Dougherty）比較平均人口的相對遺囑認證率。正如前面提到的，羅弗里吉是旅人社群中許多人擁有的姓氏，而圖中顯示從大約 1900 年以來，羅弗里吉的遺囑認證率只有平均的不到 80%，反映許多羅弗里吉氏的低教育、所得和財富。但有趣的是，在這段期間之前，羅弗里吉氏有高於平均的遺囑認證率。因此羅弗里吉並非　直是旅人占高比率擁有者的姓氏。該姓氏可測量的社會地位持續向下移動的情況，推論是反映了羅弗里吉氏占旅人的比率升高。旅人家庭生育的子女比英格蘭一般家庭多，而羅弗里吉從 1881-2002 年人數大幅增加。就英格蘭本土的平均姓氏來說，2002

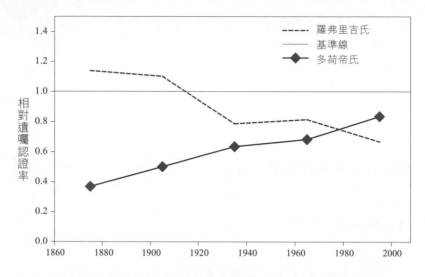

圖 a3.7　1860-2012 年羅弗里吉氏和多荷帝氏的遺囑認證率

年的人數比 1881 年時增加了 90%；而羅弗里吉氏增加的比率高達 382%！

　　與羅弗里吉氏地位下滑相對照的是，我們看到源自愛爾蘭天主教的多荷帝氏地位穩定攀升。該姓氏早期出現在遺囑認證記錄的比率，只有平均姓氏的 27%；但在 1980-2009 年間的頻率，已上升至平均姓氏的 84%。

　　1538-1857 年的早期遺囑認證記錄來自坎特伯雷大主教特設法院（PCC）。由於這個法院提供的遺囑認證只占 1858 年之前人口的一小部分，這個測量方法只適用於較常見姓氏或較大的姓氏群組。這些遺囑認證記錄的索引都可在線上由公共記錄局（Public Record Office）取得，[19] 涵蓋了英格蘭和威爾斯在 1394-1858 年間的 98 萬筆遺囑認證記錄。

19　National Archives, n.d.

就前面討論到的波士卡溫來說，我們在這套索引中看到 25 件遺囑認證。要瞭解這代表所有波士卡溫氏的一大部分或一小部分，我們必須知道當時擁有這個姓氏的人數。達到此一目的方便資料來源之一，是免費的 FamilySearch，這是一個由耶穌基督後期聖徒教會（Jesus Christ of Latter-Day Saints）主持的網站。[20] 在 1837 年以前，全國性的洗禮、喪葬和結婚都有登錄制度。特別是洗禮和結婚，摩門教會志工留下了龐大數量的記錄。這些資料提供了英格蘭在 1538-1837 年間的豐富來源。此網站包括 8,300 萬筆英格蘭的洗禮記錄和 2,500 萬筆結婚記錄，雖然其中包括許多重複的登錄。這些資料呈現平均的遺囑認證對結婚的比率是 0.039。

就波士卡溫氏來說，FamilySearch 索引中只有 20 筆結婚記錄。這代表遺囑認證對結婚的比率為 1.25，是平均比率的 35 倍。羅弗里吉有 19 筆遺囑認證和 649 筆結婚記錄，比率為 0.029。因此羅弗里吉氏在其早期歷史，是一個略微低地位的姓氏。

如果我們舉中世紀一個著名的家族柏克萊氏（Berkeley）為例，著名的哲學家主教喬治・柏克萊（George Berkeley，1685-1753）即為其後代，柏克萊加州大學的名稱也源自此家族。我們可以發現這個姓氏在這些記錄中都有高代表性，有 122 筆柏克萊遺囑認證和 142 筆柏克萊結婚記錄，因此其遺囑認證對結婚的比率是平均的 22 倍。從柏克萊衍生的姓氏如巴克萊（Barclay，今日最著名的例子是金融業巨人巴克萊銀行的名稱來源），其代表性也很高，我們找到 145 筆巴克萊遺囑認證和 568 筆結婚記錄，其遺囑認證對結婚的比率是平均比率的 6.5 倍。

在這個測量中，出現於 1394-1858 年期間的其他高地位姓氏，是 1066 年諾曼征服者。例如曼迪維爾（Mandeville）出現在 1086

20　FamilySearch, n.d.

年《末日審判書》，是一個大地主的姓氏。這個姓氏在 PCC 的記錄中出現 120 筆遺囑認證和 157 筆結婚登錄，比率是一般的 30 倍。

在 1858 年以前屬於偏低地位的姓氏類別，包括父名姓氏和地名姓氏。例如威廉森（Williamson）有 688 筆遺囑認證、但有 23,400 筆結婚記錄，其比率為 0.029，只有平均姓氏的四分之三。地名姓氏如梅度（Meadow[e][s]），顯示擁有者居住的社群。梅度氏有 128 筆遺囑認證、4,826 筆結婚記錄，因此遺囑認證對結婚比為 0.026，只有平均的三分之二多一些。

第二個測量早期姓氏平均社會地位的方法是，計算姓氏擁有者死亡時的平均成人壽命（參考註 16），而這可以從英格蘭和威爾斯 1866 年後的死亡資料下手。不管在任何時期，壽命都與社會地位密切關聯。從 1866 年起，英格蘭和威爾斯的死亡記錄都包括死亡時的年齡。另一個估算英格蘭和威爾斯早期姓氏地位的方法是，檢驗 1841-1911 年人口普查報告的職業。不過，像 Ancestry.com 等網站通常未將這些資料數位化（因為職業地位不是系譜學家的主要興趣），因此使用它們可能極耗時間。

愛爾蘭

愛爾蘭通常沒有完備的歷史姓氏分布和地位記錄。1821-1851 年人口普查的原始記錄，大部分在 1922 年愛爾蘭內戰時，公共記錄局的一場爆炸中被摧毀。1861-1891 年的普查記錄，則更早便毀於行政行動（administrative action）中。愛爾蘭自由邦自 1926 年起的普查仍未對外公布。

不過，愛爾蘭國家檔案已將 1901 年和 1911 年對所有愛爾蘭家庭的普查記錄全部數位化，而且可以透過網際網路免費查

表 a3.3　愛爾蘭姓氏類別和特性，1911 年

姓氏類別	識字（%）	擁有技術（%）	天主教徒（%）
本土姓氏（如 Doherty/Dougherty）	89	6	87
蘇格蘭姓氏（如 Buchanan）	94	14	11

閱。[21] 這些普查透露每個人的識字和職業等資料，因此可用來推測平均姓氏地位。它們也透露了每個人的宗教信仰。所以如果我們比較典型的蓋爾人（Gaelic）、本土愛爾蘭人姓氏如多荷帝（Doherty/Dougherty），以及 20 世紀從蘇格蘭移民來的姓氏如布坎南（Buchanan），會看到這些姓氏在 1911 年的地位呈現很大差距。表 A3.3 顯示年齡 18 歲以上男性的結果。有趣的是，愛爾蘭 1911 年時天主教徒所擁有的姓氏占人口的比率，是這類姓氏平均社會地位的好指標。

美國

在美國尋找姓氏地位歷史的有用來源，也比在英國具有挑戰性。美國沒有類似英國的遺囑認證、死亡年齡登記，或全國性的教區結婚、出生和死亡登記資料。不過，在 1850-1940 年期間的普查提供了豐富的材料，其中包括職業資訊，還有部分的（例如在 1860 年和 1870 年的普查）不動產和個人財產價值。然而，Ancestry.com 同樣尚未把職業和其他材料全面數位化，因為對系譜學感興趣的顧客認為不重要。

21　Census of Ireland 1911.

姓氏的起源

姓氏的起源是一個不同的領域。姓氏之起源往往難以確定，部分姓氏來自另一種語言：英國姓氏可能源自康沃爾語（Cornish）、威爾斯語、蓋爾語（Gaelic）、拉丁語或法語。部分姓氏來自今日已經消失的職業；一些姓氏從原始型態衍生出變形，尤其是原本的意義變得模糊不清時。

史密斯（Smith）保持原本的模樣未變，只有少數變形，部分原因是人人都知道史密斯代表什麼，且知道如何拼字。但中世紀另一種曾在 1086 年《末日審判書》記錄為姓氏的職業姓氏亞巴里斯特里爾斯（Arbalistarius），源自拉丁文的弓箭（Arcus）和投射器（ballista），但對現代一般人已經沒有意義；因此這個姓氏變形為亞巴拉斯特（Arblaster，在 2002 年的英格蘭和威爾斯擁有者為 450人）和亞拉巴斯特（Alabaster，擁有者為 468 人）。

類似的，中世紀姓氏柯爾孟德萊（Cholmondeley）源自一個英國地名切夏爾（Cheshire），這個姓氏的發音後來演變成柯孟萊（Chomley）或康孟萊（Chumley）。隨著這個姓氏散播到同名地方以外的範圍，幾個變形逐漸產生，直到 2002 年有以下的形式和擁有人數：

Cholmondeley	141 人
Cholmondley	11 人
Cholmeley	18 人
Chomley	8 人
Chumley	94 人
Chamley	335 人

Champley	60 人

此種分枝的情況，其部分原因是，這些起初是菁英的姓氏歷經許多世代後，逐漸被社會流動性拉下社會的階梯，被不識字和不知道姓氏歷史意義的人所擁有。

以維爾（-ville）為字尾的姓氏，包括一群高地位英國姓氏，大部分可追溯至《末日審判書》的時代，書上記載擁有者的祖產位於諾曼第。所以我們有巴斯克維爾（Baskerville）、曼德維爾（Mandeville）、沙克維爾（Sackville）、桑默維爾（Somerville）、杜伯維爾（Turberville）等眾多姓氏。許多這些姓氏也衍生出以菲爾德（-field）為字尾的變形姓氏。由於菲爾德不是法語維爾的同義字，這些變形因此被推斷是反映姓氏的向下流動性，達到擁有姓氏者不知道維爾含意的程度。當然，這種轉變是托馬斯‧哈代（Thomas Hardy）在《德伯家的苔絲》（*Tess of the d'Urbervilles*）中主要情節的元素。苔絲‧德貝菲爾德（Tess Durbeyfield）是未受教育、鄉下小地主的女兒。她知道自己的家族，是當時已消失的諾曼貴族德伯維爾氏（d'Urbervilles）的後裔。原始姓氏杜伯維爾（Turberville）的變形，至 2002 年仍有如下的擁有人數：

Turberville	203 人
Turberfield	209 人
Turbervill	22 人
Turbefield	48 人
Turburville	67 人
Turburfield	22 人
Turbyfield	12 人

我們可以比較維爾與菲爾德變形在 1394-1858 年間的平均地位。維爾變形在 1837 年以前，有 74 件遺囑認證和 254 件結婚記錄，其比率是平均的 7.5 倍。對照之下，菲爾德變形在 1858 年以前有 3 件遺囑認證和 93 件結婚記錄，其比率只有平均的 1 ／ 40。有趣的是，另一個姓氏變形杜伯維爾德（Turbervylde）有 2 件遺囑認證，該變形可能代表從維爾到菲爾德轉變中的一步。

有許多討論姓氏起源的書籍出版，有關英格蘭的廣泛來源之一是雷尼與威爾森（Reaney and Wilson）的《英國姓氏辭典》（*Dictionary of English Surnames*），有 1.6 萬筆條目。網路上也有一些姓氏起源辭典，但可靠性十分令人懷疑。其中之一是網際網路姓氏資料庫（Internet Surname Database），涵蓋的姓氏數量和相關歷史很龐大，但就史密斯氏（Smith）來看，它信心滿滿地宣稱──「源自第 7 世紀的盎格魯撒克遜人，從『smitan』衍生而出，意為『打擊』（to smite），因此據信並非描述打鐵工人，而是打擊敵人的士兵。」[22]1381 年人頭稅的納稅名單記錄上，大部分納稅人的記載不只姓名，也包括職業。眾多以 Smith 為名的人，其職業描述是鐵匠（smith），意味著對這些人來說，他們的名字十分接近當時的起源，且描述的就是他們的職業。

22　Internet Surname Database, "Last Name Origins," www.surnamedb.com.

圖表資料來源

為避免混淆內文與參考資料和引言，此處詳列圖表資料來源。

第 1 章

■ 圖 1.1　Jeff J. Mitchell / Getty Images.

■ 圖 1.2　Gregory Clark.

■ 圖 1.3　Corak 2013, figure 2. For Canada: Miles Corak, personal communication, July 27, 2012. For India: Hnatkovska, Lahiri, and Paul 2013. For South Korea: Ueda 2013. Gini for income: World Bank, n.d.

■ 圖 1.4　Hertz et al. 2007, table 2; World Bank, n.d.

■ 圖 1.5　National Portrait Gallery, London.

■ 圖 1.6　主流估算是圖 1.3 和 1.4 呈現的平均數值。姓氏群組的估算則在後續篇章中敘述。

第 2 章

▌ 圖 2.1　Photo by Tage Olsin / Wikimedia Commons.

▌ 圖 2.2　Almenberg and Dreber 2009, 178.

▌ 圖 2.3　貴族姓氏名單來自 Riddarhuset 2012。各類姓氏的最後世代直到 2011 年 12 月 31 日，來源是 Statistics Sweden, Surname Search, www.scb.se/namesearch。貴族姓氏當時占人口比率為 0.6%。各時期的貴族姓氏所占比率，是根據在 1810-2011 年出生、並在 1901-2009 年死亡，以 Adler-、Af-、Ankar-、Ehren-、Gripen-、Gyllen-、Leijon-、Lillie-、Munck-、Oxen-、Reuter-、Ridder-、Silfver-、Stiern- 和 von 為姓氏字首的男性所占比率之趨勢計算而得。Federation of Swedish Genealogical Societies 2011.

▌ 圖 2.4-2.6　Federation of Swedish Genealogical Societies 2011.

▌ 圖 2.7 與 2.8　Kalenderforlaget 2008a,b,c; all 2008 tax returns for the kommuns of Botkyrka, Huddinge, Haninge, Nacka, Taby, and Stockholm。

▌ 圖 2.9 與 2.10　Swedish Bar Association 2013. 律師分為兩個出生世代，1930-1959 年和 1960-1988 年。圖 2.1 的地位跨世代相關性根據的假設是，律師代表地位分布的頂層 1%。圖 2.10 的相對代表性是以對數尺度呈現。

▌ 圖 2.11　Physicians in 2011:S verige, Socialstyrelsen 2011。

▌ 圖 2.12 與 2.13　Physicians registering 1972-2010: Sverige, Socialstyrelsen 2011. 1939-71: Sverige, Socialstyrelsen 1972. 1890-1938: Widstrand 1939。不同姓氏類別占人口比率的估計來自 Federation of Swedish Genealogical Societies 2011。兩個數字的相對代表性都以對數尺度顯示。

▌ 圖 2.14　Uppsala University, masters' theses, 2000-2012: http://uu.diva-portal.org/smash/searchadthe.jsf

▌ 圖 2.15　Matriculating students, 1942-62: Elvin 1956; Uppsala Universitet 1954; Göteborgs nation 1967.

▮　圖 2.16 與 2.17　Brenner and Thimon 1971; Oden 1902; Elvin 1956; Uppsala Universitet, 1954; Edlund 1979; Karlberg 1908; Lundin 1882; Sjostrom 1897, 1901, 1904, 1907, 1908. 兩圖的相對代表性都以對數尺度呈現。

▮　圖 2.18　Royal Academy of Sciences: for 1739-2012, Wikipedia, "Lista over ledamoter av Kungliga Vetenskapsakademien," http://sv.wikipedia.org. For 2012, Maria Asp Dahlback, archivist of the Royal Academy, personal communication, June 25, 2012. Royal Academy, 1779–2012: Wikipedia, "List of Members of the Swedish Academy," http://en.wikipedia.org. Royal Academy of Music (1771-2012): Wikipedia, "Lista over Musikaliska Akademiens ledamoter," http://sv.wikipedia.org. 相對代表性是以對數尺度呈現。

▮　圖 2.20　Statistics Sweden 2009, table 6, 20; Kalenderforlaget 2008a,b,c.

第 3 章

▮　圖 3.1　1923-1924 年的富人罕見姓氏來自 "Taxpayer Listings" 1924, 1925。1850 年和更早期的常春藤學生罕見姓氏，來自 Chapman 1867; College of William and Mary 1941; Columbia College 1865; Harvard University 1915; Maxwell 1917; Princeton University 1908; Raven 1909; Yale University 1910。醫師的比率都來自美國醫學會在 2012 年的醫師登錄，只有來自美國和加勒比海醫學院的醫師包括在內。Ward 等人（2012）提供 2000 年擁有者超過 100 人以上之姓氏的比率。罕見姓氏如富人和常春藤聯盟學生的姓氏比率，其估計來源是 Public Profiler's World Family Names 資料庫，其中美國的資料是根據晚近的姓氏樣本估算。2000 年的隱含姓氏數量，是藉由檢視在 2000 年人口普查中，人數介於 100-120 人之同類姓氏的關係，而從此來源估算其每百萬人出現頻率。

▮　圖 3.2　Public Profiler, n.d.

圖 3.3　見圖 3.1 的資料來源。

圖 3.4　醫師都以美國醫學會 2012 年登錄的醫學院畢業年份，分成三十年的世代。為了估算每個世代醫師姓氏類別的相對代表性，我們必須知道各姓氏類別對應出生世代的人數。醫學院畢業的平均年齡假設為 25 歲。

從 2000 年的姓氏群組開始，較早期黑人姓氏的世代人數，是假設與整體黑人人口趨勢一致而估算的。為了估算這個趨勢，我們以各普查時期總人口年齡 0-9 歲的黑人比率，來當作各世代醫師黑人比率的標準。如果此處使用的黑人姓氏能代表黑人人口，從 1950-2010 年各世代的比率應該呈現增加。

在新法蘭西群組，我們藉由檢視這些姓氏在社會安全死亡指數的死亡比率，來估算各世代姓氏的頻率（Social Security Death Index, n.d）。對群體的平均社會地位來說，死亡指數應能呈現從 19 世紀直到現在的姓氏出生相對頻率。死亡指數顯示新法蘭西姓氏在 1900-1979 年期間的出生比率保持一致。因此對這些姓氏來說，我們假設所有世代的比率，與 2000 年普查的比率相同。

不過，由於菁英群體有較低的死亡率，死亡指數高估了這些群體在較早期出生世代的人口比率，並低估了較晚期世代的比率。例如，1900 年出生的人若要被登記在死亡指數，就必須在 1962 年或更晚之後死亡。而 1980 年出生的人若要被登錄，就必須在 32 歲以下死亡。因此使用這個來源來測量猶太姓氏、1923-1924 年富人姓氏，以及常春藤學生姓氏的世代頻率，有誤導的可能性。

因此對於猶太姓氏群組，我們假設他們的人口比率改變，與整體猶太人在 2004 年測量的不同年齡群體之比率改變一致 (Tighe, Saxe, and Kadushin, 2011)。這顯示出，美國 20-29 歲的猶太人口，從 1950 年代起的各個十年大幅減少，但在過去十年又再度增加。

就另外兩個罕見群組來說，我們除了死亡指數外，別無其他來源。但我們必須留意這個來源可能無法對這些群組較早期的 25 歲成員做出精確的估算。死亡指數顯示出兩個姓氏群組長期的相對頻率下滑。

圖 3.5 與 3.6　Crissey 2009, table 1; Pew Forum 2008, 56.

▍ 圖 3.7　此圖假設猶太人的平均地位高於平均的標準差估計為 0.62，黑人平均地位低於平均的標準差為 0.27，兩個群組在地位方面有相同的變異。

▍ 圖 3.8　見圖 3.4 的資料來源。

▍ 圖 3.9 與 3.10　我們假設律師和醫師在各州呈比例性的分布。然後我們利用醫師占各州總人口的比率，來估算我們觀察之各群組的人口。

2012 年的律師人數來源為阿拉巴馬州、亞利桑那州、加州、科羅拉多州、康乃狄克州、佛羅里達州、喬治亞洲、伊利諾州、路易斯安那州、緬因州、馬里蘭州、麻州、密西根州、明尼蘇達州、密西西比州、紐約州、北卡羅來納州、俄亥俄州、奧勒岡州、賓州、德州、猶他州、佛蒙特州、華盛頓州、威斯康辛州等各州律師協會的登錄。姓氏人數來源與表 3.1 和圖 3.4 相同。

此處像卡茲（Katz）這樣的姓氏之相對代表性，估算的方法是：比較卡茲姓氏的律師人數與 2000 年美國人口普查中卡茲氏的人數，除以比較歐森（Olson）或歐生（Olsen）姓氏的律師人數與歐森或歐生氏在人口普查中的人數。

▍ 圖 3.11　American Medical Association 2012; Ward et al. 2012. 使用的姓氏之擁有者有 95% 以上是白人。

▍ 圖 3.12　同族通婚比率都來自 Ancestry.com，根據的來源如下——康乃狄克州：Marriage index, 1959-2001、緬因州：Marriages, 1892-1996、麻州：Town and vital records, 1620-1988、奧勒岡州：Marriage indexes, 1946-2008、佛蒙特州：Marriage records, 1909-2008。各州的法裔美國人口比率來自 2010 年美國人口普查。

▍ 圖 3.13　參考圖 3.4 的資料來源。醫師間的日本姓氏相對代表性測量，是使用 2000 年在美國的擁有者至少 1,000 人的日本姓氏。

▍ 表 3.1 與 3.2　見圖 3.4 的資料來源。

▍ 表 3.4　Suzuki 2002, table 3, 265.

第 4 章

▋ 圖 4.1 與 4.2　本章和下一章的兩個主要來源，是 1170-2012 年間牛津與劍橋入學者的姓氏資料庫，以及 1384-1858 年在坎特伯雷大主教特設法院（PCC）登記遺囑認證者的姓氏。就後者來說，國家檔案裡的法院遺囑 PROB 11 系列被用來建構記錄名字、地位（從 Sir、Lord 和 Gentleman 等頭銜）和遺囑認證日期的資料庫。這個資料庫包含 903,438 筆英格蘭的遺囑認證。牛津和劍橋的資料庫，包含 1170-1889 年所有已知學生（和較早期的教職員）的姓名和年份，以及此後已知入學者更龐大的樣本。Brasenose College 1909; Cambridge University 1954, 1976, 1998, 1999–2010; Elliott 1934; Emden 1957–59, 1963, 1974; Foster 1887, 1891,1 893; Venn and Venn 1922–27, 1940–54; and Oxford University 1924–2010。2010-2012 年的學生姓名來源，為牛津和劍橋的電子郵件登錄（www.ox.ac.uk/applications/contact_search; http://jackdaw.cam.ac.uk/mailsearch/）。1860-1900 年間的劍橋女學生則透過劍橋校友資料庫（http://venn.lib.cam.ac.uk/acad/search.html）來識別，其中包含了 781,474 人的紀錄。

▋ 圖 4.3　British Library, MS. Harley 4866.

▋ 圖 4.4　地名姓氏的定義，是以 -ton(n)(e)、-tu(n)(e)、-don(n)(e)、-dun(n)(e)、-dg(e)、-ham(m)(e)、-land(d)(e)、-bur(r)(y)(e)、-ber(r)(y)(e)、-bur(r)i(e) 與 ber(r)i(e) 結尾的姓氏。它們在牛津和劍橋比率的計算，如圖 4.1 所示。它們在 1538-1837 年各期間（在開始有全國性出生、死亡和結婚登記之前）所占的人口比率，是從教區登記和 FamilySearch 網站的記錄等來源估算的。這個方法偏好計算出生數，因為不同社會階層的嬰兒和兒童死亡率不同。它假設高地位和低地位群組的結婚率相同。從 1837-2012 年，姓氏頻率估算的來源為：England and Wales, Register of Marriages, 1837-2005；1881 census of England and Wales (Schurer and Woollard 2000)；Office of National Statistics database of surname frequencies in England and Wales in 2002（U.K., Office of National

Statistics 2002）。1200-1837 年的姓氏頻率估算，是藉由倒推 1538-1600 年間結婚記錄觀察到的趨勢而得。

▌ 圖 4.5　所有 1236-1299 年《遺產調查》的這些姓氏名單，都來自 Public Record Office 1904, 1906。從這些名單，我們選出可清楚辨識相同的現代姓氏樣本。在建構這份名單時，有幾個姓氏（Bruce、Preston 和 Sutton）被去除了，因為它們被認為太常見，以致於出現在《遺產調查》時不具參考性。

▌ 圖 4.6　《末日審判書》的姓氏來自 Keats-Rohan 1999。所有這些姓氏在現代可辨識的相同姓氏都被採用，參照標準為 Reaney and Wilson 2005。

▌ 圖 4.7　Photo Austin Osuide/Wikipedia Commons.

▌ 表 4.1　見圖 4.5 的資料來源；Reaney and Wilson 2005。

▌ 表 4.2　見圖 4.6 的資料來源；U.K., Office of National Statistics 2002。

第 5 章

▌ 圖 5.1　Surname frequencies: U.K., Office of National Statistics 2002. Oxford and Cambridge surnames, 1980-2012：見圖 4.1 的資料來源。

▌ 圖 5.2　Photo Andy Miles.

▌ 圖 5.3　Photo Dennis Novy.

▌ 圖 5.4　Clark and Cummins 2013, table 5.

▌ 圖 5.5　Clark and Cummins 2013, figure 8.

▌ 圖 5.6　Clark and Cummins 2013, figure 3.

▌ 圖 5.7　牛津與劍橋姓氏比率請參考圖 4.1 來源。各世代 18 歲人口頻率都從 1837-2005 年英格蘭和威爾斯的結婚登記估計而得。

▌ 圖 5.8　此處使用的各類姓氏都來自 1881 年普查出現 500 次或以下的姓氏（Schurer and Woollard 2000），且出現於 1800-1829 年的牛津和劍橋大學（參考圖 4.1 的來源）。各世代 18 歲人口的頻率都從 1837-2005 年英格蘭和威爾斯結婚登記估計而得，以便為這些姓氏群組建立整體人口趨勢。2002 年英國國家統計局的姓氏計算被用來當作姓氏頻率的標準。

圖 5.9　英格蘭和威爾斯國會議員選民清單來自 Rayment, n.d.。各次選舉都納入計算，以測量姓氏的相對頻率，即使同樣的國會議員重回國會也一樣。姓氏頻率的估算和圖 5.8 一致，但調整國會議員假設的年齡為 50 歲。1810-1837 年結婚姓氏頻率的估計來自教區結婚記錄。

表 5.1　Clark and Cummins 2013, table 2. 這項現代社會流動率估計使用的所有罕見姓氏，都列在上述參考來源的附錄中。樣本 A 為富人、B 為窮人，C 為小康。

表 5.2　Clark and Cummins 2013, tables 6 and 7.

表 5.3　Clark and Cummins 2013, table 8.

第 6 章

圖 6.2　State employee salaries from Sacramento Bee, n.d.

圖 6.3　Bureau of Labor Statistics 2010; Statistics Sweden 2011b.

圖 6.4　罕見姓氏樣本的來源同第 5 章。姓氏種類死亡的平均年齡來自 United Kingdom, Civil Registration, Death Index 1866-2005。

圖 6.5　各世代罕見姓氏頻率來自與圖 5.8 相同的來源。1858-1966 年遺囑認證率來自 England and Wales, Index to Wills and Administrations, 1858-2013。

圖 6.7　如第 5 章所述，死於 1858-2012 年者的 2.5 萬個罕見姓氏，來源是普查記錄、結婚記錄、遺囑認證記錄、船運旅客名單和大學入學記錄，以及許多來源蒐集的系譜。參考 Cummins and Clark 2013。

圖 6.8　見圖 5.8 的資料來源。這些姓氏被區分為兩組，取決於是

否在 1770-1799 年間出現於牛津和劍橋的姓氏。1770-1829 年間的結果未顯示，原因是這段期間根據出現頻率選擇姓氏的方法發生錯誤。

▌ 表 6.1　成對的相關性來源如下。認知能力與教育：Husen and Tuijnman 1991; Scarr and Weinberg 1978; Zagorsky 2007。認知能力與社會地位：Cagney and Lauderdale 2002; Griliches and Mason 1972; Hauser 2002。認知能力與所得：Griliches and Mason 1972; Zagorsky 2007; Zax and Rees 2002。認知能力與財富：Zagorsky 2007。教育與職業地位：Hauser and Warren 2008; Pfeffer 2011; Scarr 1981。教育與所得：Cagney and Lauderdale 2002; Griliches and Mason 1972; Pfeffer 2011。教育與財富：Cagney and Lauderdale 2002; Pfeffer 2011。職業地位與所得：Griliches and Mason 1972; Hauser and Warren 2008 (wages)。職業地位與財富：Pfeffer 2011。所得與財富：Budria et al. 2002; Hendricks 2007。

▌ 表 6.2　見圖 6.4 的資料來源。

▌ 表 6.3　見圖 6.5 的資料來源。

第 7 章

▌ 圖 7.2　Clark and Cummins 2014, figure 4.

▌ 圖 7.3　1880-1999 年的出生資料來自 England and Wales, Register of Births, 1837-2005。

▌ 圖 7.4　Photograph by Herbert Rose Barraud / Wikimedia Commons.

▌ 圖 7.5　身高研究的報告來自 Galton 1886。此處資料來自 Hanley 2004。

▌ 圖 7.6　資料承蒙 Simon Boserup, Wojceich Kopczuk, and Claus Kreiner 提供。資料的特性和建構詳述於 Boserup, Kopczuk, and Kreiner 2013。

第 8 章

▌ 圖 8.1　University Grants Commission 2008, 105.

▌ 圖 8.2　各姓氏群組醫生的總數來自 Medical Council of India, n.d., Medical Council of India, n.d., for physicians in West Bengal registered between 1950 and 2011。律師姓氏分布，是根據一份西孟加拉高等法院和地方法院的法官名單，來自 Calcutta High Court website （http://calcuttahighcourt.nic.in/）。

▌ 圖 8.3　醫師姓氏比率來自 1860-1947 年孟加拉，和 1948-2011 年西孟加拉所有登錄的醫師資料庫。在 1915-2009 年間，我們編纂一份 57,407 位在孟加拉和西孟加拉登錄醫師的名單，來源為 Indian Medical Registry, n.d.。這些登錄包括早至 1880 年代從醫學院畢業的醫師。1860-1909 年的醫師登錄有四個來源：Government of Bengal, Bengal Medical Department 1903（包括 1,507 名 1903 年或更早取得證照的孟加拉醫師）；Government of Bihar and Orissa 1930; Burma Medical Council 1930; 以及一份 1915 年登錄的孟加拉醫師名單，他們從醫學院畢業的年份為 1900-1914 年。

各時期的人口比率估算方式如下：大英帝國提供 1871-1941 年孟加拉穆斯林的人口比率。穆斯林占 1871-1891 年人口的 48%，1891-1921 年占 53%，1921-1931 年占 55%（Clark and Landes 2013, population appendix）。1951-2001 年，我們採用印度普查中 20-29 歲穆斯林人口的相對比率。這比整體穆斯林人口比率高，因為穆斯林人口成長率較高。因此 1950-1980 年穆斯林所占比率為 21%，1981-2010 年 則 為 29%（Clark and Landes, 2013, population appendix）。

印度教人口比率我們假設為其餘人口的比率，忽略少數基督教和佛教人口。

在估算七個庫林婆羅門姓氏長期的人口比率時，我們的處理方法是，先分析英帝國時期的資料，得到全印度婆羅門占印度教人口的比率。就 1871-1931 年做的普查來說，其人口比率為 6.79%、7.31%、7.14%、7.19%、6.71%、6.58%、6.34%（Clark and Landes

2013, population appendix）。因此在 1931 年之前婆羅門所占比率呈現下滑，儘管婆羅門有較高的社會地位。這個趨勢與金斯利・戴維斯（Kingsley Davis）的發現一致。即在 1931 年，婆羅門 14-43 歲女性撫養 0-6 歲兒童的比率，只有其他印度教群體平均的 88%。這主要是婆羅門對寡婦改嫁的社會禁忌所致（Davis 1946, table 3, 248）。我們假設所得高於其他印度教徒的婆羅門群體，其兒童生存率較高，如此才能解釋婆羅門淨生育率略低的情況。孟加拉的婆羅門在印度教徒的比率，代表 1921-1931 年在全印度的相同比率。因此我們假設在 1871-1931 年間，孟加拉婆羅門相對於其他印度教徒的人口趨勢相同。

自獨立後，印度沒有婆羅門人口的正式統計。不過，2004-2007 年的選民調查，估計婆羅門占全印度人口 5%，或占印度教人口的 6.2%（Center for the Study of Developing Societies 2009）。這代表婆羅門在 1931-2004 年間，在印度教徒的比率下滑。不過，加爾各答選民登記顯示，婆羅門的預期壽命遠高於整體印度教人口（Chief Electoral Office, West Bengal 2010）。七個庫林婆羅門姓氏在 20-29 歲印度教選民的比率為 4.1%，但在 70-90 歲印度教選民間的比率為 9.9%。如果這種分布可以代表在全國人口的分布，這意味婆羅門在 2004 年時，占 20-29 歲印度教人口只有 5%。我們假設 2000-2009 年期間，婆羅門在西孟加拉的情況也相同。

並非所有庫林婆羅門都擁有我們追蹤的七個姓氏之一。但著名的孟加拉婆羅門幾乎全都擁有這些姓氏，所以我們假設，這七種庫林姓氏之 20-29 歲的人口，在 2001 年占西孟加拉人口的 5%；雖然這個方法可能略微高估他們的人口比率。

其他高地位印度群組的人口趨勢，都假設與婆羅門相同。三個其他印度教姓氏群組——窮人、表列種姓和混合印度教徒——都假設與孟加拉其餘印度教徒人口的趨勢相同。

圖 8.4　Kolkata Police Recruitment Board 2010.

圖 8.5 與 8.6　見圖 8.2 與 8.3 的資料來源。

圖 8.7　藉由保留制度入學的每一姓氏群組，估算來源都來自 Bankura Medical College 2009; Kar Medical College 2010, 2011。

■ 圖 8.8　就西孟加拉來說，參考圖 8.2 和 8.3 的來源（計算 1960 年以後登錄的醫師）。美國的西孟加拉醫師來自 American Medical Association 2012。

■ 表 8.1　入學總數來源為 All India Institute of Medical Sciences, Delhi, 2012, www.aiims.edu/aiims/examsection/MBBS12_RESULT_ MERIT_ WISE.pdf。

■ 表 8.2　On population shares in 2010, see Clark and Landes 2013, population appendix.

■ 表 8.3　見圖 8.7 的資料來源。

■ 表 8.4 與 8.5　Chief Electoral Officer, West Bengal 2010.

第 9 章

■ 圖 9.1　Photo Li Zhensheng, Contact Press Images.

■ 圖 9.2　Wikipedia Commons.

■ 圖 9.3　中國的姓氏占人口比率來源為 China National Identity Information Center（CNIIC）的資料庫，有 1,500 種最常見中國姓氏的人口、種族和教育程度，以及特定姓氏群體的地區分布。這些資料來自涵蓋全國的戶口登記。

1820-1905 年間，進士各姓氏比率來自 Zhu and Xie 1980。民國時代菁英的姓氏頻率有兩個來源：民國時代高階公務員與軍事將領的名單（Liu 1989），和 1941-1944 年大學教職員名單（Wu 1971）。在建立 2012 年教授（26,429 個名字）名單時，我們採用北京航空航天大學、北京師範大學、復旦大學、南京大學、北京大學、上海交通大學、清華大學、中國科學技術大學、浙江大學與武漢大學的教職員名單。2006 年富人樣本，來自中國 2006 年對 140 萬家企業的普查，從中我們選擇 13 萬名資產超過人民幣 1 億元以上的企業董事長。2010 年高階政府官員，來自 China Government Directory 2010。這些來源更詳細的資料，請參考 Hao and Clark 2012。

▌ 表 9.1　各地區姓氏占人口比率的估計，來自 1927-1953 年的「光榮陣亡將士」名單，記錄於 Chronicle of Zhejiang（1985）和 Chronicle of Jiangsu（1993）。在第一段期間 1870-1905 年，通過舉人考試者都記錄在這些編年史的知名當地人士章節中。這些地方的民國時代菁英，則來自下列大學的學生名單：中央大學（南京），1916-1936 年、1945-1947 年；大同大學，1923-1935 年、1940-1948 年；南洋大學，1905-1925 年；北京大學，1905-1948 年；清華大學，1911-1937 年；武漢大學，1922-1935 年；燕京大學，1924-1928 年；浙江大學，1918-1947 年。共黨時代來自浙江省的菁英來源為 Chronicle of Zhejiang Jiang 2005。江蘇省菁英來自 1952 2011 年間南京大學入學新生名單（http://dawww.nju.edu.cn/pub/?id=1）。

▌ 表 9.2　Hao 2013, chapter 2.

第 10 章

▌ 圖 10.1　Photo Felice Beato/Wikimedia Commons.

▌ 圖 10.2 與 10.3　Medical researchers, 1989-90: Japanese Medical Researchers Directory 1990. Attorneys, 1987: Zenkoku bengoshi taikan 1987. Corporate managers, 1993: Diamond's Japan Business Directory 1993. University professors, 2005: Daigaku shokuinroku kankokai 2005. Scholarly authors, 1990-2012: Google Scholar search。

▌ 圖 10.4　Photo Chris Gladis.

▌ 圖 10.5　日本的資料與圖 10.2 同。在美國登錄的日本醫師姓氏來自 American Medical Association 2012。

▌ 圖 10.6　Names of scholarly authors from Google Scholar search.

▌ 表 10.1　Lebra 1992, 55.

▌ 表 10.2　Amano 1990, 193.

▌ 表 10.3　Amano 1990, 193; Sonoda 1990, 103.

▌ 表 10.4　Harootunian 1959, 260-61.

▌ 表 10.5　姓氏頻率估算資料來自 Public Profiler, n.d.。這個表假設 1990 年日本人口為 1.24 億人。可能為罕見的姓氏登錄於 Takayanagi, Okayama, and Saiki 1964。華族姓氏登錄於 Kasumi kaikan shoka shiryo chosa iinkai 1982-84。

▌ 表 10.6　Japanese Medical Researchers Directory 1966, 1990.

第 11 章

▌ 圖 11.1　Depositphotos, Inc.

▌ 圖 11.2　HDI by community from Chile, Ministry of Planning and Cooperation 2006. 職業別平均薪資來自 Servicio Electoral Republica de Chile 2004; Chile, Ministerio del Trabajo y Prevision Social 2008。

▌ 圖 11.3　OFF/AFP/Getty Images.

▌ 圖 11.4 與 11.5　見圖 11.2 的資料來源。

▌ 表 11.1　Servicio Electoral Republica de Chile 2004. 選民登記有 6,246,198 名 18 歲以上的選民。

▌ 表 11.2　職業薪資採用 Chile, Ministerio del Trabajo y Prevision Social 2008。地方薪資的計算與平均職業薪資相同，都來自智利各自治市鎮。

第 12 章

▌ 圖 12.1 與 12.2　這些圖模擬 500 個家族歷經 100 世代的地位路徑。

在任何時期觀察到在地位分布頂端 0.14% 的所有家族，都畫出之前和之後的 10 個世代。

▐ 圖 12.3　遺囑認證資料來源與圖 4.1 同。1680-1837 年的姓氏頻率估計，來自英格蘭和威爾斯的教區結婚記錄，從 FamilySearch 網站獲得。1837 年以後的姓氏頻率估計，來自英格蘭和威爾斯的結婚記錄，Register of Marriages, 1837–2005。

▐ 圖 12.4 與 12.5　1710-1739、1740-1769、1770-1788 和 1800-1829 期間的菁英罕見姓氏定義，是在前三十年的教區結婚記錄中以 A-C 開頭、出現頻率較低的姓氏。頻率的上限點取決於各期間婚姻記錄的總數：1680-1709 年為三、1710-1739 年為四、1740-1769 年為五、1770-1799 年為六。1800-1829 年和 1830-1859 年，罕見姓氏的定義為 1837–2005 年英格蘭和威爾斯結婚登記中，以字母 A-C 開頭的姓氏。1837-1859 年和 1860-1889 年的頻率上限點為 10。

▐ 圖 12.6　富人的罕見姓氏如同第 5 章所討論，分成富人和小康。1800-1829 年牛津和劍橋學生罕見姓氏定義是，在那些期間出現於兩所大學，且在 1881 年普查出現的頻率低於 40。這些姓氏在 1530-1837 年的人口比率估計，來自教區結婚記錄，1837-2005 年則來自 England and Wales, Register of Marriages, 1837–2005。牛津和劍橋學生在各時期姓氏比率的估計來自如前述的大學資料庫。

▐ 圖 12.7　四個姓氏群組是在 1800-1829 年、1860-1889 年和 1890-1919 年期間出現於牛津和劍橋的姓氏，且在 1881 年有 40 個或以下的擁有者。這些姓氏在各期間占人口比率，以及在牛津和劍橋所占比率，估算方式一如圖 12.6。

▐ 圖 12.8　各世紀佩皮斯氏進入牛津和劍橋大學比率的計算，是以他們在大學的人數，比較可唸大學的佩皮斯氏人數。1538-1837 年期間，有資格唸大學人數的估計來自教區結婚記錄，方法是以各世紀達到 18 歲男性的估計人數，乘以佩皮斯氏的結婚比率。1837-2012 年，估算的方式一樣，除了可唸大學的 18 歲人數包含女性。1400-1537 年，佩皮斯氏在人口的比率假設與 1538-1599 年期間相同。

■ 圖 12.9 與 12.10　1550-1905 年間江蘇省南部和浙江省北部舉人的姓氏—祖籍地合稱，來源為 Chronicle of Zhejiang Jiang 1985 and Chronicle of Jiangsu 1993。這些地區的姓氏—祖籍地合稱人口比率估計，來自 1927-1953 年相同地區的 2.5 萬名陣亡軍人，並假設這些姓氏的人口比率在 1680-2010 年的人口比率不變。這些姓氏若在 1871-1905 年的舉人中出現的比率為平均的 4 倍，就會被歸為菁英。姓氏在 1905-2010 年菁英中的比率估計與表 9.1 同。

■ 表 12.1　見圖 12.3 的資料來源。

■ 表 12.2　見圖 12.4 的資料來源。

■ 表 12.3　見圖 12.5 的資料來源。

第 13 章

■ 圖 13.1　Coakley 2004, figure 1.

■ 圖 13.2–13.4　家庭資料來自 Census of Ireland 1911，其中包含每個人的年齡、姓氏、是否識字、宗教和職業。只有一些職業可被歸類為技術職業：農夫（farmer）等職業在愛爾蘭使用太廣泛，不能歸為技術類。因此技術與非技術的比率計算，僅限於較都市化、定義較明確的職業。

■ 圖 13.5　Daily Telegraph, October 19, 2011. Photo © 2011 The Associated Press/Matt Dunham.

■ 圖 13.6　根據頻率（在總人口中擁有者的人數）來顯示姓氏群組在 1881 年英格蘭和威爾斯人口普查的比率（Schurer and Woollard 2000）。同時顯示的，還有 1881 年普查各姓氏群組中的猶太人口比率。猶太人口的定義為 1910-1914 年出現在婚姻登記的男性和女性，並擁有 Aaron、Abe、Abraham、Golda、Hyman、Israel、Jacob、Judah、Meir、 Meyer、Myer、Mordecai、Solomon 和 Yetta 姓氏者。

■ 圖 13.7　1881 年的人口比率來源與圖 13.6 相同。旅人人口的定義為 1891 年英格蘭與威爾斯的一組人，其描述包括「住在篷車」或「住在帳篷」中，參考 Keet-Black 2002。

▌圖 13.8　1858-2012 年羅弗里吉氏的遺囑認證率，是以羅弗里吉氏遺囑認證數（England and Wales, Index to Wills and Administrations, 1858–2013），除以年齡 21 歲以上，羅弗里吉姓氏者的死亡數（England and Wales, Register of Deaths, 1837 –2005）。整體人口的遺囑認證率計算，是以布朗（Brown）姓氏的遺囑認證數除以 21 歲以上布朗氏的死亡數。

▌圖 13.10 與 13.11　各姓氏的醫師比率來自 American Medical Association 2012 中各相對應姓氏的醫師登錄數。對擁有者 100 人或以上的姓氏，各姓氏群組在 2000 年的人數佔計來自 Ward et al. 2012。對罕見姓氏，姓氏群組的人數估算來自 Public Profiler, n.d。姓氏藉由多種方式辨識其種族群體。就多數國家來說，大多數常見姓氏都有資料可查。對海外訓練的醫師來說，美國醫學會的名錄記載了他們的來源國，可以比對這些名單。苗族等群體的辨識是來自 Public Profiler, n.d。記錄集中於美國苗族社群的姓氏。

▌表 13.1　Botticini and Eckstein 2012, figure 1.1,18. 這個來源記錄了猶太人在歐洲、北非、小亞細亞、阿拉伯和西亞總人口的比率。

▌表 13.2　Parry et al. 2007, table 2.

第 14 章

▌圖 14.1–14.3　1660 年後國會議員的名單來自 Rayment, n.d.。在 1295-1659 年期間的資料來自下列來源：1386-1421, Roskell, Clark, and Rawcliffe 1993; 1509–1558, Bindoff 1982; 1558-1603, Hasler 1981, 1604-29, Thrush and Ferris 2010。我們也從個別選區等廣泛的來源蒐集資料。

▌表 14.1　Muster rolls of English armies and garrisons, 1369 to 1453 主要來自 National Archives series E 101 (94,962 service records)，

線上可查閱「The Soldier in Later Medieval England」，www.medievalsoldier.org。也可參考 Bell et al. 2013。

第 15 章

- 圖 15.1　Plomin et. al. 1997.
- 圖 15.2 與 15.3　Sacerdote 2007, 138.
- 表 15.1　Sacerdote 2007, table 5.
- 表 15.2　Bjorklund, Jantti, and Solon 2007, table 1.

附錄 3

- 圖 A3.1–A3.4　Public Profiler, n.d.
- 圖 A3.5　Social Security Death Index, n.d.
- 圖 A3.6　每千人醫師數來自 American Medical Association 2012; Ward et al. 2012。
- 圖 A3.7　見圖 13.8 的資料來源。
- 表 A3.1　England and Wales, Register of Deaths, 1837–2005; England and Wales, Index to Wills and Administrations, 1858-2013.
- 表 A3.2　U.K., Office of National Statistics 2002; General Medical Council 2012; Nursing and Midwifery Council, "Search the Register," www.nmc-uk.org/Search-the-register.
- 表 A3.3　Census of Ireland 1911。

參考書目

Abramitzky, Ran, Leah Platt Boustan, and Katherine Eriksson. 2012. "Europe's Tired, Poor, Huddled Masses: Self-Selection and Economic Outcomes in the Age of Mass Migration." *American Economic Review* 102 (5): 1832–56.

Akee, Randall K. Q., William E. Copeland, Gordon Keeler, Adrian Angold, and E. Jane Costello. 2010. "Parents' Incomes and Children's Outcomes: A Quasi-Experiment Using Transfer Payments from Casino Profits." *American Economic Journal: Applied Economics* 2 (1): 86–115.

Almenberg, Johan, and Anna Dreber. 2009. "Lady and the Trump: Status and Wealth in the Marriage Market." *Kyklos* 62 (2): 161–81.

Amano, Ikuo. 1990. *Education and Examination in Modern Japan.* Tokyo: University of Tokyo Press.

American Medical Association. 2012. *Directory of Physicians in the United States.* Washington, DC: American Medical Association.

Amunátegui Solar, Domingo. 1932. *Historia social de Chile.* Santiago: Editorial Nacimiento.

Ando, Nisuke. 1999. *Japan and International Law: Past, Present and Future.* The Hague: Kluwer Law International.

Aramaki, Sohei. 2013. "Effects of Extended Family Members on Children's Educational Attainment: A Focus on the Diverse Effects of Grandparents, Uncles, and Aunts." In *A Quantitative Picture of Contemporary Japanese Families,* ed. Sigeto Tanaka, 299–320. Sendai: Tohoku University Press.

Arcs, Gregory. 2011. "Downward Mobility from the Middle Class: Waking Up from the American Dream." Washington, DC: Pew Charitable Trust.

Atzmon, G., L. Hao, I. Pe'er, C. Velez, A. Pearlman, P. Palamara, B. Morrow, et al. 2010. "Abraham's Children in the Genome Era: Major Jewish Diaspora Populations Comprise Distinct Genetic Clusters with Shared Middle Eastern Ancestry." *American Journal of Human Genetics* 86 (6): 850–9.

Bankura Medical College. 2009. "The Merit Wise List of Students Admitted in the 1st year

MBBS course at B.S. Medical College, Bankura, for the Academic Session 2009–10." Lokepur, West Bengal.

Bayly, Susan. 1999. *Caste, Society and Politics in India from the Eighteenth Century to the Modern Age*. The New Cambridge History of India, IV.3. Cambridge: Cambridge University Press.

Becker, Gary, and Nigel Tomes. 1979. "An Equilibrium Theory of the Distribution of Income and Intergenerational Mobility." *Journal of Political Economy* 87 (6): 1153–1189.

———. 1986. "Human Capital and the Rise and Fall of Families." *Journal of Labor Economics* 4 (3): S1–S39.

Beeton, M., and K. Pearson. 1899. "Data for the Problem of Evolution in Man, II: A First Study of the Inheritance of Longevity and the Selective Death-Rate in Man." *Proceedings of the Royal Society of London* 65: 290–305.

Behar, Doron M., Mark G. Thomas, Karl Skorecki, Michael F. Hammer, Ekaterina Bulygina, Dror Rosengarten, Abigail L. Jones, et al. 2003. "Multiple Origins of Ashkenazi Levites: Y Chromosome Evidence for Both Near Eastern and European Ancestries." *American Journal of Human Genetics* 73 (4): 768–79.

Bell, Adrian, Anne Curry, Andy King, and David Simpkin. 2013. *The Soldier in Later Medieval England*. Oxford: Oxford University Press.

Bengali Matrimony. n.d. Bengalimatrimony.com, accessed May 2012.

Bindoff, S. T. 1982. *The History of Parliament: The House of Commons, 1509–1558*. Vol. 3. London: Secker and Warburg.

Björklund, Anders, M. Jäntti, and G. Solon. 2007. "Nature and Nurture in the Intergenerational Transmission of Socioeconomic Status: Evidence from Swedish Children and Their Biological and Rearing Parents." *B.E. Journal of Economic Analysis & Policy* 7 (2): 1–21. www.bepress.com/bejeap/vol7/iss2/art4.

Björklund, Anders, Mikael Lindahl, and Erik Plug. 2006. "The Origins of Intergenerational Associations: Lessons from Swedish Adoption Data." *Quarterly Journal of Economics* 121 (3): 999–1028.

Björklund, Anders, Jesper Roine, and Daniel Waldenström. 2012. "Intergenerational Top Income Mobility in Sweden: Capitalist Dynasties in the Land of Equal Opportunity?" *Journal of Public Economics* 96: 474–84.

Black, Sandra E., Paul J. Devereux, and Kjell G. Salvanes. 2005. "Why the Apple Doesn't Fall Far: Understanding Intergenerational Transmission of Human Capital." *American Economic Review* 95: 437–49.

Bleakley, Hoyt, and Joseph Ferrie. 2013a. "Shocking Behavior: The Cherokee Land Lottery of 1832 in Georgia and Outcomes across the Generations." Working Paper, Booth School, Chicago University.

———. 2013b. "Up from Poverty? The 1832 Cherokee Land Lottery and the Long-Run Distribution of Wealth." Working Paper, Booth School, Chicago University.

Borjas, George J. 1995. "Ethnicity, Neighborhoods, and Human-Capital Externalities." *American Economic Review* 85 (3): 365–90.

Borst, Charlotte G. 2002. "Choosing the Student Body: Masculinity, Culture, and the Crisis of Medical School Admissions, 1920–1950." *History of Education Quarterly* 42 (2): 181–214.

Boserup, Simon Halphen, Wojciech Kopczuk, and Claus Thustrup Kreiner. 2013. "Intergenerational Wealth Mobility: Evidence from Danish Wealth Records of Three Generations." Working Paper, University of Copenhagen.

Botticini, Maristella, and Zvi Eckstein. 2012. *The Chosen Few: How Education Shaped Jewish History, 70–1492*. Princeton: Princeton University Press.

Bowles, Samuel, and Herbert Gintis. 2002. "Intergenerational Inequality." *Journal of Economic Perspectives* 16 (3): 3–30.

Boyce, Charles. 2005. *Critical Companion to William Shakespeare: A Literary Reference to His Life and Work*. New York: Facts on File.

Brasenose College. 1909. *Brasenose College Register, 1509–1909*. Oxford: Basil Blackwell.

Brenner, S. Otto, and Gösta Thimon. 1971. *Uppsala universitets matrikel 1595–1817: Register*. Uppsala: Almqvist and Wiksell.

Budría, S., J. Díaz-Giménez, V. Quadrini, and J. V. Ríos-Rull. 2002. "New Facts on the Distributions of Earnings, Income and Wealth in the US." *Federal Reserve Bank of Minneapolis Quarterly Review* 26: 2–35.

Bureau of Labor Statistics. 2010. *National Occupational Employment and Wage Estimates*. May. Washington, D.C.

Burma Medical Council. 1930. *Annual List of Registered Medical Practitioners*. Rangoon: Superintendent, Government Printing and Stationery, Burma.

Cagney, Kathleen A., and Diane S. Lauderdale. 2002. "Education, Wealth, and Cognitive Function in Later Life." *Journals of Gerontology, Series B: Psychological Sciences and Social Sciences* 57 (2): P163–P172.

Cambridge University. 1954. *Annual Register of the University of Cambridge, 1954–5*. Cambridge: Cambridge University Press.

———. 1976. *The Cambridge University List of Members, 1976*. Cambridge: Cambridge University Press.

———. 1998. *The Cambridge University List of Members, 1998*. Cambridge: Cambridge University Press.

———. 1999–2010. *Cambridge University Reporter*. Cambridge: Cambridge University Press.

Campbell, Cameron, and James Z. Lee. 2010. "Social, Economic, and Demographic Determinants of Descent Line Growth and Extinction over the Long Term in Historical China." California Center for Population Research Working Paper.

———. 2011. "Kinship and the Long-Term Persistence of Inequality in Liaoning, China, 1749–2005." *Chinese Sociological Review* 44 (1): 71–103.

Campbell, Frances A., E. P. Pungello, M. Burchinal, K. Kainz, Y. Pan, B. H. Wasik, O. A. Barbarin, J. J. Sparling, and C. T. Ramey. 2012. "Adult Outcomes as a Function of an Early Childhood Educational Program: An Abecedarian Project Follow-Up." *Developmental Psychology* 48 (4): 1033–43.

Caplan, Bryan. 2011. *Selfish Reasons to Have More Kids: Why Being a Great Parent Is Less Work and More Fun Than You Think*. New York: Basic Books.

Census of Ireland. 1911. *Household Returns of the Census of Ireland, 1911.* Dublin: National Archives of Ireland. www.census.nationalarchives.ie.

Center for the Study of Developing Societies. Various years (1996, 1998, 1999, 2004, 2009). *National Election Studies.* New Delhi: Center for the Study of Developing Societies.

Chapman, George T. 1867. *Sketches of the Alumni of Dartmouth College, 1771–1867.* Cambridge, MA: Riverside Press.

Chief Electoral Officer, West Bengal. 2010. Kolkata Electoral Roll, 2010. http://www.ceo westbengal.nic.in/Index.aspx. Downloaded and digitized by Lincoln Atkinson.

Chile, Estado que manifiesta la renta agrícola. 1855. *Estado que manifiesta la renta agrícola de los fundos rústicos que comprende el impuesto anual establecido en la sustitución del diezmo por la ley de 25 de Octubre de 1853.* Valparaiso: Imprenta del Diario.

Chile, Ministerio del Trabajo y Prevision Social, 2008. *Empleadores en la 2008, Servicio de Información para Estudios Secundarios and Trabajo.* Santiago.

Chile, Ministry of Planning and Cooperation. 2006. *Las trayectorias del desarrollo humano en las comunas de Chile, 1994–2003.* Santiago.

Chile, Oficina del Censo. 1866. *Censo general de la Republica de Chile, 1865.* Santiago: Imprenta Nacional.

China Government Directory. 2010. *China Government Directory: The Central Government*（中國政府機構名錄：中央卷）. Beijing: Zhongyang Wenxian Press.

Chronicle of Jiangsu: Exams（江蘇省通志稿：選舉志）. 1993. Nanjing: Jiangsu Guji Press.

Chronicle of Zhejiang. 1985. *Revised Chronicle of Zhejiang: Exams*（重修浙江通志稿：選舉）. Beijing: Chronicles Press.

Chronicle of Zhejiang Jiang. 2005. *Chronicle of Zhejiang Jiang: Famous People*（浙江人物志）. Hangzhou: Zhejiang Renming Press.

Clark, Gregory. 2007. *A Farewell to Alms: A Brief Economic History of the World.* Princeton: Princeton University Press.

———. 2013. "Swedish Social Mobility from Surnames, 1700–2012." Working Paper, University of California, Davis.

Clark, Gregory, and Neil Cummins. 2013. "Intergenerational Mobility in England, 1858–2012: Wealth, Surnames, and Social Mobility." Working Paper, University of California, Davis.

———. 2014. "Malthus to Modernity: Wealth, Status and Fertility in England, 1500–1879." Forthcoming, *Journal of Population Economics.*

Clark, Gregory, and Gillian Hamilton. 2004. "Was Pre-industrial Society Malthusian? Tests from England and New France." Working Paper, University of California, Davis.

———. 2006. "Survival of the Richest: The Malthusian Mechanism in Pre-industrial England." *Journal of Economic History* 66 (3): 707–36.

Clark, Gregory, and Tatsuya Ishii. 2013. "Social Mobility in Japan, 1868–2012: The Surprising Persistence of the Samurai." Working Paper. University of California, Davis.

Clark, Gregory, and Zach Landes. 2013. "Caste versus Class: Social Mobility in India, 1860–2011." Working Paper, University of California, Davis.

Clark, Gregory, Daniel Marcin, Firas Abu-Sneneh, Wilfred Chow, Kuk Mo Jung, Ariel M. Marek, and Kevin M. Williams. 2013. "Social Mobility Rates in the USA, 1920–2012: A Surname Analysis." Working Paper, University of California, Davis.

Coakley, John. 2004. "Ethnic Conflict and the Two-State Solution: The Irish Experience of Partition." University College Dublin, Institute for British-Irish Studies, Ancillary Paper no. 3.

Cochran, Gregory, Jason Hardy, and Henry Harpending. 2006. "Natural History of Ashkenazi Intelligence." *Journal of Biosocial Science* 38 (5): 659–93.

Cohen, H. Bernice. 1964 "Family Patterns of Mortality and Life Span." *Quarterly Review of Biology* 39: 130–81.

College of William and Mary. 1941. *A Provisional List of Alumni, Grammar School Students, Members of the Faculty, and Members of the Board of Visitors of the College of William and Mary in Virginia, from 1693 to 1888: Issued as an Appeal for Additional Information.* Richmond, VA: College of William and Mary.

Columbia College. 1865. *Catalogue of the Governers, etc of Columbia College, 1754–1864.* New York: Van Nostrand.

Corak, Miles. 2013. "Inequality from Generation to Generation: The United States in Comparison." In *The Economics of Inequality, Poverty, and Discrimination in the 21st Century, Vol. 1,* ed. Robert Rycroft. Santa Barbara, CA: Praeger.

Corwin, Lauren A. 1977. "Caste, Class and the Love Marriage: Social Change in India." *Journal of Marriage and the Family* 39 (4): 823–31.

Crissey, Sarah R. 2009. *Educational Attainment in the United States: 2007.* Washington, D.C.: US Census Bureau.

Cruz-Coke, Ricardo, and Rodrigo S. Moreno. 1994. "Genetic Epidemiology of Single-Gene Defects in Chile." *Journal of Medical Genetics* 31 (9): 702–6.

Cummins, Neil, and Gregory Clark. 2013. "The Inheritance of Wealth and Longevity over Four Generations: England and Wales, 1800–2012." Working Paper, University of California, Davis.

Daigaku shokuinroku kankokai. 2005. *Zenkoku daigaku shokuinroku (shiritsu daigaku hen and koku-koritsu daigaku hen)* (Directory of university faculty). Tokyo: Kojunsha.

Dalmia, Sonia, and Pareena G. Lawrence. 2001. "An Empirical Analysis of Assortative Mating in India and the U.S." *International Advances in Economic Research* 7 (4): 443–58.

Davis, Kingsley. 1946. "Human Fertility in India." *American Journal of Sociology* 52 (3). 243–54.

Diamond's Japan Business Directory. 1993. 27th ed. Tokyo: Diamond Lead Co., 1993.

Eaton, Richard M. 1993. *The Rise of Islam and the Bengal Frontier, 1204–1760.* Berkeley: University of California Press.

Edlund, Barbro. 1979. *Lunds universitets matrikel 1732–1830: Album.* Lund: Academiae Carolinae.

Elhaik, Eran. 2013. "The Missing Link of Jewish European Ancestry: Contrasting the Rhineland and the Khazarian Hypotheses." *Genome Biology and Evolution* 5 (1): 61–74.

Elliott, Ivo, ed. 1934. *Balliol College Register, 2nd edition, 1833–1933.* Oxford: John Johnson.

Elman, B. A. 1992. "Political, Social, and Cultural Reproduction via Civil Service Examination in Late Imperial China." *Journal of Asian Studies* 50 (1): 7–28.

Elvin, Gösta Vilhelm. 1956. *Östgóta Nation i Uppsala 1944–1954, Porträttkatalog med biografiska uppgifter.* Uppsala: Östgöta nation.

Emden, Alfred B. 1957–59. *A Biographical Register of the University of Oxford to AD 1500.* 3 vols. Oxford: Clarendon Press.

———. 1963. *A Biographical Register of the University of Cambridge to 1500.* Cambridge: Cambridge University Press.

———. 1974. *A Biographical Register of the University of Oxford, AD 1501 to 1540.* Oxford: Clarendon Press.

England and Wales, Censuses, 1841–1911. Available online at www.nationalarchives.gov.uk/records/census-records.htm.

England and Wales, Index to Wills and Administrations, 1858–2013. London: Principal Probate Registry. Data for 1858–1966 available online at Ancestry.co.uk.

England and Wales, Register of Births, 1837–2005. Available online at Ancestry.co.uk.

England and Wales, Register of Births, 2006–2011. London Metropolitan Archives.

England and Wales, Register of Deaths, 1837–2005. Available online at Ancestry.co.uk.

England and Wales, Register of Deaths, 2006–2011. London Metropolitan Archives.

England and Wales, Register of Marriages, 1837–2005. Available at Ancestry.co.uk.

Ermisch, John, Marco Francesconi, and Thomas Siedler. 2005. "Intergenerational Mobility and Marital Sorting." *Economic Journal* 116: 659–79.

"Every Other Doctor in Sweden from Abroad." 2009. *The Local.* 30 August. www.thelocal.se/21768/20090830

FamilySearch. n.d. www.familysearch.org.

Federation of Swedish Genealogical Societies. 2011. *Swedish Death Index, 1901–2009* (version 5.00). Stockholm.

Feenstra, Robert C., Robert Inklaar, and Marcel P. Timmer. 2013. "The Next Generation of the Penn World Table." www.ggdc.net/pwt.

Feliciano, Cynthia. 2005. "Educational Selectivity in U.S. Immigration: How Do Immigrants Compare to those Left Behind?" *Demography* 42 (1): 131–52.

Firoozi, Ferydoon. 1974. "Tehran: A Demographic and Economic Analysis." *Middle Eastern Studies* 10 (1): 60–76.

Foroohar, Rana. 2011. "Whatever Happened to Upward Mobility?" *Time.* November 14.

Foster, Joseph. 1887. *Alumni Oxonienses: The Members of the University of Oxford 1715–1886; Their parentage, birthplace and year of birth, with a record of their degrees; Being the Matriculation Register of the University.* 4 vols. Oxford: Parker and Company.

———. 1891. *Alumni Oxonienses: The Members of the University of Oxford 1500–1714: Their parentage, birthplace and year of birth, with a record of their degrees: Being the Matriculation Register of the University.* 2 vols. Oxford: Parker and Company.

———. 1893. *Oxford Men and Their Colleges, 1880–1892.* 2 vols. Oxford: Parker and Co.

Francesconi, Marco, and Cheti Nicoletti. 2006. "Intergenerational Mobility and Sample Selection in Short Panels." *Journal of Applied Econometrics* 21: 1265–93.

Galdames, Osvaldo Silva, and Hugo Amigo y Patricia Bustos, eds. 2008. *Apellidos Mapuche:*

Historia y significado. Departamento de Nutrición, Facultad de Medicina, Universidad de Chile, Santiago.

Galton, Francis. 1886. "Regression towards Mediocrity in Hereditary Stature." *Journal of the Anthropological Institute of Great Britain and Ireland* 15: 246–63.

———. 1889. *Natural Inheritance.* London: Macmillan.

General Council of the Bar / Sweet and Maxwell. 2011. *Bar Directory.* www.legalhub.co.uk.

General Medical Council. 2012. *List of Medical Practitioners.* www.gmc-uk.org/doctors/register/LRMP.asp.

Goberno de Chile, Ministerio de Desarrollo Social. 2011. Encuesta Casen (National Socio-Economic Survey). Santiago. www.ministeriodesarrollosocial.gob.cl/observatorio/casen/.

Goldberger, Arthur S. 1989. "Economic and Mechanical Models of Intergenerational Transmission." *American Economic Review* 79 (3): 504–13.

Gong, C. H., A. Leigh, and X. Meng. 2010. "Intergenerational Income Mobility in Urban China." IZA Discussion Paper no. 4811.

Góngora, Mario. 1970. *Encomenderos y estancieros: Estudios acerca de la constitución social aristocrática de Chile después de la conquista, 1580–1660.* Santiago: Universidad de Chile.

Gonzálcz Pomes, María Isabel. 1966. "La encomienda indígena en Chile durante el siglo xviii." *Historian* 5: 7–103.

Göteborgs nation. 1967. *Göteborgs nation i Uppsala, 1952–1966.* Uppsala.

Government of Bengal, Bengal Medical Department. 1903. *List of Qualified Medical Practitioners in Bengal, 1903.* Calcutta: Government Printing.

Government of Bengal, Political Department. 1930. *Press List of Ancient Documents Relating to the Provincial Council of Revenue at Calcutta, Preserved in the Secretarial Room of the Government of Bengal.* Series 2: Intermediate Revenue Authorities, vol. 3, part 1, 1773–1775.

Government of Bihar and Orissa. 1930. *The Bihar and Orissa Annual Medical List for 1930.* Patna: Superintendent, Government Printing, Bihar and Orissa.

Greenstein, Daniel I. 1994. "The Junior Members, 1900–1990: A Profile." In *The History of the University of Oxford,* vol. 8, ed. Brian Harrison. Oxford: Clarendon Press.

Greif, Avner, Murat F. Iyigun, and Diego Sasson. 2012. "Why England and Not China? Social Norms, Risk-Sharing Institutions and Discoveries." Working Paper, Stanford University.

Griliches, Zvi, and William M. Mason. 1972. "Education, Income, and Ability." *Journal of Political Economy* 80 (3): 74–103.

Grönqvist, Erik, Björn Öckert, and Jonas Vlachos. 2011. "The Intergenerational Transmission of Cognitive and Non-cognitive abilities." IFN Working Paper No. 884. http://dx.doi.org/10.2139/ssrn.2050393.

Guo, C. B., and W. F. Min. 2008. "Education and Intergenerational Income Mobility in Urban China." *Front Education China* 3: 22–24, translated from *Educational Research* (Jiaoyu yanjiu).

Hanley, James A. 2004. "'Transmuting' Women into Men: Galton's Family Data on Human Stature." *American Statistician* 58 (3): 237–43.

Hao, Yu. 2013. "Social Mobility under Three Regimes: China, 1645–2012." PhD diss., University of California, Davis.

Hao, Yu, and Gregory Clark. 2012. "Social Mobility in China, 1645–2012: A Surname Study." Working Paper. University of California, Davis.

Harbury, C. D., and D. M. W. N. Hitchens. 1979. *Inheritance and Wealth Inequality in Britain*. London: Allen and Unwin.

Harootunian, Harry D. 1959. "The Progress of Japan and the Samurai Class, 1868–1882." *Pacific Historical Review* 28 (3): 255–66.

Harvard University. 1915. *Quinquennial Catalogue of the Officers and Graduates of Harvard University, 1636–1915*. Cambridge, MA: Harvard University.

Hashimoto, Masanori. 1974. "Economics of Postwar Fertility in Japan: Differentials and Trends." *Journal of Political Economy* 82 (2): S170–S194.

Hasler, P. W. 1981. *The History of Parliament: The House of Commons, 1558–1603*. Vol. 3. London: TSO.

Hauser, Robert M. 2002. "Meritocracy, Cognitive Ability, and the Sources of Occupational Success." Center for Demography and Ecology, University of Wisconsin.

Hauser, Robert M., and John Robert Warren. 2008. "Socioeconomic Indexes for Occupations: A Review, Update, and Critique." *Sociological Methodology* 27 (1): 177–298.

He, Hu-Sheng, Yao-Dong Li, and Chang-Fu Xiang, eds. 1993. *Government and Party Officials of People's Republic of China*（中華人民共和國職官志）. Beijing: China Social Sciences Press.

Heckman, James J. 2012. "Promoting Social Mobility." *Boston Review*. September/October.

Heckman, James J., Seong Hyeok Moon, Rodrigo Pinto, Peter Savelyev, and Adam Yavitz. 2010a. "Analyzing Social Experiments as Implemented: A Reexamination of the Evidence from the HighScope Perry Preschool Program." IZA Discussion Paper no. 5095.

———. 2010b. "The Rate of Return to the HighScope Perry Preschool Program." *Journal of Public Economics*, 94 (1–2): 114–28.

Hendricks, Lutz. 2007. "Retirement Wealth and Lifetime Earnings." *International Economic Review* 48.2 : 421–56.

Hertz, Thomas. 2005. "Rags, Riches and Race: The Intergenerational Mobility of Black and White Families in the United States." In *Unequal Chances: Family Background and Economic Success,* ed. Samuel Bowles, Herbert Gintis, and Melissa Osborne, 165–91. New York: Russell Sage and Princeton University Press.

Hertz, Thomas, Tamara Jayasundera, Patrizio Piraino, Sibel Selcuk, Nicole Smith, and Alina Verashchagina. 2007. "The Inheritance of Educational Inequality: International Comparisons and Fifty-Year Trends." *B.E. Journal of Economic Analysis & Policy* 7.

Hnatkovska, Viktoria, Amartya Lahiri, and Sourabh B. Paul. 2013. "Breaking the Caste Barrier: Intergenerational Mobility in India." *Journal of Human Resources* 48 (2): 435–73.

Ho, Ping-ti. 1964. *The Ladder of Success in Imperial China: Aspects of Social Mobility (1368–1911)*. New York: Wiley.

Husén, Torsten, and Albert Tuijnman. 1991. "The Contribution of Formal Schooling to the Increase in Intellectual Capital." *Educational Researcher* 20 (7): 17–25.

Hymes, Robert. 1986. *Statesmen and Gentlemen: The Elites of Fu-chou Chiang-hsi, in Northern and Southern Sung*. Cambridge: Cambridge University Press.

"I'm So Broke I'm Trying to Get a Job as a Lorry Driver: Earl of Cardigan on Moving out His Stately Pile and Why He's Living on Benefits." 2013. *Daily Mail.* February 1.

Inglehart, Ronald, and Christian Welzel. 2010. "Changing Mass Priorities: The Link between Modernization and Democracy." *Perspectives on Politics* 8 (2): 551–67.

Irigoyen, José Francisco de. 1881. *Colección alfabética de apellidos bascongados con su significación en castellano, México, Valdés 1809.* San Sebastian: Biblioteca Euskal Erria.

Jadhav, Praveen. 2008. "Relative Disparity in the Implementation of Reservation Policy in India." In *The Development of Scheduled Castes and Scheduled Tribes in India*, ed. Jagan Karade, 1–10. Newcastle, U.K.: Cambridge Scholars Publishing.

Japanese Medical Researchers Directory: Igaku kenkyusha meibo. Various years (1961–90). Tokyo: Igaku Shoin.

Japan Statistical Yearbook. Various years (1976–2012). Tokyo: Nihon Tokei Kyokai.

Jenkins, Nicholas. 2013. "W. H. Auden: 'Family Ghosts.'" Website devoted to the genealogy of the intellectual classes in England. www.stanford.edu/group/auden/cgi-bin/auden/.

Jones, F. L., Hideo Kojima, and Gary Marks. 1994. "Comparative Social Fluidity: Trends over Time in Father-to-Son Mobility in Japan and Australia, 1965–1985." *Social Forces* 72 (3): 775–98.

Kalenderförlaget. 2008a. *Taxerings- och förmögenhetskalender för Stockholms kommun 2008.* Stockholm.

———. 2008b. *Taxerings- och förmögenhetskalender för Stockholms län Norra 2008.* Stockholm.

———. 2008c. *Taxerings- och förmögenhetskalender för Stockholms län Södra 2008.* Stockholm.

Karlberg, Gustaf. 1908. *Studerande kalmarbor I Lund, 16 68–1907: Biografiska och genealogiska anteckningar.* Lund.

Kar Medical College. 2010. "List of Students Admitted Category-Wise (UG) for the Current Year, 2010." Kolkata: R. G. Kar Medical College.

———. 2011. "List of Students Admitted Category-Wise (UG) for the Current Year 2011." Kolkata: R. G. Kar Medical College.

Kasumi kaikan shoka shiryo chosa iinkai. 1982–84. *Showa shinshu kazoku kakei taisei* (Kazoku genealogy). Tokyo: Yoshikawa Kobunkan.

Keats-Rohan, K. S. B. 1999. *Domesday People: A Prosopography of Persons Occurring in English Documents, 1066–1166.* Woodbridge, Suffolk: Boydell Press.

Keet-Black, Janet. 2002. *Some Travellers in the 1891 Census*, vols. 1–4. South Chailey, U.K.: Romany and Traveller Family History Society.

Kennedy, Liam, Brian Gurrin, and K. A. Miller. 2012. "The Planter and the Gael." In *The Imaginary of the Stranger*, 13–26. ed. Karin White. Donegal Multi-Cultural Project. Letterkenny, Ireland.

Kitaoji, Hironobu. 1971. "The Structure of the Japanese Family." *American Anthropologist* 73: 1036–57.

Kolkata Police Recruitment Board. 2010. *List of Provisionally Selected Candidates for the Appointment to the Post of Sergeant in Kolkata Police Examination 2009.* Kolkata.

Kremer, Michael. 1997. "How Much Does Sorting Increase Inequality?" *Quarterly Journal of Economics* 112 (1): 115–39.

Kumar, Sanjay, Anthony Heath, and Oliver Heath. 2002. "Determinants of Social Mobility in India." *Economics and Political Weekly* 37 (29): 2983–87.

Lebra, Takie Sugiyama. 1989. "Adoption among the Hereditary Elite of Japan: Status Preservation through Mobility." *Ethnology* 28 (3): 185–218.

———. 1992. *Above the Clouds: Status Culture of the Modern Japanese Nobility.* Berkeley: University of California Press.

Leonard, Karen, and Susan Weller. 1980. "Declining Subcaste Endogamy in India: The Hyderabad Kayasths, 1900–75." *American Ethnologist* 1 (3): 504–17.

Levine, Aaron D. 2010. "Self-Regulation, Compensation, and the Ethical Recruitment of Oocyte Donors." *Hastings Center Report* 40 (2): 25–36.

Lew, Byron, and Bruce Cater. 2012. "Canadian Emigration to the US, 1900–1930: Characterizing Movers and Stayers, and the Differential Impact of Immigration Policy on the Mobility of French and English Canadians." Working Paper, Trent University.

Li, Shan. 2012. "Asian Women Command Premium Prices for Egg Donation in U.S." *Los Angeles Times.* May 4.

Lindahl, Mikael, Mårten Palme, Sofia Sandgren Massih, and Anna Sjögren. 2012. "The Intergenerational Persistence of Human Capital: An Empirical Analysis of Four Generations." Working Paper, IFAU, Uppsala University.

Liu, Guo-Ming, ed. 1989. *High Ranked Civil and Military Leaders: Republican Era*（中華民國軍政職官志）. Beijing: Chunqiu Press.

Liu, Yan, Liujun Chen, Yida Yuan, and Jiawei Chen. 2012. "A Study of Surnames in China through Isonymy." *American Journal of Physical Anthropology* 148 (3): 341–50.

Løken, Katrine V. 2010. "Family Income and Children's Education: Using the Norwegian Oil Boom as a Natural Experiment." *Labour Economics* 17 (1): 118–29.

Long, Jason. 2013. "The Surprising Social Mobility of Victorian Britain." *European Review of Economic History* 17 (1): 1–23.

Long, Jason, and Joseph P. Ferrie. 2013a. "Grandfathers Matter(ed): Occupational Mobility across Three Generations in the U.S. and Britain, 1850–1910." Working Paper, Northwestern University.

———. 2013b. "Intergenerational Occupational Mobility in Britain and the USA since 1850." *American Economic Review* 103(4): 1109–37.

Lundin, A. H. 1882. *Småländska nationen i Lund: Biografiska och genealogiska anteckningar.* Lund.

MacKinnon, Mary, and Daniel Parent. 2012. "Resisting the Melting Pot: The Long Term Impact of Maintaining Identity for Franco-Americans in New England." *Explorations in Economic History* 49 (1): 30–59.

Maxwell, W. J. 1917. *General Alumni Catalogue of the University of Pennsylvania.* Philadelphia: University of Pennsylvania Alumni Association.

Medical Council of India. n.d. Indian Medical Registry search page. www.mciindia.org/InformationDesk/IndianMedicalRegister.aspx.

Mehrotra, Vikras, Randall Morck, Jungwook Shim, and Yupana Wiwattanakantang. 2011. "Adoptive Expectations: Rising Sons in Japanese Family Firms." NBER Working Paper no. 16874.

Moïse, Edwin E. 1983. *Land Reform in China and North Vietnam: Consolidating the Revolution at the Village Level.* Chapel Hill: University of North Carolina Press.

Moore, Ray A. 1970. "Adoption and Samurai Mobility in Tokugawa Japan." *Journal of Asian Studies* 29 (3): 617–32.

Moraga, Jesús Fernández-Huertas. 2011. "New Evidence on Emigrant Selectivity." *Review of Economics and Statistics* 93 (1): 72–96.

Mulligan, Casey B. 1999. "Galton versus the Human Capital Approach to Inheritance." *Journal of Political Economy* 107 (S6): S184–S224.

Murdoch, Iris. 1973. *The Black Prince.* London: Chatto and Windus.

Murray, Charles. 2012. *Coming Apart: The State of White America, 1960–2010.* New York: Crown Forum.

Narbarte, N. 1992. "Critica a las etimologías del 'Diccionario de apellidos vascos.'" *Revista internacional de estudios vascos* 37 (2): 431–77.

National Archives (United Kingdom). n.d. *Index to the Prerogatory Court of Canterbury Wills, 1384–1858.* National Archives, London. www.nationalarchives.gov.uk/records/wills.htm.

Nazer Ahumada, Ricardo. 1993. "José Tomás Urmeneta, 1808–1878: Un empresario minero del siglo xix." In Ricardo Nazer Ahumada, Javier Jofre Rodríguez, and Ignacio Domeyko, *Ignacio Domeyko, José Tomás Urmeneta, Juan Brüggen: tres forjadores de la minería nacional.* Santiago: Claus von Plate. 83–154.

———. 2000. "La fortuna de Agustín Edwards Ossandón, 1815–1878." *Historia* 33: 369–415. Pontificia Universidad Catolica de Chile, Instituto de Historia.

Nebel, Almut, Dvora Filon, Marina Faerman, Himla Soodyall, and Ariella Oppenheim. 2005. "Y Chromosome Evidence for a Founder Effect in Ashkenazi Jews." *European Journal of Human Genetics* 13: 388–91.

Nijhawan, N. K. 1969. "Inter-generational Occupational Mobility." *Economic and Political Weekly* 4 (39): 1553–57.

"Nomencracy: Surnames Offer Depressing Clues to the Extent of Social Mobility over Generations." 2013. *Economist.* February 9.

North, Kari E., Lisa J. Martin, and Michael H. Crawford. 2000. "The Origins of the Irish Travellers and the Genetic Structure of Ireland." *Annals of Human Biology* 27 (5): 453–65.

Núñez, Javier, and Leslie Miranda. 2007. "Recent Findings on Intergenerational Income and Educational Mobility in Chile." Working Paper no. 244, Department of Economics, Universidad de Chile.

Nuñez, Javier, and Cristina Risco. 2004. "Movilidad intergeneracional del Ingreso en un Pais en desarrollo: El caso de Chile." Working Paper no. 210, Department of Economics, Universidad de Chile.

Odén, Klas Gustav. 1902. *Östgötars minne: Biografiska anteckningar om studerande Östgötar i Uppsala, 15 95–1900.* Stockholm.

OECD (Organisation for Economic Co-operation and Development). 2013a. *Taxing Wages 2013*. OECD Publishing. http://dx.doi.org/10.1787/tax_wages-2013-en.

———. 2013b. *Trade Union Density*. OECD Statextracts. October 12. http://stats.oecd.org/Index.aspx?QueryId=20167.

OECD/WHO (Organisation for Economic Co-operation and Development/World Health Organization). 2010. *Policy Brief on the International Migration of Health Workforce*. February. www.oecd.org/health/workforce.

Olivetti, Claudia, and M. Daniele Paserman. 2013. "In the Name of the Son (and the Daughter): Intergenerational Mobility in the United States, 1850–1930." NBER Working Paper no. 18822.

Olchansky, S., Toni Antonucci, Lisa Berkman, Robert H. Binstock, Axel Boersch-Supan, John T. Cacioppo, Bruce A. Carnes, et al. 2012. "Differences in Life Expectancy due to Race and Educational Differences Are Widening, and Many May Not Catch Up." *Health Affairs* 31 (8): 1803–13.

Oreopoulos, Philip, Marianne E. Page, and Ann H. Stevens. 2008. "The Intergenerational Effects of Worker Displacement." *Journal of Labor Economics* 26: 455–83.

Ostrer, Harry, and Karl Skorecki. 2013. "The Population Genetics of the Jewish People." *Human Genetics* 132 (2): 119–27.

Oxford University. Various years (1924–2010). *Oxford University Calendar*. Oxford: Clarendon Press.

Paik, Christopher. 2013. "Does Lineage Matter? A Study of Ancestral Influence on Educational Attainment in Korea." Working Paper, New York University Abu Dhabi.

Parry, Glenys, Patrice van Cleemput, Jean Peters, Stephen Walters, Kate Thomas, and Cindy Cooper. 2007. "Health Status of Gypsies and Travellers in England." *Journal of Epidemiology and Community Health* 61: 198–204.

Passel, Jeffrey S., Wendy Wang, and Paul Taylor. 2010. "Marrying Out: One in Seven New U.S. Marriages Is Interracial or Interethnic." Washington, DC: Pew Research Center.

Pearson, Karl, and Alice Lee. 1903. "On the Laws of Inheritance in Man, I: Inheritance of Physical Characters." *Biometrika* 2: 357–462.

Pellegrino, Aprile. 1927. *El censo comercial industrial de la colonia italiana en Chile, 1926–1927: Resumen general de las actividades de la colonia*. Santiago.

Pew Forum on Religion and Public Life. 2008. *U.S. Religious Landscape Survey*. Washington, DC: Pew Research Center.

Pfeffer, Fabian T. 2011. "Status Attainment and Wealth in the United States and Germany." In *Persistence, Privilege, and Parenting. The Comparative Study of Intergenerational Mobility*, ed. Timothy Smeeding, Robert Erikson, and Markus Jäntti, 109–37. New York: Russell Sage Foundation.

Plomin, R., D. W. Fulker, R. Corley, and J. C. DeFries. 1997. "Nature, Nurture, and Cognitive Development from 1–16 years: A Parent-Offspring Adoption Study." *Psychological Science* 8: 442–47.

Princeton University. 1908. *General Catalogue of Princeton University, 1745–1906*. Princeton, N.J.: Princeton University.

"Private Schools Are Expected to Drop a Dreaded Entrance Test." 2013. *New York Times.* September 19.

Public Profiler. n.d. World Family Names. http://worldnames.publicprofiler.org/Default .aspx.

Public Record Office. 1904. *Calendar of Inquisitions Post Mortem and Other Analogous Documents Preserved in the Public Record Office,* vol. 1, *Henry III.* London: Public Record Office.

———. 1906. *Calendar of Inquisitions Post Mortem and Other Analogous Documents Preserved in the Public Record Office,* vol. 2, *Edward I.* London: Public Record Office.

Puma, Michael, Stephen Bell, Ronna Cook, Camilla Held, Pam Broene, Frank Jenkins, Andrew Mashburn, and Jason Downer. 2012. *Third Grade Follow-up to the Head Start Impact Study Final Report.* U.S. Department of Health and Human Services, Administration for Children and Families. Washington, DC: Office of Planning, Research and Evaluation.

Raven, John Howard. 1909. *Catalogue of the Officers and Alumni of Rutgers College, 1766–1909.* Trenton, NJ: State Gazette Publishing Co.

Rayment, Leigh. n.d. "House of Commons." www.leighrayment.com/commons.htm, accessed October 6, 2013.

Reaney, Percy Hide, and Richard Middlewood Wilson. 2005. *A Dictionary of English Surnames.* Oxford: Oxford University Press.

Reich, David, Kumarasamy Thangaraj, Nick Patterson, Alkes L. Price, and Lalji Singh. 2009. "Reconstructing Indian Population History." *Nature* 461: 489–94.

Richardson, Ken, and Sarah H. Norgate. 2006. "A Critical Analysis of IQ Studies of Adopted Children." *Human Development* 49: 319–35.

Riddarhuset. 2012. *Ätter I vapendatabasen* (Arms lineage database). www.riddarhuset.se/ jsp/admin/archive/sbdocarchive/atter_i_AK07_vapendatabasen.pdf.

Romany and Traveller Family History Society. n.d. "Was Your Ancestor a Gypsy?" http:// website.lineone.net/~rtfhs/gypsy.html, accessed September 30, 2013.

Roskell, J. S., L. Clark, and C. Rawcliffe. 1993. *The History of Parliament: The House of Commons, 1386–1421,* vol. 4. London: Sutton.

Sacerdote, Bruce. 2007. "How Large Are the Effects from Changes in Family Environment? A Study of Korean American Adoptees." *Quarterly Journal of Economics* 122 (1): 119–57.

Sacramento Bee. n.d. State Worker Salary Search. www.sacbee.com/statepay.

Saleh, Mohamed. 2013. "On the Road to Heaven: Self-Selection, Religion, and Socio-Economic Status." Working Paper no. 13–428, Toulouse School of Economics.

Scarr, Sandra. 1981. *Race, Social Class, and Individual Differences in IQ.* Hillsdale, NJ: Lawrence Erlbaum.

Scarr, Sandra, and Weinberg, R. A. 1978. "The Influence of 'Family Background' on Intellectual Attainment." *American Sociological Review* 43: 674–92.

Schaffer, Johan Karlsson. 2012. "The Forgotten Revolution: Debunking Conventional Wisdom on Sweden's Transition to Democracy." Working Paper, Norwegian Centre for Human Rights. http://dx.doi.org/10.2139/ssrn.2189354

"Scholars Debate the Roots of Yiddish, Migration of Jews." 1996. *New York Times.* October 29.

Schurer, Kevin and Matthew Woollard. 2000. *1881 Census for England and Wales, the Channel Islands and the Isle of Man* (enhanced version). Computer file. Produced by Genealogical Society of Utah, Federation of Family History Societies. Distributed by U.K. Data Archive, Colchester, Essex. http://dx.doi.org/10.5255/UKDA-SN-417 7-1.

Scriver, Charles R. 2001. "Human Genetics: Lessons from Quebec Populations." *Annual Review of Genomics and Human Genetics* 2: 69–101.

Servicio Electoral Republica de Chile. 2004. *Electoral Register, Municipal Elections of 2004.* Santiago: Servicio Electoral Republica de Chile.

"She's Warm, Easy to Talk To, and a Source of Terror for Private-School Parents." 2011. *New York Times.* December 19.

Silventoinen, Karri, S. Sammalisto, M. Perola, D. I. Boomsma, B. K. Cornes, C. Davis, L. Dunkel, et al. 2003a. "Heritability of Adult Body Height: A Comparative Study of Twin Cohorts in Eight Countries." *Twin Research* 6: 399–408.

Silventoinen, Karri, J. Kaprio, E. Lahelma, R. J. Viken, and R. J. Rose. 2003b. "Assortative Mating by Body Height and BMI: Finnish Twins and Their Spouses." *American Journal of Human Biology* 15: 620–27.

Sjóstróm, Carl. 1897. *Skånska nationen före afdelningars tid (1682–1833): Biografiska och Genealogiska Anteckningar.* Lund.

———. 1901. *Blekingska nationen, 1697–1900.* Lund.

———. 1904. *Skånska nationen, 1833–1889: Biografiska och genealogiska anteckningar.* Lund.

———. 1907. *Göteborgs nation i Lund, 1669–1906.* Lund.

———. 1908. *Vermlands nation i Lund 1682–1907.* Lund.

Sloan, Josette. n.d. *Archivos diplomáticos de Nantes—Consulado de Chile. Algunos empresarios franceses residentes en Chile.* www.genfrancesa.com/inmigrantes/Nantes/emprfranchile.html.

Social Security Death Index. n.d. Available online at Ancestry.com.

Solicitors Regulation Authority. 2012. *UK Roll of Solicitors.* www.lawsociety.org.uk.

Solon, Gary. 2013. "Theoretical Models of Inequality Transmission across Multiple Generations." Working Paper, Michigan State University.

Sonoda, Hidehiro. 1990. "The Decline of the Japanese Warrior Class, 1840–1880." *Japan Review* 1: 73–111.

Stanford University. 2012. "Stanford Releases Fiscal Year Fundraising Results." *Stanford Report.* October 17.

Statistics Sweden. 2009. *Prices of Real Estate in 2008.* Stockholm.

———. 2011a. "Life Expectancy in Sweden, 2001–2010." Press release. October 20. Stockholm.

———. 2011b. *Wage and Salary Structures, Private Sector (SLP), 2011.* http://www.scb.se/Statistik/AM/AM0103/2011A01/AM0103_2011A01_SM_AM62SM1201.pdf.

Stavis, Ben. 1978. "China and the Comparative Analysis of Land Reform." *Modern China* 4 (1): 63–78.

Suzuki, Masao. 2002. "Selective Immigration and Ethnic Economic Achievement: Japanese Americans before World War II." *Explorations in Economic History* 39 (3): 254–81.

Sverige, Socialstyrelsen. 1972. *Legitimerade läkare, 1972.* Stockholm: Fritze.

———. 2011. *Förteckning över Sveriges legitimerade läkare, 2010/2011.* Stockholm: Fritze.

Swedish Bar Association. 2013. *Online Membership Directory.* www.advokatsamfundet.se/Advokatsamfundet-engelska/Find-a-lawyer/.

Takayanagi, Mitsutoshi, Taiji Okayama, and Kazuma Saiki. 1964. *Shintei kansei choshu shokafu.* Tokyo: Zoku Gunsho Ruiju Kanseikai.

"Taxpayer Listings." 1924. *New York Times.* October 24–November 2, November 4–8, 11–14.

———. 1925. *New York Times.* September 2–6, 8–11, 13.

"The 50 Most Expensive Private High Schools in America." 2013. *Business Insider.* September 4.

Thrush, Andrew, and John P. Ferris. 2010. *The History of Parliament: The House of Commons, 1604–1629,* vol. 6. Cambridge: Cambridge University Press.

Tighe, Elizabeth, Leonard Saxe, and Charles Kadushin. 2011. "Estimating the Jewish Population of the United States: 2000–2010." Cohen Center for Modern Jewish Studies, Brandeis University. http://www.brandeis.edu/ssri/pdfs/EstimatingJewishPopUS.1.pdf.

Ueda, Atsuko. 2009. "Intergenerational Mobility of Earnings and Income in Japan." *B.E. Journal of Economic Analysis & Policy* 9 (1) (Contributions).

———. 2013. "Intergenerational Mobility of Earnings in South Korea." *Journal of Asian Economics* 27: 33–41.

U.K., Equality and Human Rights Commission. 2009. *Gypsies and Travellers: Simple Solutions for Living Together.* Manchester, England.

U.K., Office of National Statistics. 2002. *Surname Database for England and Wales.* Available at www.taliesin-arlein.net/names/search.php.

———. 2007. "Variations Persist in Life Expectancy by Social Class." www.statistics.gov.uk/pdfdir/le1007.pdf.

United Jewish Communities. 2003. *National Jewish Population Survey, 2000–2001.* http://www.jewishfederations.org/local_includes/downloads/4606.pdf.

United Nations Development Program. 1999. *Indice desarrollo humano en Chile 1990–1998.* Temas de Desarrollo Humano Sustentable, no. 3. Washington, DC: UNDP. http://mirror.undp.org/chile/desarrollo/textos/otraspub/Pub03/1indeshu.pdf.

University Grants Commission. 2008. *Higher Education in India.* New Delhi.

Uppsala Universitet. 1954. *Västmanlands-Dala Nation i Uppsala, 1942–1952.* Uppsala: Västmanlands-Dala Nation.

US Census Bureau. 2010. *2006–2010 American Community Survey.* Washington, DC: US Census Bureau.

Valenzuela O., Juvenal, ed. 1920. *Album de la zona austral de Chile.* Santiago: Universitaria.

———, ed. 1923. *Album zona central de Chile: Informaciones agricolas.* Santiago: Universitaria.

Van Straten, Jits. 2007. "Early Modern Polish Jewry: The Rhineland Hypothesis Revisited." *Historical Methods* 40 (1): 39–50.

Van Straten, Jits, and Harmen Snel. 2006. "The Jewish 'Demographic Miracle' in Nineteenth-Century Europe: Fact or Fiction?" *Historical Methods* 39 (3): 123–31.

Venn, John, and John A. Venn. 1922–27. *Alumni Cantabrigienses: A Biographical List of All Known Students, Graduates and Holders of Office at the University of Cambridge, from the Earliest Times to 1751.* 4 vols. Cambridge: Cambridge University Press.

———. 1940–54. *Alumni Cantabrigienses: A Biographical List of All Known Students, Graduates and Holders of Office at the University of Cambridge, 1752–1900.* 6 vols. Cambridge: Cambridge University Press.

Villalobos, Sergio. 1990. *Origen y ascenso de la burguesía capitulo: Extranjeros en la etapa republican.* Santiago: Universitaria.

Walder, Andrew G., and Songhua Hu. 2009. "Revolution, Reform, and Status Inheritance: Urban China, 1949–1996." *American Journal of Sociology* 114 (5): 1395–1427.

Walter, H., D. D. Farhud, Heidi Danker-Hopfe, and Pariwash Amirshahi. 1991. "Investigations on the Ethnic Variability of the ABO Blood Group Polymorphism in Iran." *Zeitschrift für Morphologie und Anthropologie* 78 (3): 289–306.

Ward, David L., Charles D. Coleman, Robert Nunziata, and Robert Kominski. 2012. *Demographic Aspects of Surnames from Census 2000.* Washington, DC: US Census Bureau. www.census.gov/genealogy/www/data/2000surnames/.

Watson, Henry William, and Francis Galton. 1875. "On the Probability of the Extinction of Families." *Journal of the Anthropological Institute of Great Britain* 4: 138–44.

Weyl, Nathaniel. 1989. *The Geography of American Achievement.* Washington, DC: Scott-Townsend.

Widstrand, A., ed. 1939. *Sveriges läkare i ord och bild 1939* (Swedish doctors in words and pictures). Stockholm.

Winstanley, D. A. 1940. *Early Victorian Cambridge.* Cambridge: Cambridge University Press.

World Bank. n.d. "Gini Index." http://data.worldbank.org/indicator/SI.POV.GINI.

Wu, X., and D. J. Treiman. 2007. "Inequality and Equality under Chinese Socialism: The Hukou System and Intergenerational Occupational Mobility." *American Journal of Sociology* 103 (2): 415–45.

Wu, Zu-Xiang (ed.). 1971. "Name List of Chinese College Faculty (1941–1944) （專科以上學校教員名冊〔民國 30-33 年〕" Taipei: Zhuanji Wenxue Press.

Yale University. 1910. *Catalogue of the Officers and Graduates of Yale University, 1701–1910.* New Haven: Tuttle, Morehouse and Taylor.

Zagorsky, Jay L. 2007. "Do You Have to Be Smart to Be Rich? The Impact of IQ on Wealth, Income and Financial Distress." *Intelligence* 35 (5): 489–501.

Zax, Jeffrey S., and Daniel I. Rees. 2002. "IQ, Academic Performance, Environment, and Earnings." *Review of Economics and Statistics* 84 (4): 600–616.

Zenkoku bengoshi taikan. 1987. Tokyo: Horitsu Shinbunsha. Internet resource.

Zhu, Bao-Jiong, and Pei-Ling Xie, eds. 1980. *Jinshi Roster of the Ming and Qing Dynasties* （明清進士題名錄）. Shanghai: Shanghai Guji Press.

父酬者——姓氏、階級與社會不流動 / 葛瑞里·克拉克（Gregory Clark）著；吳國卿譯 -- 初版 .-- 臺北市：時報文化
2014.10； 面； 公分（NEXT 叢書；212）譯自：The Son Also Rises: Surnames and the History of Social Mobility
ISBN 978-957-13-6100-0（平裝）

1. 社會流動 2. 歷史

546.18 103019826

THE SON ALSO RISES: SURNAMES AND THE HISTORY OF SOCIAL MOBILITY by Gregory Clark
Copyright © 2014 by Gregory Clark
Complex Chinese edition copyright © 2014 CHINA TIMES PUBLISHING COMPANY
Published by arrangement with Princeton University Press
through BARDON-CHINESE MEDIA AGENCY
All Rights Reserved.

ISBN 978-957-13-6100-0
Printed in Taiwan.

NEXT 叢書 0212

父酬者——姓氏、階級與社會不流動

The Son Also Rises: Surnames and the History of Social Mobility

作者 葛瑞里·克拉克 Gregory Clark | 譯者 吳國卿 | 主編 陳盈華 | 美術設計 莊謹銘 | 執行企劃 楊齡媛 |
總編輯 余宜芳 | 發行人 趙政岷 | 出版者 時報文化出版企業股份有限公司 10803 臺北市和平西路三段 240 號
3 樓 發行專線—(02)2306-6842 讀者服務專線—0800-231-705·(02)2304-7103 讀者服務傳真—(02)2304-6858 郵撥—
19344724 時報文化出版公司 信箱—台北郵政 79-99 信箱 時報悅讀網—http://www.readingtimes.com.tw | 法律顧問
理律法律事務所 陳長文律師、李念祖律師 | 印刷 勁達印刷有限公司 | 初版一刷 2014 年 10 月 31 日 | 初版三
刷 2018 年 2 月 8 日 | 定價 新台幣 450 元 | 行政院新聞局局版北市業字第 80 號 | 版權所有 翻印必究（缺頁或
破損的書，請寄回更換）

時報文化出版公司成立於一九七五年，並於一九九九年股票上櫃公開發行，於二〇〇八年脫離中時
集團非屬旺中，以「尊重智慧與創意的文化事業」為信念。